SCHIBRI
VERLAG

D1700055

Für Christiane,
Caroline,
Stephan und
Catharina

3 x Foerster

Beiträge zu Leben und Werk von
Wilhelm Foerster,
Friedrich Wilhelm Foerster und
Karl Foerster

Herausgegeben im Auftrag des
URANIA-Vereins „Wilhelm Foerster“ Potsdam e.V.
von

Mathias Iven

Schibri-Verlag • Milow

Dieses Buch wurde durch das
Ministerium für Wissenschaft,
Forschung und Kultur des Landes Brandenburg
gefördert.

Die Deutsche Bibliothek - CIP-Einheitsaufnahme

3 x Foerster : Beiträge zu Leben und Werk von Wilhelm
Foerster, Friedrich Wilhelm Foerster und Karl Foerster / hrsg.
von Mathias Iven. - Milow : Schibri-Verl., 1995
ISBN 3-928878-29-8
NE: Iven, Mathias [Hrsg.]; Dreimal Foerster

Dorfstraße 60
17337 Milow
Tel.: 039753/22757

URANIA Verein „Wilhelm Foerster" Potsdam e.V.
Brandenburger Str. 38 • 14467 Potsdam • Telefon (03 31) 29 17 41

ISBN 3-928878-29-8

Inhaltsverzeichnis

"3 x Foerster" und die Potsdamer URANIA

Mathias Iven

Da war ein Bild: Drei Männer majestätisch auf einer Gartenbank sitzend - der Vater und seine beiden Söhne links und rechts neben ihm, alle drei blinzeln sie in das Bornimer Sonnenlicht. Wilhelm Foerster in der Mitte und Karl Foerster links neben ihm waren uns schon lange durch vielerlei Dinge und vor allem durch ihre vielfältigen Beziehungen zu Potsdam bekannt. Der dritte aber, Friedrich Wilhelm Foerster? - Was war mit ihm, seinem Leben, seinem Werk? Und schließlich die Grundfrage: Welche möglichen Beziehungen verbanden diese drei Persönlichkeiten auch über das Familiäre hinaus? - Also: Wer waren diese Drei? Was haben sie geleistet? Warum sind sie für uns auch heute noch interessant?

* * *

Im August 1994 wurde mit Unterstützung des Ministeriums für Wissenschaft, Forschung und Kultur des Landes Brandenburg vom Potsdamer URANIA-Verein "Wilhelm Foerster" mit einem Projekt zur Erforschung des Lebens und Werkes von Wilhelm, Friedrich Wilhelm und Karl Foerster begonnen. Besondere Berücksichtigung in diesem Forschungsprojekt fand und findet das außergewöhnliche, von klassischen Generationskonflikten unberührte, Zusammenwirken der drei Persönlichkeiten, das aus dem Familienzusammenhang allein nicht erklärbar ist. Die ersten Projektarbeitsschritte waren umfangreiche Recherchen zu den Lebensstationen und Schriften der drei Genannten; dabei galt und gilt es, neben den bekannten und vorhandenen Nachlässen bzw. Nachlaßteilen, bisher unbekannte Quellen und Materialien zu erschließen. Mit der Erarbeitung aktueller bibliographischer Verzeichnisse der Schriften (Primär- und Sekundärliteratur) und der Erstellung von Nachlaßkarteien, um so eine weiterführende wissenschaftliche Beschäftigung mit dem Leben und Werk der Foersters zu ermöglichen, konnte auf Grund der bisher vorhandenen, begrenzten zeitlichen und finanziel-

Wilhelm, Ernst, Martha, Ina, Karl, Friedrich Wilhelm und Hulda Foerster (v.l.), ca. 1893/94
(Sammlung Foerster)

Hulda, (Kindermädchen), (?), Karl, Ina, Wilhelm, Martha und Ernst Foerster (v.l.), 1903
(Sammlung Foerster)

len Mittel und organisatorischen Schwierigkeiten noch nicht begonnen werden. Fernziel des in den nächsten Jahren fortzusetzenden Projektes ist es, eine zentrale Forschungsstätte einzurichten, in der sich neben Archivalien auch Primär- und Sekundärliteratur des "Foerster-Trios" befinden, um, neben den Leistungen jedes Einzelnen, den familiären Zusammenhang umfangreich dokumentieren zu können. Die ersten Forschungsergebnisse wurden vom 16. bis 19. März 1995 im Potsdamer Alten Rathaus in einer Tagung der URANIA vorgestellt.

Der Astronom *Wilhelm Foerster* (1832-1921), Vater von Karl, Friedrich Wilhelm und drei weiteren Kindern, war, neben seiner wissenschaftlichen Tätigkeit (u.a. war er der Initiator der Babelsberger Sternwarte und der Einrichtungen auf dem Potsdamer Telegrafenberg), am 3. März 1888 Mitbegründer der, auch heute noch existierenden und in Potsdam nach ihm benannten, "Urania" - einer Vereinigung, die sich die populäre Verbreitung von Wissenschaft zum Ziel setzte. Weltberühmt wurde *Karl Foerster* (1874-1970) unter dem Namen "Stauden-Foerster". In seinem 1910/11 gebauten Bornimer Landhaus hat er in der eigenen Gärtnerei vor allem Rittersporn und Phlox gezüchtet. Sein am Haus angelegter, immerblühender Senkgarten ist auch heute noch als mustergültig anzusehen. Im Schatten des Bruders und des Vaters steht, sicher zu Unrecht weniger beachtet als die Vorgenannten, *Friedrich Wilhelm Foerster* (1869-1966). Der Pädagoge und Bildungsreformer zog als Pazifist den Haß Rechtsradikaler auf sich. 1922 emigrierte er in die Schweiz, da er das zweite Feme-Mordopfer nach Walther Rathenau werden sollte.

Die Tagung wurde am 16. März 1995 durch den Vorsitzenden des Potsdamer URANIA-Vereins, Prof. em. Dr. Klaus Bürger, im Alten Rathaus eröffnet.

Innerhalb der Tagung wurde nach dem Vortrag von Otto Lührs (Berlin) zu dem Thema "Wilhelm Foerster und die Gründung der Urania" zum dritten Mal der von der Potsdamer URANIA gestiftete "Wilhelm-Foerster-Preis" durch den Schirmherrn des Preises, den Brandenburgischen Minister für Wissenschaft, Forschung und Kultur, Steffen Reiche, vergeben. Mit dem Preis ehrt die Potsdamer URANIA Wissenschaftler, die es im Sinne von Wilhelm Foerster besonders gut vermögen, auch einem 'Laienpublikum' ihr Fachgebiet verständlich zu machen und Begeisterung dafür zu wecken. In diesem Jahr wurde unter den zahlreichen Wissenschaftlern, die im Rahmen der URANIA wirksam sind und waren, der bekannte Berliner Architekturhistoriker Prof. Dr. h. c. mult. Julius Posener als Preisträger gewählt. Der 1904 in Berlin geborene Posener studierte Architektur in Berlin bei Blunck und Poelzig, wurde durch die Nazis als Jude zur Emigration gezwungen und kehrte nach Aufenthalten in Paris, Jerusalem, London und Kuala Lumpur erst 1961 als Hochschullehrer für Baugeschichte in den Westteil seiner Heimatstadt zurück. Professor Posener hat in zahlreichen Vorträgen, Führungen und Lesungen innerhalb der Potsdamer URANIA die Architekturgeschichte unseres Jahrhunderts lebendig dargestellt. In seinem autobiographischen Werk "Fast so alt wie das Jahrhundert", aus dem er ein Kapitel las, vermittelt er neben Architekturgeschichte auch Menschheits- und Kulturgeschichte, die er selbst mit kräftigen Impulsen beeinflußt und mitgestaltet hat.

Im Anschluß an diesen Festakt wurde die von Gunnar Porikys und Jörg Näthe gestaltete Ausstellung "3 x Foerster" eröffnet. Eine Auswahl von Büchern gab einen Überblick zu dem umfangreichen publizistischen Schaffen der Drei. Neben zahlreichen Familienfotos und Autographen, neben den Totenmasken von Wilhelm und Friedrich Wilhelm Foerster und der "berühmten" Gartenbank des Titelbildes waren auch die beeindruckenden Aquarelle Foersterscher Züchtungen von Esther Bartning und Marta Astfalck-Vietz zu sehen. Doch mit besonderer Aufmerksamkeit wurden immer wieder die kleinen Ölgemälde von Ina Foerster, der Frau von Wilhelm Foerster, betrachtet. Und nicht zuletzt zogen die von Karl Foerster selbsthergestellten Fotografien, deren erste aus dem Jahre 1893 - "Blühende Wasserrosen" - ebenfalls zu sehen war, immer wieder die Aufmerksamkeit der Besucher auf sich. Die ersten Kataloge seiner Gartenbetriebe in Berlin-Westend und Bornim, wie auch seine ersten beiden Gartenbücher betreute er fast ausschließlich mit eigenen Fotografien, die eine eigenwillige licht- und schattenbildnerische Handschrift zeigen. Diese "kleine, aber feine Ausstellung" konnte leider nur während der Tagung gezeigt werden.

Dem Astronomen Wilhelm Foerster, der sich vor allem durch seine außerordentlich vielseitige, aktive und erfolgreiche wissenschaftsorganisatorische und -propagandistische Tätigkeit einen dauerhaften Platz in der Wissenschaftsgeschichte erworben hat, war der zweite Tagungstag im Hörsaal des Refraktorgebäudes auf dem Potsdamer Telegrafenberg gewidmet. Mit seiner berühmten "Denkschrift betreffend die Errichtung einer Sonnensternwarte" vom 30. September 1871 gab er als Direktor der Königlichen Berliner Sternwarte 1874 den entscheidenden Anstoß für die Gründung des Astrophysikalischen Observatoriums auf dem Telegrafenberg. Weniger bekannt ist, wie Dr. Ernst Buschmann (Potsdam) in seinem Vortrag "Wilhelm Foersters Einfluß auf die Entwicklung der Höheren Geodäsie" darstellte, Foersters Beitrag zur Gründung und Entwicklung des Geodätischen Observatoriums. In enger Verbindung mit J. J. Baeyer war er 1862 an der Gründung der internationalen Geodätenorganisation "Mitteleuropäische Gradmessung" beteiligt. Nach Baeyers Tod setzte er sich maßgeblich für die dringend notwendige Reorganisation des 1880 gegründeten Geodätischen Instituts und der Organisation der Internationalen Erdmessung ein. Er empfahl F. R. Helmert als Nachfolger Baeyers und unterstützte die von ihm initiierte Verlegung des Instituts auf den Telegrafenberg.

In weiteren Vorträgen sprachen Dr. Klaus-Harro Tiemann (Berlin) über "Wilhelm Julius Foerster und die 'Vereinigung von Freunden der Astronomie und kosmischen Physik'" und Arnold Zenkert (Potsdam) über die Förderung des 'Arbeiterastronomen' Bruno H. Bürgel durch Wilhelm Foerster. In sehr lebendiger Art und Weise informierte Dr. Hans-Joachim Felber (Potsdam) über die langjährigen Bemühungen Foersters um eine Kalenderreform zur Fixierung des Osterfestes, die ihn bis in den Vatikan führten. In zwei Beiträgen ging es dann um den noch längst nicht vollständig erschlossenen Nachlaß von Wilhelm Foerster: Dr. Erich Lamla (Bonn) informierte über in der Bonner Universitätssternwarte aufgefundene Briefe Wilhelm Foersters an Eduard Schönfeld und Dr. Wolfgang R. Dick (Potsdam) sprach "Über das Schicksal des Nachlasses von Wilhelm Foerster". Gerade seine Ausführungen machten deutlich, welche Arbeit zur Erschließung und Nutzung in den nächsten Jahren noch zu leisten sein wird. (Geplant ist in den nächsten Jahren beispielsweise die Herausgabe des Briefwechsels Foerster - Wichmann, der mit den bisher aufgefundenen 354 Briefen, die Foerster im Laufe von fast 40 Jahren an Wichmann geschrieben hat, den umfangreichsten Brief-Teilnachlaß darstellt.) Führungen über den Telegrafenberg und in der Sternwarte Babelsberg rundeten diesen Tagungsteil ab.

Am dritten Tagungstag sprach als erster Redner Gunnar Porikys (Potsdam) zum Thema: "'Beseligender Zusammenklang' - Die Beziehungen zwischen Wilhelm, Friedrich Wilhelm und Karl Foerster". In diesem Vortrag wurde - ausgehend vom Thema der Tagung - besonders auf das Übergreifende im Werk der drei Persönlichkeiten eingegangen. Prof. Dr. Günter Wirth (Berlin) widmete sich mit seinem Vortrag "Die Natur und den Menschen 'zu Wort bringen' - Vom großen Welt- und Gartenspiel in Bornim", ebenso wie die Führung über die Freundschaftsinsel mit Jörg Näthe (Potsdam) und der Vortrag von Dr. Konrad Näser (Potsdam): "Karl Foersters Staudenzüchtungen - Anfang oder Ende einer Entwicklung?" besonders dem Werk und Wirken von Karl Foerster.

Viele Zeitgenossen kennen Karl Foerster noch aus ihrem eigenen Erleben. Dies sind in der Regel hauptsächlich Gärtner, und so kamen in der Veranstaltung "Ich kannte Karl Foerster - Zeitzeugen erinnern sich" sie vor allem zu Wort. Ob Sanssoucis ehemaliger Gartendirektor Harri Günther, die Berliner Dozentin Jutta Kühn, der ehemalige 'Inselgärtner' Peter Altmann oder die Gärtner Wolfgang Kautz, Konrad Näser und Hermann Göritz - sie alle entwarfen das authentische Bild eines liebenswürdigen und großherzigen Menschen. Gunnar Porikys, der in Foersters letzten Lebenstagen oftmals

Nachtwache hielt, erzählte folgendes: "Foerster hatte eine außergewöhnliche Ausstrahlung. Allein aus einem einzigen Blick von ihm spürte man den Sinn des Lebens. Er war ein ganz und gar optimistischer Mensch, der keine schlechte Laune kannte. Als ihn eines Tages beim Aufstehen ein Schmerz durchzuckte, sagte er: 'Der Schmerz will meine gute Laune untergraben, aber das lasse ich nicht zu.' - Das war seine Antwort auf seine Leiden." Einer der treuesten Freunde Foersters war der weltberühmte Pianist Wilhelm Kempff. Während der Veranstaltung erklang, gespielt von Detlef Pauligk, seine von Foerster und der Bornimer Umgebung inspirierte Klavierkomposition "Ein Frühlingsspiel".

Am Sonnabend abend besuchten die Tagungsteilnehmer eine von der Wilhelm-Foerster-Sternwarte Berlin vorbereitete Veranstaltung: "Sternen-Blüten-Träume" - diese astronomisch-literarisch-musikalische Reise in die Welt der Familie Foerster wurde mit der anschließenden Besichtigung des 12-Zoll-Bamberg-Refraktors auf dem Insulaner abgeschlossen.

Am letzten Tagungstag widmete sich Helmut Donat (Bremen) mit seinem Beitrag "Friedrich Wilhelm Foerster und die Friedensbewegung der Weimarer Republik" ganz dieser Person. Er zeigte auf, daß Friedrich Wilhelm Foerster vom offiziellen Deutschland seit dem 1. Weltkrieg bis heute totgeschwiegen wird. Donat sieht ihn als einen aus unserer politischen Kultur ausgetilgten Propheten und Warner, obschon es von ihm ein riesiges, zwischen 1894 und 1961 geschriebenes Werk gibt, das politisch und pädagogisch gleichbedeutend ist. Friedrich Wilhelm Foerster wurde mit folgenden Worten von ihm charakterisiert: "In erster Linie war und ist Friedrich Wilhelm Foerster als Vertreter und Sprecher des übernationalen Deutschlands zu begreifen, der sich aus tiefer christlicher Überzeugung für eine Erneuerung der abendländischen Kultur im allgemeinen und für eine Neuorientierung der deutschen Innen- und Außenpolitik nach 1918 auf der Basis einer Rückbesinnung auf die föderalistischen Traditionen der deutschen Geschichte eingesetzt und eine politische wie völkerverbindende Friedensethik begründet hat, deren kulturphilosophische, sozialpsychologische und pädagogische Bedeutung für eine umfassende Organisation des Friedens verkannt wurde und wird."

Mit "3 x Foerster - Eine ethische Collage" wurde von Mathias Iven (Potsdam) noch einmal das Grundthema der Tagung aufgegriffen und der, nicht nur bei den Foersters vorhandene, übergreifende ethische Lebensanspruch in Beziehung zur 'gelebten Ethik' des österreichischen Philosophen Ludwig Wittgenstein dargestellt.

Eine Kranzniederlegung am Grab von Wilhelm und Karl Foerster auf dem Bornimer Friedhof sowie eine Führung im Senkgarten von Karl Foerster mit Andreas Händel (Potsdam) schlossen diese (hoffentlich nicht letzte!) Tagung ab.

* * *

Neben dem Großteil der Tagungsbeiträge vereint der vorliegende Band autobiographische Zeugnisse der drei Foersters, die alle erstmals gedruckt erscheinen; Aufsätze und Artikel, auf die ich bei der Vorbereitung der Tagung gestoßen bin, und Beiträge, die von den Autoren extra für diesen Band zur Verfügung gestellt wurden.

* * *

Danken möchte ich an dieser Stelle besonders der Familie Foerster, die das Projekt von Anfang an mit Wohlwollen unterstützt hat; dem Ministerium für Wissenschaft, Forschung und Kultur des Landes Brandenburg, das dieses Projekt gefördert hat; der Handschriftenabteilung der Staatsbibliothek zu Berlin, Preußischer Kulturbesitz und hier besonders Frau Helga Breithaupt, der ich und auch andere an der Tagung Beteiligte viele wertvolle Hinweise zu den Nachlässen und Handschriften der drei Foersters verdanken; den Mitarbeitern des Astrophysikalischen Instituts auf dem Telegrafenberg; den Mitarbeitern des Alten Rathauses Potsdam, die die Tagungs- und Ausstellungsräume zur Verfügung gestellt und sich um die Versorgung der Tagungsteilnehmer gekümmert haben; Frau Anita Feist für die Unterstützung bei den umfangreichen Schreibarbeiten; allen Journalisten, die die Tagung begleitet und durch ihre Berichterstattung geholfen haben, das Anliegen des "Foerster-Trios" weiterzutragen, und nicht zuletzt dem Verleger, Herrn Matthias Schilling, ohne den das vorliegende Buch nicht möglich gewesen wäre.

"Beseligender Zusammenklang"
Die Beziehungen zwischen Wilhelm, Friedrich Wilhelm und Karl Foerster

Gunnar Porikys

"Lieber Bruder! Unsere Eltern im Himmel sind schon ganz unruhig, warum wir nicht schon in brieflicher Verbindung sind. Ich schrieb zweimal über das Rote Kreuz, einmal über die Schweizer Zentrale nach Philadelphia, bekam nie eine Antwort, hörte dann, als die Briefsendung direkt wieder möglich war, daß Du gar nicht mehr in Philadelphia seiest und erfuhr erst vor 10 Tagen durch Oskar Kühls Tochter die jetzige New Yorker Adresse. An keinen fernweilenden Menschen habe ich in diesen furchtbaren Jahren so oft und so nah gedacht wie an Dich, - ja meine Gedanken sind um so ununterbrochener bei Dir und bei all Deinen Gedanken und Gefühlen, je älter ich werde und empfangen hiervon ununterbrochen einen unersetzlichen und unvergleichbaren Strom von Kraft und Tröstung und Sinngebung. Und ich weiß, daß es in Deutschland und Europa vielen hunderttausenden von Menschen ebenso geht. Fort und fort kamen in den langen Kriegsjahren und vorher Menschen zu mir mit der Frage: 'wo ist ihr Bruder und was sagt er?' „[1]

So beginnt der Brief Karl Foersters von August 1946 an seinen in New York lebenden Bruder Friedrich Wilhelm Foerster. Der Kontakt war gewaltsam unterbrochen, nicht erst 1933 dadurch, daß Person und Werk Friedrich Wilhelm Foersters auf dem Index der Nationalsozialisten standen. Er emigrierte in einem gewissen Sinne schon 1922, als er durch Oberst Falkner von Sonnenburg dringendst aufgefordert wurde, den ersten Zug nach Basel zu nehmen, denn er stünde auf einer schwarzen Liste, die auch den gerade ermordeten Walter Rathenau enthielt. Noch gefährlicher wurde es für Friedrich Wilhelm Foerster, als er 1927 in Genf auf den Tisch eines jeden Völkerbund-Delegierten eine französisch geschriebene Broschüre legte, die mit Dokumenten (zugespielt von seinen militärischen Freunden: General von Deimling, General von Schönaich, Oberst von Sonnenburg) Deutschlands heimliche Wiederaufrüstung belegte, just als Stresemann stolz behauptete, Deutschland sei vollkommen entwaffnet.

1 K. Foerster: Brief an F. W. Foerster (Bornim, 1.8.1946). - Standort: Staatsbibliothek zu Berlin, Preußischer Kulturbesitz, Handschriftenabteilung; Nachlaß Karl Foerster

Karl Foersters Bemühen, den brüderlichen Gedankenaustausch wieder aufleben zu lassen, war erfolgreich. Schon in seinem Brief vom Januar 1947 können wir lesen: "*Ich habe mich ja so innig über Deine beiden Briefe gefreut. Und dies wird nun eine dichte Korrespondenz werden, solange ich lebe. Ich war auch so glücklich, daß du im Gegensatz zu manchen anderen Deutschen, die längere Zeit in Amerika sind, die feinste Klaviatur des Herzens beibehalten hast, ohne sie von angeblich amerikanischer Mentalität zu überdecken. Glaube mir, ich kann nie genug von Eurem Leben dort und Deiner Arbeit hören, nie genug Fotos bekommen, nie bald genug Aufsätze und Vortragsmanuskripte aus Deiner Feder erhalten. Es ist eben mein Interesse an Deinem Dasein und Werden und seiner Spiegelung in dieser fremden Welt garnicht irgendwie zu Beschreiben. Deine Wesensart ist nun mal ein Lebenelexir für mich, und ich möchte in Zukunft immer in dem Gefühl leben, daß bald wieder ein Brief von Dir kommt. Deine Briefe liegen griffbereit in einem Fach vor mir zusammen mit Briefen anderer Menschen aus Amerika. Ich stehe in voller Arbeit, vor allem blumenzüchterisch und literarisch, was beides lächerlich viel Arbeit macht. Es ist nötig aus dem tiefsten Deutschlandgefühl zu leben und Ausstrahlungen zu versuchen, nachdem die raffinierteste aller Gangsterbanden uns auf Erden so lächerlich machte. Nein welch Gestank aus der Mottenkiste längst verworfener Methoden.*"

Hier erleben wir den Auftakt einer unterbrochenen Zusammenarbeit, schreibt doch Karl Foerster am Ende seines langen Briefes: "*Ich beschwöre Dich zum ersten Male über den Ozean hinweg, baue die wunderbare, unerschöpferische Kraft in Dir aus - Vorsicht vor der Wissenschaft, - hin zur* ***Dichtung*** *jeder Dir zugänglichen Form. Du hast* ***Unerhörtes*** *zu geben, was* ***niemand*** *anders kann. Ich beschwöre Deine Frau, Dich aufzustacheln! Bitte mache mal Versuche, wie manche meiner Manuskripte auf Deine jungen Hörer wirken!* ***Du*** *kannst mich übersetzen. Europa und Amerika müssen sich gegenseitig in ihrer 'Mentalität' innen stärker erkennen und wechselseitig vorwärts entwickeln helfen. Fehlt's in Amerika an Akustik für leisere Töne, so kann man sie schaffen, fehlt's in Europa an göttlich frischer, weiter Kühle, so kann man sie schaffen. - Neue Methoden sind nötig, unsere ganze Lektüre inländischer und ausländischer Bücher* ***vom Zufall*** *zu befreien !!!*".[2]

Sehr schnell entstand ein intensiver geistiger Austausch. Schickte Karl Foerster seine neuesten Manuskripte nach Amerika, so warb er gleichzeitig für das Werk seines Bruders im deutschsprachigen Raum. In seinem Schreiben vom 3.2.1947 lesen

2 K. Foerster: Brief an F. W. Foerster (Bornim, 1.1.1947). - Standort s. Anm. 1

wir: "*Ich frage mich und Dich: was hat von mir aus nun zu geschehen, daß alle Deine unvergänglichen Bücher schnell wieder herauskommen? Welche Verlage kommen in Frage? An Rotapfel-Zürich-Erlenbach, der auch ein Buch von mir verlegte, schrieb ich jüngst auch wegen Deiner Bücher und gab ihm Deine Adresse; aber die Zensur schickte den Brief zurück. Ich werde es wiederholen. Welche Deiner Bücher hast Du drüben bei Dir? Denn bei Vielen wird die Neuauflage noch Arbeit machen, - bei anderen wird kein Wort zu ändern sein.*"[3]

Später setzte sich Karl Foerster sogar in der DDR für das Werk seines Bruders ein. Das von dem Theologen Alfred Dedo Müller geplante Friedrich Wilhelm Foerster-Lesebuch in der Evangelischen Verlagsanstalt unterstütze Karl Foerster mit einem Empfehlungsschreiben an das Lektorat im Jahre 1959: "*Ich möchte in meiner Stellung und Verpflichtung als Bruder von FWF, als lebenslanger Überschauer seiner gesamten Leistungen und zugleich auch aus eigenen Lebenserfahrungen einiges aussprechen, warum ich gerade* **diesem** *Buche eine solche ungeheure Wichtigkeit beimesse. Wir sehen täglich stärker, wohin die Welt gerät, wenn diejenige Kraft und Macht der Seele, welche die wichtigste von allen ist, in den großen Konflikten eine entscheidende Berücksichtigung* **nicht** *erfährt. Alle Werke FWF.'s und auch sein gesamtes Eingreifen in die politische Welt haben dieser Stimme Geltung zu schaffen versucht. In solchem Sinne hat was seltsamer- und tragischerweise vergeblich war. Die Heroisch-Bornierten fuhren jedesmal dazwischen. Es führte zur Opferung seines eigenen Lebenswohls, seiner jeweiligen Stellungen und Aussichten und schließlich zur Lebensgefahr. Warum ist diese geplante Auswahl heute so brennend wichtig für unsere gegenwärtige Lage geworden? Weil wir heute an der Wetterscheide stehen, entweder das gesamte aufgespeicherte Unheil aus den letzten Jahrzehnten zu ernten oder die neuen hohen Wege zu betreten, welche dies Buch schon der Jugend weist. In der Zeit nach dem ersten Weltkriege habe ich öfters große Lehrerversammlungen besucht, zu denen mein Bruder als Redner sprach; kaum je habe ich eine solche Wärme und Ergriffenheit der ständigen Beifallskundgebungen erlebt wie im Kreise dieser jungen Lehrer.*"[4]

Nicht nur in der DDR war es gewagt, sich für Friedrich Wilhelm Foerster einzusetzen. Dominik Rappich, der die geistige Verwandtschaft Friedrich Wilhelm Foersters mit Reinhold Schneider und Karl Kraus entdeckte[5], klagte 1953 aus der alten BRD in

3 K. Foerster: Brief an F. W. Foerster (Bornim, 3.2.1947). - Standort s. Anm. 1

4 K. Foerster: Brief an Lektorat der Evangelischen Verlagsanstalt (Bornim, 12.6.1959). - Standort s. Anm. 1

5 D. Rappich: Friedrich Wilhelm Foerster - Ein Mahner und Verbannter. - In: Caritas, 67 (1966) Heft 2

seiner Eigenschaft als Geschäftsführer der Friedrich-Wilhelm-Foerster-Gesellschaft gegenüber Karl Foerster: "*Im Allgemeinen ist die Situation nicht günstig für FWF. Wie Sie gewiß schon erfahren haben werden, besetzen die alten schwarzweißroten Gestalten und ihr brauner Anhang immer mehr ihre alten Posten. Man darf hier im Westen bald nichts mehr davon sagen, daß man einmal Gegner des Naziregimes gewesen ist*".[6]

Es bestätigte sich die Diagnose, "*der Hochkapitalismus ist die Erzgefahr*"[7], 1944 von Karl Foerster ausgesprochen innerhalb seines umfangreichen Briefwechsels mit Elisabeth Koch, aus dem hier gleich noch eine längere Passage präsentiert sei, in der sich ein starker Einfluß des kulturphilosophischen und politischen Denkens Friedich Wilhelm Foersters abzeichnet, den Karl Foerster sogar direkt zitiert: "*Friedrich II., Bismarck, Hegel, Nietzsche, Kaiser Wilhelm I. und II.: alles Zeitzünder, die 1945 explodierten und ad absurdum geführt wurden. 'Durch die erschütternde Demütigung Deutschlands hat Napoleon den Schwerpunkt Deutschlands wieder von Weimar nach Potsdam verlegt' und die Bismärckerei in den Sattel gehoben, den Preußengeist entflammt, die Macht vor Recht gehen ließ. Bismarck war es, der die Geister rief, welche er 1871 nicht mehr bannen konnte, als sie in Gestalt der Strategen Moltke und Kaiser Wilhelm I. vor ihn traten: Du mußt Lothringen annektieren! Er tat es höchst widerwillig, aber die Lawine kam ins Rollen. Bismarck war Zeitzünder in* ***zwei Abteilungen****: Weltkrieg Nr. I und II. - Er kam auch nach 1871 oft in die Enge und half sich mit Machiavellismus! Er benutzte Erzengel* ***und*** *Dämonen! Aber immer wenn einer sich mit Ariel* ***und*** *Kaliban verbündet, siegt zuletzt Kaliban. Dies ist die Hauptformel der Weltgeschichte. Napoleon, das Seelenschwein, kam auch* ***wesentlich*** *durch seinen* ***schlechten Charakter*** *zu Fall. Mal hatte er sich in Helena mies gegen zwei Generäle benommen, die ihm nach Helena gefolgt waren. Der Eine sagte zum Andern, hinweisend auf den* ***Charakterzug****: 'Das ist es ja, weswegen wir hier sitzen!' Die Welt ist ein Problem von Wie und nicht von Was, ist ein Problem von gut und böse, nicht von falsch und richtig. Aber Schlechtheit macht dumm. Ärger macht blind. -* "[8]

Karl Foerster bedrängte seinen Bruder, nach Europa zu reemigrieren, der ihm 1953 die Unmöglichkeit des Ansinnens brieflich darlegt: "*Bei der Behandlung der Frage meiner eventuellen Übersiedlung nach Europa ist immer zu bedenken, daß es unmöglich ist, in dieser Angelegenheit meine Person aus dem gegebenen Familienzusammen-*

6 D. Rappich: Brief an K. Foerster (Köln, 14.1.1953). - Standort s. Anm. 1
7 K. Foerster: Brief an E. Koch (Bornim, 12.9.1944). - Standort s. Anm. 1
8 K. Foerster: Brief an E. Koch (Bornim, 8.3.1946). - Standort s. Anm. 1

hang herauszuheben. Wir sind eine in 30 Jahren zusammengewachsene Koralleninsel, von der man nicht so leicht ein einzelnes Stück abhacken kann. (...) Dies alles ist zu bedenken und Du, der Du die Pflanzen stets mit den Wurzeln versendest, darfst nicht vergessen, daß ich keine Schnittblume bin, die man als 'Comercial Papier' im Hebarium von Land zu Land verschicken kann."[9]

Auch die Baden-Württembergische Regierung lud Friedrich Wilhelm Foerster ein, als alter Freiburger nach Deutschland zurückzukehren, mit dem Ruhegehalt eines Heidelberger Philosophie-Professors. Er schreibt seinem Bruder darüber: "*Ich habe nicht unbedingt abgelehnt, aber die Verwirklichung des Projektes unbestimmt verschoben, weil ich nicht zum zweiten Mal Emigrant werden möchte und keineswegs sicher sei, daß sich die deutsche Entwicklung in den nächsten Jahren nicht wieder in einer Richtung bewegt, unter deren Herrschaft ich nicht gerne leben möchte. Ich möchte nicht zum zweiten Mal erleben, daß mir das passiert, was sich 1922 ereignete, als mir mein Freund, der Oberst Sonnenburg, mit einem Eilbrief riet, den nächsten Zug nach Basel zu nehmen: 'Man ist auf Ihrer Spur, und Sie wissen, was das bedeutet:' Meine etwas pessimistische Ansicht aber hindert mich keineswegs, alles zu tun, was in meinen Kräften steht, um der wahren deutschen Tradition wieder zum Durchbruch zu helfen.*"[10]

Die lebenslänglichen Interaktivitäten des Foerster-Trios waren in Karl Foerster derartig verinnerlicht, daß er noch 1961 als Siebenundachtzigjähriger seinem fast erblindeten, um fünf Jahre älteren Bruder ein gemeinsames Projekt zumutete, so daß Friedrich Wilhelm Foerster ihm entgegnen mußte: "*Nun aber Folgendes zur Beantwortung Deiner Vorschläge, auf die ich gewiß sehr positiv reagiert hätte, wenn ich sie etwa vor 12 Jahren bekommen hätte. Ich bin vielleicht zu schweigsam in Bezug auf meinen gesamten Gesundheitszustand gewesen, sonst wäre Dir sicher nie der Gedanke gekommen, daß ich heute noch, mit meinen 92 Jahren in eine solche Zusammenarbeit eintreten könnte, wie Du sie mir vorschlägst. Ich habe mich zweifellos seit meinem 90 jährigen Geburtstag in jeder Beziehung überarbeitet, nicht etwa nur durch die Korrespondenz, die sich an die Geburtstage anknüpfte, sondern vor allem durch die unerwartet große Arbeit, die sich an die Abschließung meines Lebenswerkes anknüpfte, wozu z.B. auch 7 neue Auflagen meiner Bücher gehörten. Außerdem haben sich meine Augen so sehr verschlechtert, daß ich nichts mehr lesen und schreiben kann - leider*

9 F. W. Foerster: Brief an K. Foerster (New York, 23.10.1953). - Standort s. Anm. 1
10 F. W. Foerster: Brief an K. Foerster (New York, 27.10.1953). - Standort s. Anm. 1

also kann von der Zusammenarbeit, die mir sehr teuer gewesen wäre, wenn ich noch in guter Gesundheit gewesen wäre, leider gar keine Rede mehr sein."[11]

Bevor ich eine Rückblende in das Jahr 1883 wage, erlaube ich mir eine Zwischenstation in den Jahren 1918/19, um streiflichtartig den politischen Gedankenaustausch zwischen Wilhelm Foerster und Friedrich Wilhelm Foerster zu erhellen, eine Briefbeziehung, die Friedrich Wilhelm Foerster bezeichnenderweise als "*Liebe- und Gesinnungsgemeinschaft*" apostrophierte. Zunächst seien die damaligen Lebensumstände der beiden Briefpartner angedeutet: Friedrich Wilhelm Foerster lebte in der Schweiz. Nach der Novemberrevolution 1918 bat der neue bayerische Ministerpräsident, Kurt Eisner, Friedrich Wilhelm Foerster für die Dauer der Friedensvorbereitungen, das neue Bayern in Bern zu vertreten. Diese diplomatische Mission gestattete Friedrich Wilhelm Foerster tiefe Einblicke in die wirkenden politischen Kräfte. Der Philosoph und Anthroposoph Rudolf Steiner, der schon um 1900 in Fragen der Jahrhundertbenennung[12] mit Wilhelm Foerster korrespondierte und mit diesem sich an einer Vortragsreihe zum Thema "Hochschulpolitik"[13] beteiligte, suchte nun den Sohn Friedrich Wilhelm Foerster in dessen Eigenschaft als Diplomat auf, in der Hoffnung, von ihm Beweismittel in der Kriegsschuldfrage zugunsten des Deutschen Reiches zu erhalten, wie die Kürzung des Rüstungsbudgets und die Abbestellung von Munitionslieferungen kurz vor den Kriegsausbruch.[14]

In diesem Zeitraum lebte der Vater Wilhelm Foerster bei seinem jüngeren Sohn Karl Foerster und seiner Tochter Martha in Potsdam-Bornim und beendete gerade seine Broschüre "*Die internationale Wirksamkeit des Judentums in der Vergangenheit und in der Zukunft*"[15], eine Arbeit, die später sein Sohn Friedrich Wilhelm Foerster mit seinem Buch "*Die jüdische Frage - Vom Mysterium Israels*"[16] fortsetzen sollte. Die geradezu traumhafte Idyllik der Vater-Sohn-Tochter-Beziehung in den Bornimer Jahren, läßt Karl Foerster in seinem Buch "*Glücklich durchbrochenes Schweigen*" ahnen: "*Mein Vater, der bald neuzigjährig hier bei mir lebte, verfolgte alle Fortschritte mit größter Spannung und tiefstem Gefühl für ihre kulturelle Tragweite. Der Vorfrühlingsweg war*

11 F. W. Foerster: Brief an K. Foerster (New York, 8.9.1961). - Standort s. Anm. 1

12 R. Steiner: Nachschrift zu einem Aufsatz "Beginnt das neunzehnte Jahrhundert mit dem kommenden Neujahrstag?". - In: Ders.: Gesammelte Aufsätze zur Kultur- und Zeitgeschichte 1892 - 1901 [aus: Magazin für Literatur 67. Jg. (1898) Nr. 39]. - Dornach, 1989. - S. 643ff.

13 R. Steiner: Hochschulpädagogik und öffentliches Leben. - Dornach, 1939. - S. 18ff.

14 H. Kühn: Dreigliederungs-Zeit. - Dornach, 1978. - S. 36f.

15 W. Foerster: Die internationale Wirksamkeit des Judentums in der Vergangenheit und in der Zukunft. - Halle, 1918

16 F. W. Foerster: Die jüdische Frage. - Basel; Freiburg; Wien, 1959

eine besondere Lieblingsgegend des Gartens für ihn. Im höchsten Alter strahlte er von der gleichen Frische wie die neugeborenen Blumen. Kein junger Mensch kann je die Weltwachheit und Freudenergriffenheit aufbringen oder äußern wie manche Alten. Für ihn war all dies gesteigerte Blühen geheimes Unterpfand hoher Menschenzukunft und ewiger Hoffnung. Von solchen kleinen Gängen ins Haus zurückkehrend, mußte er sich erst ein wenig durch Beethovenspiel beruhigen, ehe er wieder an seine Arbeit ging. Die Beseelung und Befeuerung, die meine Arbeit und Zielsetzung von ihm empfing, war ja fast wie ein Hauch aus dem hohen Geisterreiche des alten Berlin in der ersten Hälfte des vorigen Jahrhunderts, in die mein Vater mit allen Wurzeln hinabreichte, selber um 1855 herum noch junger Mithelfer Alexander von Humboldts."[17]

Im Dezember 1918 schrieb Friedrich Wilhelm Foerster aus Zürich nach Bornim: "*Mein lieber Vater. Endlich, endlich komme ich zu einem Brieflein. Wie oft habe ich in diesen Tagen zu Euch hinübergedacht! Vielleicht habt ihr auch gemeint, es wäre besser, wenn ich in dieser Zeit in Deutschland sei: ich kam auch hauptsächlich deshalb nach München, um mich in dieser Beziehung zu orientieren, mußte mir aber 'einstimmig' sagen, daß jetzt in Deutschland selbst garnichts zu machen ist, bis gewisse elementare Mächte sich elementar miteinander gemessen haben. Hingegen ist hier bis zu den Friedensverhandlungen außerordentlich viel zu tun, um die Entente richtig zu informieren und zu beeinflussen. In dieser Beziehung hatte ich und habe ich unschätzbare Gelegenheiten, so ist es mir endlich gelungen, zu erreichen, daß eine amerikanische Kommission nach München, Berlin und Hamburg geht, (...) . - Ihr erinnert Euch doch noch an W. Sanders? Der hat mir sehr nett geschrieben und will mich in Bern besuchen. Ich habe sehr nette und brauchbare Mitarbeiter, mein jüngerer Diplomat ist ein Graf v. Berchem, ein steinreicher Bayer, der bei Bern eine reizende Villa besitzt, wo alle Rendevous mit Ententerichen in holder Verschwiegenheit stattfinden. Back ist mir eine glänzende Hilfe. Er ist übrigens gut bekannt mit Brockdorff-Rantzau, von dem er sehr viel hält. Gestern Abend habe ich wieder eine dreistündige Unterhaltung mit einem englischen Liberalen gehabt, der auf dem Wege nach England ist, um die Wilsonpartei dort zu stärken.*"[18]

Einige Tage darauf, Anfang Januar 1919 schrieb Friedrich Wilhelm Foerster aus Bern: "*Ich habe den entschiedenen Eindruck, daß Alles nicht so heiß gegessen werden wird; in England bereitet sich ein starker Umschwung vor. Allerdings wird die neue*

17 K. Foerster: Glücklich durchbrochenes Schweigen. - Berlin, 1937. - S. 105f.
18 F. W. Foerster: Brief an K. Foerster (Zürich, 29.12.1918). - Standort s. Anm. 1

Liebknechtiade, die Leute in starke Verlegenheit bringen. Die Waffenstillstandsbedingungen werden bald allerlei Milderungen erfahren - bei Beurteilung dieser ganzen Sache muß man im Auge behalten, wie sehr die Leidenschaften durch den Anblick des systematisch verwüsteten französischen Landes angeblasen worden sind. Auch die amerikanischen Truppen waren ganz außer sich davon. Ich glaube, ich werde nach der Nationalversammlung mein nur provisorisches Amt niederlegen und im Sommer wieder in München Vorlesungen halten. Ich bin doch mehr ein Mensch der Inspiration als der Administration - obwohl mir alle die Erfahrungen und Ausübungen einer solchen Stellung eine höchst interessante Lebenserfahrung sind ... Daß ich diesmal nur telegrafiert habe zu Deinem Geburtstag hat mich täglich gezwackt - aber jene Tage waren wahnwitzig besetzt, ich konnte nichts im Kopf haben als die Not Deutschlands."[19]

Fünf Monate später, Kurt Eisner wurde inzwischen ermordet, schrieb Friedrich Wilhelm Foerster im Mai 1919: "*Mein lieber theurer Vating! Wie tut es mir wohl, endlich mal wieder ein wenig mit Euch zu plaudern, nachdem die letzten 3 Wochen mich ganz tumultuarisch in Anspruch genommen hatten. Na, ich hoffe, daß die bayrische Gesandtschaft jetzt allernächstens aufgelöst wird, so daß ich in mein Zürichbergheim zurückkehren kann. Das Thema der letzten drei Wochen war hauptsächlich, die neue bayerische Regierung nach Niederwerfung der Spartakisten dadurch zu stärken, daß man eine Hilfsaktion von Lebensmitteln seitens Schweiz und Entente in großem Stile organisierte. Dieses ist mir gelungen nach langen interessanten Verhandlungen, so daß fast 1000 Waggons hochwertiger Lebensmittel bewilligt sind, wobei die Entente meine ganz persönliche Garantie für gerechte Verteilung verlangt hat. Italiener und Engländer waren ganz besonders entgegenkommend, ich merkte bei ersterem, dem Prof. Labriola, wieviel Kredit ich durch meine Bücher in Italien habe.*"[20]

Im Juli 1919 kann Friedrich Wilhelm Foerster aufatmend, endlich aus Bern nach Bornim berichten: "*Gott sei Dank komme ich jetzt endlich aus dem jetzt doch nutzlosen diplomatischen Trubel heraus und ziehe mich als alte Excellenz ins Privatleben zurück. Ich habe bis zum 5. Juni Entlassung vom Gesandtenposten erbeten ... Ich fühle es trotzdem als providentiell, daß ich jetzt hier bin - ich würde mich in Deutschland völlig vergeblich verpudeln. Das deutsche Volk krankt jetzt an 50 Jahren Machtpolitik, deren moralische Folgen im inneren Volksleben zutage treten, als absolute*

19 F. W. Foerster: Brief an K. Foerster (Bern, Anfang Januar 1919). - Standort s. Anm. 1

20 F. W. Foerster: Brief an W. Foerster (Bern, 12.5.1919). - In: Festgabe zum 90. Geburtstag Friedrich Wilhelm Foersters zum 2. Juni 1959. - Freiburg; Wien [Willmann-Institut]

Auflösung aller höheren Empfindungen, als völliges Aufgehen in der bloßen Kampfhaltung - erst wenn dieses Treiben sich selbst ad absurdum geführt hat, wird man meine Stimme wieder hören, die eigentlich die Deine ist, denn Du warst es, der von anfangt an, schon lange vor dem Kriege, empfandest, wohin die Menschheit treibt und was sie allein retten kann - nicht 'Sozialisierung', sondern die allereinfachste Menschlichkeit. Ich glaube trotz allem an das deutsche Volk, es wird wieder zu seinem wahren Wesen erwachen - aber noch hat es mit der Deutung seines Welterlebnisses nicht einmal den Anfang gemacht ... In innigster Liebe- und Gesinnungsgemeinschaft grüßt dich Dein Ältester."[21]

Im Zusammenhang mit der Dreifuss-Affäre gab es selbstverständlich auch eine brieflich vermittelte Zusammenarbeit: "*Soeben erhalte ich Deinen Brief betreffend Dreifuss-Affäre. Ich halte es für höchst heilsam und dringend, daß die betreffenden Zusammenhänge jetzt beleuchtet werden; das Beste wäre, wenn du es in einem Artikel für das 'Berliner Tagesblatt' oder für die 'Welt am Montag' ins Licht setzen würdest. Solltest Du nicht selbst hervortreten wollen, so könnte ich es als Brief oder Mitteilung von Dir in den Text eines zusammenfassenden kleinen Buches über die Kriegsschuld verflechten, in dem Kapitel 'Deutschland und Frankreich'.*"[22]

In diesem "Liebe- und Gesinnungsgemeinschaftlichen" Briefwechsel war auch der mit dem Vater zusammenlebende Karl Foerster immer als erwünschter Mitleser einbezogen. Als der Vater im Januar 1921 stirbt, beschreibt Karl Foerster seinem Bruder ausführlich den Schwellenübertritt Wilhelm Foersters: "*Du und Dein Werk waren Vaters höchstes Lebensgefühl und haben ihm wohl auf Erden das feste und beste Gefühl geschenkt, daß sein ureigentlichstes Wollen Verwirklichung finden wird. Daß das Schicksal ihm diesen Sohn mit diesen Gaben gegeben hat, das hat ihn am meisten mit allen Leiden und Kämpfen versöhnt. Ach wie oft in all den langen Jahren haben wir zusammen Deine Sendungen und Bücher und Artikel gelesen und wie seelig hab ich immer die himmlische Erhobenheit und den süßen verschwiegenen Stolz genossen, von dem dann immer wieder seine Stimmung und sein ganzer Tag erfüllt war. Dein vorletzter Brief hatte ihn beschäftigt und war ihm dann in die wirren Traumvorstellungen geraten: 'Ich hab ihn gehabt und dann ist das Papier zerbrannt und verdunste.' sagte er in den Umnachtungsstunden immer. 'Ich muß Wilhelm gleich schreiben, denn da waren noch wichtige Nachrichten, die ich noch nicht gelesen'. In der dann später folgenden vollen Besserung und herrlichster Klarheit war gerade Dein letz-*

21 F. W. Foerster: Brief an W. Foerster (Bern, 2.7.1919). - Standort s. Anm. 1
22 F. W. Foerster: Brief an W. Foerster (Zürich, 30.8.1919). - Standort s. Anm. 1

ter Brief angekommen, den er mit den amerikanischen Sachen unbeschreiblich warm und froh aufnahm und mit voller Geistestiefe durchsprach; wir beschlossen, daß die amerikanische Angelegenheit in die deutschen Zeitungen kommen müsse, wenn du Deine Zustimmung dazu geben würdest. Ach er war so glücklich und befriedigt darüber und lag so süß und genesend in seinen Kissen. Das Bild, was Ninge von Dir gemacht hat, mochte er so sehr gern und sagte: 'Doch eine Gegenwart ohnegleichen'. Ich sehe noch seinen Gesichtsausdruck und höre den Klang seiner Stimme, als ich auf das Bild weisend sagte: 'Seine Majestät der Mensch'. Acht Tage vor der Verwandlung hat er noch eine Stunde lang Klavier gespielt im vollsten ungebrochensten Glanze; und sich stundenlang mit Paul Kesselring unterhalten, den er doch so liebt. Seine Klarheit und Anteilnahme noch zwei Stunden vor dem Letzten war so groß, daß er beim durchblättern der Januar Nummer der Zeitschrift Gartenschönheit noch jedes Bild erkannte und beurteilte."[23]

Nun soll die schon angekündigte Rückblende in das Jahr 1883 und in den Ort Eisenach führen. Dort tagte die 1882 unter dem Vorsitz Wilhelm Foersters in Berlin gegründete "Deutsche Gesellschaft für Ethische Kultur". Da bei dieser mehrtägigen Versammlung alle 3 Foerster zugegen waren[24], ist sie ein Symbol für die außergewöhnliche Zusammenarbeit, die nicht allein aus der Blutsverwandtschaft erklärbar ist. Symbolisch auch insofern, da der äußere Anlaß, die Tagung einer ethischen Gesellschaft, stellvertretend für das Ethische an und für sich im Zusammenwirken des Foerster-Trios steht.

Wilhelm Foerster, schenkt man den Schilderungen seiner Söhne Glauben, war geradezu die Inkarnation des Ethischen. Karl Foerster weiß von seinem Vater zu berichten: "*Er war frei von jeder Brüchigkeit des Lebens- und Zeitaltergefühls; diese Neugeborenheit und Uranfänglichkeit in Gestalt einer fast unbewußten Frommheit des Weltgefühls begleitete ihn bis ins höchste Alter. Sein Menschentum, um das für uns Kinder auch im Alltag eine Art würziger Alpenluft wehte, gipfelte in einer Weltmannshaltung voller Herzensgüte bei der Schlichtung von Streitsachen, um die er oft von einzelnen Menschen oder Gruppen gebeten worden ist. Ein Mensch machte hier also Ernst damit, nach den Grundsätzen ersehnter Zukunft schon in der Gegenwart zu leben.*"[25]

23 K. Foerster: Brief an F. W. Foerster (Bornim, 1921) [Abschrift von K. Foerster]. - Standort s. Anm. 1
24 W. Foerster: Lebenserinnerungen und Lebenshoffnungen. - Berlin, 1911. - S. 234
25 E. Foerster / G. Rostin (Hrsg.): Ein Garten der Erinnerung. - Berlin, 1992. - S. 32

Friedrich Wilhelm Foerster schreibt über Wilhelm Foerster: "*Mein Vater lebte, redete und handelte, als ob die Weihe einer höheren Berufung über ihm läge und ihn verpflichte, alltäglich der ewigen Gerechtigkeit zu dienen, nicht durch Reden und Traktate, sondern durch den inneren Geist, durch das heilige Maß und die verstehende Liebe seines täglichen Urteils über alles, was im Hause, im Berufe und in der großen Öffentlichkeit geschah. Wo immer er das Wort ergriff, verband er das Unscheinbarste mit der göttlichen Weisheit, die ihm ihre Lösungen zuflüsterte, - obwohl er äußerlich und wissenschaftlich der Gotteswelt ferne zu sein schien.*"[26]

Trotz der Quantität seiner pädagogischen Schriften bezeichnete Friedrich Wilhelm Foerster sich vor allem als Ethiker, war aber unabhängig davon, schon allein rein optisch, in Gestik und Physiognomie ein Repräsentant des Ethischen: "*Seine Majestät der Mensch!*" (Karl Foerster). Der Bruder Karl Foerster transformierte mit daseinsfrömmiger Sprachinbrunst die "*Überherrlichkeit des Wirklichen*"[27] feiernd, das Ethische ins Ästhetische, aber jenseits moralischer Unverbindlichkeiten. In seinem "*Urgeleise*" stellt er fest: "*Verliebt in jedes Blatt und jede Wolke, ertränken wir in der Natur, wenn wir nicht an ihre überirdische Quelle und Gebundenheit glaubten. Der Mensch braucht für immer beides: die Klarheit und das Geheimnis, - also das Streben nach wachsender Erkenntnis der uns zugänglichen Wirklichkeit, - einer Erkenntnis, die voller Drohung und Verheißung darin gipfelt, daß der Geltungsbereich der ethischen Forderungen das Gemeinschaftsleben der Völker und Parteien ebenso umfaßt wie das Einzelleben.*"[28]

Das am Ethischen sich auskristallisierende Zusammenwirken der 3 Foersters ist so merkwürdig, daß man in der Sprache der anthroposophisch orientierten Geisteswissenschaft Rudolf Steiners sagen könnte, die drei Wesenheiten haben sich vorsichtshalber gleich in den Familienzusammenhang hinein inkarniert, um sich die zeitraubende Mühe eines späteren karmisch bedingten Kennenlernens zu ersparen.

Die ethische Intention Wilhelm Foersters war es, jenseits aller "*Weltbildgestaltungen*", "*nur der Wahrhaftigkeit und gegenseitigen Harmonisierung im sittlichen Denken und Wollen*"[29] zu dienen. Aber schon gleich nach der Gründung einer von dem Amerikaner Felix Adler inspirierten Deutschen Gesellschaft für Ethische Kultur erschienen in der von Maximilian Harden herausgegebenen "*Zukunft*" ernstzunehmende Kritiken von Ernst Haeckel und Rudolf Steiner. Haeckel schreibt in seinem Artikel "*Ethik und*

26 ebd., S. 46
27 C. Brunner: Die Lehre vom Geistigen und vom Volk. - Potsdam, 1927. - S. 1026
28 E. Foerster / G. Rostin: ebd., S. 510
29 W. Foerster: Lebenserinnerungen und Lebenshoffnungen. - ebd., S. 338

Weltanschauung": "Ich halte es für unmöglich, die ethische Frage ohne die religiöse zu lösen oder auch nur zu fördern; denn beide hängen auf das Innigste zusammen; beide wurzeln in jenem innersten Heiligtum des denkenden Menschen, welches er seine Weltanschauung nennt. Die großartige Reform unserer vernünftigen Weltanschauung, welche wir der fortgeschrittenen Natur-Erkenntnis der letzten drei Dezennien verdanken, kann unmöglich ohne Rückwirkung auf unsere sittliche Überzeugung und auf unser daraus entspringendes moralisches Verhalten sein. Notwendig muß dann aber die reformierte Ethik früher oder später in prinzipielle Konflikte mit den konfessionellen Traditionen der verschiedenen Kirchen-Religionen kommen. (...) Daß die Wirksamkeit des Herrn Professors von Gizycki der neugegründeten 'Deutschen Gesellschaft für ethische Kultur' von Vorteil sein werde, möchte ich demnach bezweifeln. Jedenfalls sind seine Prinzipien sehr verschieden von denjenigen ihres ersten Präsidenten, des trefflichen Professors Foerster (Direktor der Berliner Sternwarte). Was dieser erfahrene, in der Wissenschaft wie im öffentlichen Leben gleich angesehene Mann vortrug, verdient gewiß alle Beachtung. Nur fürchte ich, daß auch er sich nicht den vielen Bedenken wird entziehen können, welche jetzt schon in der Presse über die praktische Ausführbarkeit seiner edlen theoretischen Ziele laut werden. Insbesondere stimme ich den Einwürfen bei, welche u.a. Herr RUDOLF STEINER (Weimar) im 5. Heft der 'Zukunft' geäußert hat."[30]

Daß Ernst Haeckel in der konstituierenden Sitzung der Ethischen Gesellschaft zugegen war, wird auch von Wilhelm Foerster in seinen Lebenserinnerungen erwähnt: "*Daß die Pflege des wahrhaft Gemeinsamen nicht in der Kultivierung einer Einheitlichkeit der Weltanschauung bestehe, keinesfalls aber hiermit ihren Anfang nehmen könne, habe ich damals an dem letzten Versammlungsabende, an welchem auch Prof. Haeckel aus Jena erschienen war, aufs deutlichste hervorgehoben, als dieser hochangesehene Biologe und monistische Freidenker uns zu einer Stellungnahme in dem Kampfe gegen die* ***religiösen*** *Weltanschauungen bestimmen wollte.*"[31]

Hier muß ein nicht leicht zu klärendes gegenseitiges Mißverstehen vorliegen. Zwar ist Haeckel ein Freidenker, aber in dem Sinne, daß er sich von allen Dogmen frei-dachte, aber bei weitem kein Atheist war. In seiner "*Generellen Morphologie der Organismen*" betont er: "*Indem der Monismus die Einheit der gesamten Natur nachweist, zeigt er zugleich, daß nur ein Gott existiert, und das dieser Gott in den gesamten Naturer-*

30 K. Ballmer: Ernst Haeckel und Rudolf Steiner. - Besazio, 1965. - S. 47f.
31 W. Foerster: ebd., S. 229

scheinungen sich offenbart".[32] "*Wir sind alle von Gottes Gnaden*", *der Stein so gut wie das Wasser, der Gorilla so gut wie der Kaiser von China*"[33], konstatiert Haeckel und der Monist Rudolf Steiner prägte in seiner "*Philosophie der Freiheit*" die Kurzformel: "*Die Welt ist Gott*".[34]

Wie immer Haeckels Anliegen auch mißverstanden wurde, so ist doch Wilhelm Foersters Reaktion von programmatischer Bedeutung: "*Ich erklärte ihm unter voller Zustimmung der Versammlung, daß auf dem Gebiete der Weltanschauungen am schwersten zu Übereinstimmung zu gelangen sei, weil diese Gedankensysteme, bei dem Mangel* ***allgemeingültiger*** *objektiver Grundlagen derselben, schon von jeher gerade in möglichst umfassender Gemeinsamkeit des nahe Verwandten ihre eindrucksvollsten Sanktionen gesucht und gefunden hätten, wodurch aber zugleich die Weltanschauungsgemeinschaften die Stätten der leidenschaftlichsten und beharrlichsten kollektiven Bindungen der Gewissen und der schärfsten Trennungen solcher Gruppenbildungen voneinander geworden seien. Es sei daher der 'Weisheit erster Schluß' auf dem Gebiete der Einigungsbestrebungen der Menschheit, daß man zunächst unabhängig von den Verschiedenheiten der Weltanschauungen das Gemeinsame auf dem Gebiete der schlichtesten, allgemeinsten und zweifellosesten Lebenserfahrungen verfeinernd und vertiefend kultiviere und erst hieraus, bei größtmöglicher Pietät für jene Verschiedenheiten, allmählich auch auf den Gebieten der umfassendsten Welt- und Lebensanschauungen gegenseitiges Verständnis emporwachsen und immer reichere Harmonie erklingen lasse. Harmonie sei ja nicht absoluter Einklang und Gleichklang, sondern nach tieferen Gesetzen beseligender Zusammenklang.*"[35]

Die letzten beiden Worte, "***beseligender Zusammenklang***" wählte ich als Titel des Vortrages: treffender kann das Phänomen "3 x FOERSTER" nicht charakterisiert werden. Da nun Wilhelm Foerster einschränkt, "*Harmonie sei ja nicht absoluter Einklang*", kann ich spätestens jetzt, ohne meinen Vortragstitel zu gefährden, auf den von Haeckel vorausgeahnten Konflikt eingehen, der um die Jahrhundertwende, aus dem unverhofften Bekenntnis Friedrich Wilhelm Foersters zum Christentum entstand.

Zwar wird der darüber geführte Briefwechsel zwischen Wilhelm Foerster und Friedrich Wilhelm Foerster erst die ganze Schärfe des Konfliktes offenbaren, wenn er der Forschung zugänglich ist, aber auch so läßt sich ahnen, was dieser Schritt seines

32 E. Haeckel: Prinzipien der Generellen Morphologie der Organismen. - Berlin, 1906. - S. 438

33 ebd., S. 437

34 R. Steiner: Die Philosophie der Freiheit. - Berlin, 1894. - S. 239

35 W. Foerster: ebd., S. 229f.

Sohnes für Wilhelm Foerster bedeuten mußte, war er doch, in der Aura einer Goethe-Humboldt-Kultur stehend, dem aufgeklärten Humanismus verschrieben, besessen von einer naiven Wissenschaftsgläubigkeit, um nicht Abergläubigkeit zu sagen. In ungebrochener Fortschrittsgläubigkeit verkündete er: "*Der Wahlspruch dieses Erdenlebens wird heißen: Welt-***Organisation und Güte**"[36]. Das hohe Ethos seiner Genauigkeits- und Gewissenskultur hatte einen Rückenwind, dessen Herkunft von Nietzsche geortet wurde, wenn er in seiner "*Fröhlichen Wissenschaft*" bekennt, "*daß es immer noch ein metaphysischer Glaube ist, auf dem unser Glaube an die Wissenschaft ruht, - daß auch wir Erkennenden von heute, wir Gottlosen und Antimetaphysiker, auch unser Feuer noch von dem Brande nehmen, den ein Jahrtausend alter Glaube entzündet hat, jener Christen-Glaube, der auch der Glaube Plato's war, daß Gott die Wahrheit ist, daß die Wahrheit göttlich ist ...* "[37]

Es ist zu bedenken, was der Antimetaphysiker Wilhelm Foerster allein mit seinen Aktivitäten in der religionsabstinenten Gesellschaft für ethische Kultur riskierte. In den höheren gesellschaftlichen Regionen stand die Kaiserin-Witwe mit ihrem Wohlwollen gegenüber Wilhelm Foerster völlig allein, da man dort der Meinung war, Wilhelm Foerster hätte sich offen auf die Seite des Atheismus, ja des Anarchismus gestellt. Wilhelm Foerster mußte mit einer Disziplinaruntersuchung rechnen, zumal er schon allein durch seine Vorträge in sozialdemokratischen Versammlungen den Zorn der Mächtigen auf sich lenkte. Der Maler Adolf Menzel kündigte ihm sogar die Freundschaft, mit dem Verweis, ein Mann, der so nahe und warme Beziehungen mit den leitenden Kreisen gehabt habe, dürfe sich nicht auf solche verwegenen Dinge einlassen. Es fehle ihm an Lebensklugheit.[38] Das muß er sich von Menzel sagen lassen, mit dem er einstens im Potsdamer Neuen Palais in vertraulichen Gesprächen mit Kaiser Wilhelm II u. a. die Stellung Friedrich II zur Religion behandelte. Damals widerlegte Menzel die Behauptung des Kaisers, Friedrich II sei Atheist gewesen, mit der abschließenden Bemerkung: "*Bei dem war das etwas anderes*".[39] Der vermeintliche Atheismus Wilhelm Foersters war Menzel offenbar nicht "*etwas anderes*".

Friedrich Wilhelm Foerster selbst schreibt in seiner "*Erlebten Weltgeschichte*": "*Meine spätere Entwicklung zum Christentum hin ist ein sehr persönliches Geheim-*

36 W. Foerster: Zukunftsgedanken über die Erdenwelt. - In: Ethische Kultur, Jg. XXII, Nr. 2, Berlin 15.1.1915. - S. 11

37 F. Nietzsche: Die fröhliche Wissenschaft. - Berlin, 1973. - S. 259

38 W. Foerster: Lebenserinnerungen und Lebenshoffnungen. - ebd., S. 233

39 ebd., S. 212

nis, über das ich nicht gerne viel redete und schrieb, weil es mich in schmerzlichen Widerspruch zu meiner sehr geliebten Familie brachte. Diese Entwicklung war durch sehr verschiedene Einflüsse bestimmt, die aber nicht ausreichten es zu erklären, daß ich beinahe plötzlich aus dem schweren Morgentraum des modernen Menschen als gläubiger Christ erwachte - etwa im Alter von 30 Jahren. Da glaubte ich sofort an den 'Gottmenschen' und konnte es nicht mehr begreifen, daß man an Gott glauben und Golgatha geistig erleben und noch daran zweifeln könne, daß hier das Licht vom ewigen Lichte durch die irdische Finsternis durchgebrochen sei. Der Durchbruch dieses Lichtes in meinem eigenen Innern geschah auf einer amerikanischen Reise im Frühjahr 1899, wo ich tagelang ganz mit mir allein war und vieles zu Ende denken konnte, was langsam in mir gereift war."[40]

Vier Jahre zuvor konnte Friedrich Wilhelm Foerster noch in der von ihm herausgegebenen Zeitschrift "*Ethische Kultur*" schreiben: "*Wir wollen uns nicht mit dem uralten Wahn auseinandersetzen, daß die moralischen Kräfte aus Glaubenslehren stammen, oder gar an eine bestimmte Weltanschauung gebunden sind*".[41] In der gleichen Nummer schrieb übrigens seine Mutter Ina Foerster den Artikel "*Bedenken gegen den Religionsunterricht*", in dem sie "*neue Gründe und Anhaltspunkte*" beleuchtet, "*zur gemeinsamen Auflehnung gegen eine Einrichtung, welche den Prinzipien vernunftgemäßer Erziehung, sowie der gesunden Entwicklung einer nach rechter Freiheit ringenden Menschheit gleicherweise entgegensteht*".[42]

Seine Redaktionelle Mitarbeit an der Wochenschrift für sozial-ethische Reformen "*Ethische Kultur*" kündigte Friedrich Wilhelm Foerster in Anbetracht der zunehmenden weltanschaulichen Differenzen 1904. In diesem Jahr erschien seine "*Jugendlehre*". Ursprünglich war das Buch im gewissen Sinne ein Auftragswerk der Gesellschaft für Ethische Kultur, so daß in ihm die ethischen Wahrheiten zwar in alte Weise aus der innerweltlichen Logik begründet wurden, währenddessen die Anmerkungen auf den notwendigen religiösen Oberbau verweisen.

Schon während seiner Studentenzeit gründete Friedrich Wilhelm Foerster eine Zweigstelle der Gesellschaft für Ethische Kultur in Freiburg mit der Unterstützung seines Doktorvaters Alois Riehl, der ja später nach Potsdam-Babelsberg zog, sich dort von Mies van der Rohe eine Villa bauen ließ und in seiner Gartengestaltung von Karl

40 F. W. Foerster: Erlebte Weltgeschichte 1869 - 1953. - Nürnberg, 1953. - S. 156

41 F. W. Foerster: Minister Bosse und die Dissidenten. - In: Ethische Kultur, Jg. III, Nr. 48, Berlin 30.11.1895. - S. 379

42 I. Foerster: Bedenken gegen den Religionsunterricht. - In: Ethische Kultur (s. Anm. 41). - S. 378f.

Foerster beraten wurde. Aus Freiburg schrieb Friedrich Wilhelm Foerster an seinen Vater: "*Riehls Vorschlag einer* ***Wochen****zeitschrift nicht zu ethischer* ***Langweilung****, sondern zur Besprechung des* ***ganzen Reichtums*** *im Himmel und auf Erden vom Standpunkt ethischer Cultur, scheint mir außerordentlich wichtig und richtig*".[43]

Das hier angedeutete Bemühen, die Ethik vom Gähnen zu befreien, ist übrigens 1894 Rudolf Steiner in seiner "*Philosophie der Freiheit*" im Kapitel über die moralische Phantasie[44], in einer Weise gelungen, daß es von nun an möglich wurde, so Karen Swassjan[45], auch in der Moral genial zu sein.

Abgesehen von der genialen inneren Logik einer neuen Begründung alter Weisheiten in Friedrich Wilhelm Foersters "*Jugendlehre*" und den ersten Folgeschriften, ist zumindest ein leiser Anhauch "*ethischer Langweilung*" nicht wegzuwischen, so daß man die Kritik von Martin Heidegger, Franz Kafka und Robert Musil nicht übersehen darf. Friedrich Wilhelm Foerster war selbstkritisch genug, im späteren Rückblick, seinem Bruder Karl Foerster 1956 gestehen zu können, "*meine Frau liest mir abends die alten Erziehungsbücher vor, die viel zu breit geschrieben sind und die nun in einem einzigen Bande zusammengefaßt werden sollen, der den einfachen Titel führen soll 'Erziehung unter den modernen Lebensbedingungen'.*"[46]

In einer Rezension von Friedrich Wilhelm Foerster "*Autorität und Freiheit*"[47] polemisiert Heidegger gegen das selbstverliebte Schwelgen in Erlebnissen, gegen den Impressionismus der Weltanschauungen, in denen nur persönliche Stimmungen, aber kein objektiver Gehalt zum Ausdruck käme.[48]

Umgekehrt ist die Kritik Friedrich Wilhelm Foersters an Heidegger nicht weniger scharf. Er knüpft sich einen typisch wortgehäkelten Heidegger-Satz vor: "*Das Worin des sich verweisenden Verstehens als Woraufhin des Begegnenlassens vom Seienden in der Seinsart der Bewandtnis ist das Phänomen der Welt.*" Friedrich Wilhelm Foerster bezeichnet diese Definition schlicht als "*Unsinn*" im Sinne der bekannten Definition, Philosophie sei der Mißbrauch einer eigens zu diesem Zwecke geschaffenen Terminologie und fragt: "*Ist es nicht staunenswert, welche Steine statt Brot gegeben werden in einer so ungeheuren Zeit, wo man annehmen sollte, daß die Philosophen mehr als je das Bedürfnis und die Verantwortlichkeit fühlen müßten, der nach Geistesführung*

43 F. W. Foerster: Brief an W. Foerster (1892/1893). - Standort s. Anm. 1
44 R. Steiner: s. Anm. 34. - S. 177ff.
45 K. Swassjan: Das Abendmahl des Menschen. - Dornach, 1993. - S. 124
46 F. W. Foerster: Brief an K. Foerster (New York, 17.9.1956). - Standort s. Anm. 1
47 F. W. Foerster: Autorität und Freiheit. - München, 1910
48 R. Safranski: Ein Meister aus Deutschland. - München; Wien, 1994. - S. 36f.

verlangenden Jugend wirklich geistige Erhebung, Weisheit und Erleuchtung der Lebenswirklichkeit von höchsten Erkenntnissen aus zu vermitteln? ... Warum völliges Totschweigen des Gottesglaubens als das vornehmste Problem der Philosophie? Ist es der Zufall, daß heute der längst totgeglaubte Franz Brentano wieder aufersteht und mit seiner Metaphysik eine grausige Leere auszufüllen beginnt?"[49]

Nach der Lektüre der "*Jugendlehre*" von Friedrich Wilhelm Foerster notiert Franz Kafka am 8. Oktober 1916 in seinem Tagebuch: "*Die Erziehung als Verschwörung der Großen. Wir ziehen die frei Umhertobenden unter Vorspiegelungen, an die wir auch aber nicht in dem vorgegebenen Sinne, glauben in unser enges Haus. (Wer möchte nicht gern ein Edelmann sein? Türschließen) das Lächerliche in der Erklärung und Bekämpfung von Max und Moritz. Der Wert des Austobens der Laster, der durch nichts zu ersetzen ist, besteht darin, daß sie in ihrer ganzen Kraft und Größe aufstehen und sichtbar werden, selbst wenn man in der Erregung der Mitbeteiligung nur einen kleinen Schimmer von ihnen sieht. Man lernt Matrosenleben nicht durch Übungen in einer Pfütze, wohl aber kann man durch allzugroßes Training in der Pfütze unfähig zum Matrosen werden.*"[50]

Robert Musil läßt Friedrich Wilhelm Foerster als "*Professor August Lindner*" in seinem Roman "*Mann ohne Eigenschaften*"[51] figurieren, den er Originalzitate aus dessen frühen Schriften sprechen läßt und ihn sogar mit dem ironischen Spitznamen "*Tugut*"[52] belegt. Eines kann man Musil mit Gewißheit entgegenhalten: Friedrich Wilhelm Foerster war ein "Mann **mit** Eigenschaften". Der Philosoph Max Scheler rechnet Friedrich Wilhelm Foerster zu den "*tieferen, vorausschauenden Geistern", die der ">falschen Anpassung< an ein Modernes, das doch zusehends schon in der Selbstauflösung begriffen ist*"[53], sich entsagen. So konnte Friedrich Wilhelm Foerster in der modern-maroden Mann-**ohne**-Eigenschaften-Welt nur zum extremen Außenseiter verromant werden.

Friedrich Wilhelm Foerster durchlichtete ethisch auch die Bereiche der Politik und Sexualität. Seine "*Sexualethik und Sexualpädagogik*"[54] halte ich gemeinsam mit "*Liebe,*

49 F. W. Foerster in: Die Zeit I/1930. - S. 741
50 F. Kafka: Tagebücher 1914 - 1923 (3. Bd.). - Frankfurt a.M., 1994. - S. 138
51 R. Musil: Der Mann ohne Eigenschaften. - Berlin, 1960. - S. 359ff.
52 ebd., S. 365ff.
53 M. Scheler: Politsch-pädagogische Schriften. - München, 1982. - S. 452
54 F. W. Foerster: Sexualethik und Sexualpädagogik. - Recklinghausen, 1952

Ehe, Mann und Weib"[55] von Constantin Brunner, für die beiden sich korrigierenden und ergänzenden Jahrhundertbücher in Fragen der Sexualität.[56]

Nach dem Exkurs zurück zum eigentlichen Thema. Wilhelm Foerster hatte die Weltanschauungsdissonanzen mit seinem älteren Sohn Friedrich Wilhelm Foerster im späteren Rückblick seiner Lebenserinnerungen harmonisch aufgelöst: "*Das erste größere Buch meines Sohnes, 'Jugendlehre' benannt, erschien im Jahre 1904. Das im Jahre 1909 erschienene Buch 'Autorität und Freiheit' hat wesentlich dazu beigetragen, auch diejenigen radikal gesinnten Kreise der ethischen Bewegung, welche durch seine Hinneigung zur Anerkennung der katholischen Kirche in scharfe Gegnerschaft gegen ihn getrieben waren, einer ruhigeren Auffassung zugänglich zu machen. Letzteres Buch wird jedenfalls dazu helfen, auch in der kirchlichen Welt denjenigen Richtungen eine Stütze zu bieten, welche das wahrhaft Gemeinsame in der menschlichen Kultur anerkennen und die Verschiedenheiten der Anschauungen über die 'ersten und letzten Dinge' als das mit Pietät und Güte zu behandelnde Gebiet der Freiheit der einzelnen Persönlichkeit oder der besonderen religiösen Gemeinschaftsbildung betrachten - wenngleich sie innerhalb großer Gemeinschaften an einer gewissen Disziplin und Einheit festhalten, die nur immer mehr nach den Grundsätzen wahrer Pädagogik und Seelenführung, statt nach dem Vorbilde militärischer Ordnungsmethoden zu sichern ist.*"[57]

Mögen äußere Anlässe das Christus-Erlebnis Friedrich Wilhelm Foerster als eine spontane Selbsteinweihung erscheinen lassen, so wurde doch letztendlich der Grundstein schon in seiner Jugend gelegt, und zwar ausgerechnet von seinem Vater: die Ironie der Familien-Geschichte. In seiner "*Erlebten Weltgeschichte*" schildert er die Grundsteinlegung: "*Nie werde ich die (...) mitternächtliche Unterredung in der weitgeöffneten Kuppel der Berliner Sternwarte vergessen, wo mein Vater, der Astronom, an einem besonders klaren Abend das große Fernrohr auf die Milchstraße richtete, um mir, dem Sechzehnjährigen, eine Ahnung von der Unendlichkeit der Welten zu geben. Da schien mir, als öffnete sich mitten im Sternhimmel eine riesige Pforte, durch die sich ein endloser Strom goldener Sterne dichtgedrängt in den Weltenraum ergoß, ein Bild von fast erschreckender Größe, das mir die Frage auf die Lippen legte: 'Aber wie ist es möglich, daß dort oben nicht alles aufeinander prallt und längst in einem Riesenbrand erloschen ist?' Da erzählte mir mein Vater, der ein Neu-Platoniker war,*

55 C. Brunner: Liebe, Ehe, Mann und Weib. - Potsdam, 1924
56 G. Porikys: Er schmeckt nach Mensch. - Potsdam, 1993. - S. 24
57 W. Foerster: Lebenserinnerungen und Lebenshoffnungen. - ebd., S. 303

von der Harmonie der Sphären, die nicht nur eine philosophische Ahnung sei, sondern jeden Tag mit größerer Sicherheit von der Himmelsforschung bestätigt werde: Es gibt in der himmlischen Welt ein allumfassendes magnetisch-elektrisches System, in welchem jeder Körper seine klar bestimmte Bahn hat, die man genau berechnen, ja sogar durch Spektralanalyse kontrollieren kann, und wo der eine schwebende Körper den andern hält, genau wie es Dante beschrieben hat, wenn er von einer himmlischen Liebe spricht, die alles im Universum zusammenhält. Ich fragte: 'Also gibt es dort oben ein himmlisches Christentum, wo das Wort gilt: Einer trage des anderen Last!?' - 'Wie Du willst,' sagte mein Vater, 'jedenfalls lebt dort mehr himmlische Liebe als hier unten ...' Nie hat mich das Bild dieser himmlischen Ordnung verlassen, und als ich später dem Christentum mich näherte, vereinigte sich in meiner Seele das Bild menschlicher Liebesgemeinschaft auf Erden mit demjenigen der Harmonie der Sphären am Firmamente, und es wurde mir klar, daß wir es nicht nur mit einer ethischen Lehre für die Menschenwelt zu tun haben, sondern daß der Heilige Geist, der einst über den Wassern schwebte, eben dieser Liebeswille des Schöpfers aller Dinge sei, der alles in der Welt zur Gegenseitigkeit zusammengeordnet hat, so daß eine unendliche Zahl getrennter Elemente nicht nur dazu da sind, ihre eigene Bahn zu gehen, sondern zugleich die anderen zu tragen und deren Existenzbedingungen geheimnisvoll dienstbar zu sein. Aber diese Harmonie der Sphären in der Sternenwelt ist wohl unendlich viel einfacher als die Harmonie der irdischen Sphären, in denen die stürmische Eigenbewegung des einzelnen und sein blinder Eigensinn die ewige Disharmonie der Sphären unabwendbar zu machen scheint, so daß nur das heilige Blut des Gottessohnes imstande ist, dem Wirbel des Wahns Einhalt zu gebieten."[58]

Für Karl Foerster waren die Bücher seines Bruders der Beweis, "*daß nur der Realidealist die Welt richtig sieht, während sowohl der Idealist als der sogenannte 'Realist' der Aufgabe ausweichen*"[59]. Mit dem Wort "Real-Idealist" traf er genau die besondere Gabe Friedrich Wilhelm Foersters, das Transzendente, jeder Gedankenflucht abhold, in der Immanenz sich spiegeln zu lassen, oder anders gesagt: das Übersinnliche im Sinnlichen zu binden, ohne es zu fesseln. Diese Gabe war im Vater schon keimhaft angelegt, konnte dieser doch am Ende seiner Lebenserinnerung schreiben: "*Aus dem reiferen naturwissenschaftlichen Verständnis des Seelenlebens und aus einer umfassenden Würdigung der Größe des Aufsteigens der Kulturentwicklung in der Vergangenheit, deren Anblick durch so erhabene Menschengestalten geweiht ist, er-*

58 F. W. Foerster: Erlebte Weltgeschichte, ebd., S. 71f.
59 K. Foerster: Brief an E. Koch (Bornim, 25.9.1946). - Standort s. Anm. 1

blüht allmählich die Vorstellung von einer das ganze Erdendasein und seine Jahrtausende umspannenden 'Seelenwelt', in der die einzelnen Seelen nur wie die einzelnen Töne in einer herrlichen Harmonie erklingen, und in welcher auch die Dissonanzen ihre tiefe Bedeutung haben. Und aus diesem Gesamtbilde einer menschlichen Seelenwelt erhebt sich dann der uralte Aufblick zu einer 'Weltseele', von welcher die ganze Seelenwelt auf der Erde nur wie ein Zweiglein erscheint. Aber wenn auch die Gedanken der Weltseele nach dem biblischen Wort so viel höher als unsere Gedanken sind, wie 'der Himmel höher ist als die Erde', so ist es doch, wie Faust im letzten Augenblick seines Lebens sagt, das Höchste **unsers** *Lebens, auf eine immer beseligendere Zukunft der Entwicklung der menschlichen Seelenwelt zu hoffen.*"[60]

Was sich durch Friedrich Wilhelm Foerster und Wilhelm Foerster aussprechen wollte, ist in der weit überlegenen Sprachkraft eines Karl Foerster zum Klar-Text geronnen. Als "*Mystiker und Praktiker seiner Naturwelt*"[61] (Rudolf Borchardt) hat er mit inbrünstiger Daseins-Frömmigkeit sprachleibhaftig wiederverkörpert, was Martin Heidegger als "*Seinsvergessenheit*"[62] in die philosophische Suchkartei eintrug. Die "*magische Weltsicht*"[63] der Karl Foersterschen Texte repräsentiert geradezu sprachverleiblichte Seins-Erinnerung.

"*Ich ernte Zeit*"[64], notiert er im Briefwechsel mit Elisabeth Koch und gesteht ihr: "*Ich bin im Hauptberuf Mystiker und konnte einen Teil davon durch meinen Beruf ausdrücken. Das steht hinter allem. Aber man kann nicht darüber reden*".[65] Hier und jetzt, kann, darf, muß man darüber reden. Nicht nur in seinem Credo, dem "*Urgeleise*", traf er genau das, was sein Zeitgenosse, der ebenfalls im Raum Potsdam lebende Eugen Dühring als das allesdurchwirkende "*Ur-Immer*"[66] kennzeichnete.

Karl Foerster fordert auf, "*täglich beherzt in die Fülle der äußeren Welt*" zu greifen, "*um den Schatten nicht so isoliert gegenüberzustehen*".[67] Er riskiert sogar den ermutigenden Satz: "*Richtig leben tut man vom - Leichtsinn*"[68] und warnt vor einer

60 W. Foerster: ebd., S. 342
61 E. Foerster / G. Rostin: ebd., S. 226
62 M. Heidegger: Beiträge zur Philosophie. (Vom Ereignis) [Heideggers Werke, Bd. 65]. - Frankfurt a.M., 1989. - S. 116f.
63 K. Foerster: Vom großen Welt- und Gartenspiel. - Darmstadt, 1950
64 K. Foerster: Brief an E. Koch (Bornim, 22.4.1943). - Standort s. Anm. 1
65 K. Foerster: Brief an E. Koch (Bornim, 25.3.1948). - Standort s. Anm. 1
66 E. Dühring: Vom Werth des Lebens. - Leipzig, 1902. - S. 465
67 K. Foerster: Brief an E. Koch (Bornim, 29.9.1943). - Standort s. Anm. 1
68 K. Foerster: Brief an E. Koch (Bornim, Anfang August 1947). - Standort s. Anm. 1

"*fahrlässigen Askese*"[69], die einem "*dereinst am Himmelstor die Zurückweisung*" einbrockt: "*Pensum noch einmal durchmachen, Geschenke der schönen Erde nicht ernst genug genommen, diesseits nicht fromm genug gewesen*".[70] Kein Wunder, daß sich Karl Foerster vom Meister-Denker in Fragen Pessimismus energisch abgrenzt: "*Schopenhauer ist ein Ekel, ich kann diese Denkart nirgends brauchen*".[71]

Die Kürze seiner Texte, Karl Foerster nannte sie auch Meditationen, sind keine Folge begrenzter Haltekraft im Denken, sondern genau berechnet: " *(...) ich bezwecke ein Mitgehen des Gelesenen mit dem Leser, eine Einprägung tiefster Lebensformeln und Erlebnisformeln, ... wenn es zu lang wäre, würde das Gedächtnis streiken*".[72]

Das nun abschließend Zitierte aus seiner Meditation "*Du kannst nie groß und wunderbar genug von Dasein denken*", offenbart stellvertretend die Ur-Intention des Foerster-Trios, dessen Bluts- und Geistesverwandtschaft sich zum beseligenden Zusammenklang einer außergewöhnlichen "*Wahr- und Wahlverwandtschaft*" (Karen Swassjan) auskristallisierte: "*Unser Stern empfing den Urauftrag, Unbelebtes reifend in Leben und Geist zu verwandeln und sich vom Geiste lenken zu lassen; überall bis in die Ozeantiefen und Wüsten, Erdgründe und Bergregionen bis ins Eis noch der Gletscher und Pole hinein phosphoresziert das zartgewaltige Mysterium, genannt 'Leben'. Und aus dem Leben bricht ein zweites Wunderstockwerk vor: der Geist, durch den Ursachen und Wirkungen in raunende Fühlung treten. Darüber thront noch höhere Sphäre, - das Reich der Seele, das vom Du tiefer bewegt wird als von Ich, - dem Gewissen näher verbunden als dem Wissen, der Wärme mehr aufgetan als dem Licht, - tief über den Abgrund des Weltgeheimnisses geneigt. Still und emsig jongliert da ein Etwas durch die Äonen. Reigen goldener Weltenbälle strudeln über bodenlosen Tiefen wie Blutkörper durch Kreisläufe und Umschmelzungsherde. Geisterscharen entwachsen den Lichtgefilden bestrahlter Gestirne, - sinken allnächtlich, wo sich das Rund vom Lichte wendet, ins Unbewußte zurück, von dunkler Kraft dort genährt, grüßen einander im neuen Licht, wie nach weiter, entrückender Reise. Wir Sternengeister, die rätselnden Rätsel, folgen der Weisung, alles Unverbundene zu verbinden und in immer neue Verbundenheiten des scheinbar Unverbundenen vorzudringen. So spinnen wir an den Webstühlen die planvollen Gewirke, um die Geheimnisse der Weltordnung tiefer zu ergründen, die in ihre Mittel auch das völlig Böse einbezog. Nur das*

69 K. Foerster: Winterharte Blütenstauden und Sträucher der Neuzeit. - Leipzig, 1929. - S. 42
70 E. Foerster / G. Rostin: ebd., S. 414
71 K. Foerster: vgl. Anm. 65
72 ebd.

Ziel strahlender Weltüberwindung lockt auf den rechten Überwinderweg. Das Größte, Wunderbarste, Trostreichste, was der Mensch im Einklang mit den höchsten Vorstellungen und Empfindungen, deren er fähig ist, über die Welt und ihren Sinn zu denken und zu ahnen vermag, hat auch am meisten Anspruch auf Wirklichkeit, (...)."[73]

73 E. Foerster / G. Rostin: ebd.

Wilhelm Foerster, 1879 (Sammlung Julia Kühl)

Wilhelm Foerster

1832	Wilhelm Julius Foerster wird am 16. Dezember in Grünberg/Schlesien geboren
ab 1847	Besuch des Magdalenen-Gymnasiums im benachbarten Breslau
1850 - 1854	Studium der Mathematik, Physik und Kunstgeschichte, später Astronomie
1855	Zweiter Assistent an der Berliner Sternwarte
1858	Habilitation an der Berliner Universität
1860	Debüt als Wissenschaftspopularisator im Verein der Singakademie
1863	Berufung zum außerordentlichen Professor
	Mitbegründer des "Vereins von Astronomen und Freunden der Astronomie"
1864	Leitung der Berliner Sternwarte (bis 1904), Begegnung mit Alexander von Humboldt
1868	Auszeichnung mit dem Roten Adlerorden IV. Klasse
1869	Direktor der Normal-Eichungskommission
1871	wendet sich gegen die Propaganda zugunsten der Annexion Elsaß-Lothringens
ab 1874	freundschaftliche Kontakte zum Kronprinz Friedrich Wilhelm
1875	Berufung zum ordentlichen Professor
	Mitarbeit an der Vorbereitung des Pariser Metervertrages
1884 - 1885	Dekan der philosophischen Fakultät der Berliner Universität
1885	Verleihung des Titels "Geheimrat"
1885 - 1886	Reorganisation des Königlichen Geodätischen Instituts (mit Helmert und Althoff)
1886	Auszeichnung mit dem Kronenorden II. Klasse
1887	Mitbegründer der Physikalisch-Technischen Reichsanstalt (mit Siemens und Helmholtz)
1888	Gründung der Gesellschaft Urania (mit Meyer und Siemens)
1890	Gründung des Vereins zur Abwehr des Antisemitismus (mit T. Mommsen)
1891 - 1892	Rektor der Berliner Universität
1891 - 1920	Komiteepräsident des Internationalen Komitees für Maße und Gewichte

1892	Mitbegründer der "Deutschen Gesellschaft für Ethische Kultur" e.V. (deren Vorsitzender von 1892 - 1896 und 1904 - 1910 bzw. Ehrenpräsident ab 1910)
	Mitbegründer der "Deutschen Friedensgesellschaft"
	Wahl zum Korrespondierenden Mitglied der Bayerischen Akademie der Wissenschaften
1893	Mitglied des internationalen Komitees des Ethischen Bundes
1904	Auszeichnung mit dem Roten Adlerorden II. Klasse
1905	Ehrenpräsident der Concilation Internationale
1910	seit dieser Zeit lebte er bei seinem Sohn Karl in Potsdam-Bornim
1912	Leitung des V. Deutschen Friedenskongreß in Berlin
	Mitglied des Europäischen Rates der Carnegiestiftung für internationalen Frieden
	Auszeichnung mit dem Stern zum Kronenorden II. Klasse
1914	Beteiligung am "Aufruf an die Europäer" (mit Einstein und Nicolai)
1916	Mitbeteiligung an der Gründung der pazifistischen "Vereinigung Gleichgesinnter"
1919	Mitunterzeichner der von R. Rolland verfaßten "Unabhängigkeitserklärung des Geistes"
1921	am 18. Januar stirbt Foerster in Potsdam-Bornim

Ausgewählte Veröffentlichungen

1871 "Denkschrift, betreffend die Errichtung einer Sonnenwarte etc."
1872 "Darstellung der neueren Forschungsresultate betreffend die Sonne"
1875 "Wahrheit und Wahrscheinlichkeit"
1878 "Zur Theorie des Durchgangsinstrumentes"
"Erscheinungen der Feuerkugeln und Sternschnuppen"
1890 "Die Folgen des Krakatoaausbruches am 27. August 1883 auf die Erdatmosphäre"
1904 "Beiträge zur Ausgleichung der fundamentalen Ortsbestimmung am Himmel"
"Lebensfragen und Lebensbilder"
"Astronomie oder die Lehre von der Ortsbestimmung im Himmelsraum"
1905 "Die Erforschung des Weltalls"
1909 "Über Zeitmessung und Zeitregelung"
1911 "Lebenserinnerungen und Lebenshoffnungen (1832 - 1910)"

"Sammlung von Vorträgen und Abhandlungen" [4 Bände] (1860 - 1896)
Artikel in "Himmel und Erde", den "Mitteilungen der Vereinigung von Freunden der Astronomie und kosmischen Physik" und in "Das Weltall"

Der Mann, der neun Jahrzehnte erfüllte.
Zum 100. Geburtstag des Astronomen Wilhelm Foerster

Karl Foerster

Zum Gedächtnis meines Vaters, des Astronomen, erhebt sich in diesen Tagen manche Stimme, die einige Hauptseiten seiner Persönlichkeit oder seiner nur Wenigen überschaubaren Lebenswirksamkeit feiert. -

Keine Stimme aber kann sich erheben, die der breitgelagerten Fülle aller Ausstrahlungen dieses a u ß e r o r d e n t l i c h e n D a s e i n s gerecht zu werden vermöchte. Zur universalen Würdigung wäre jene einzigartige Verbindung von Licht und Wärme nötig, wie sie eben von ihm verkörpert wurde. -
Keine Ohnmacht des Wortes wird schmerzlicher empfunden als unser Unvermögen, den unmittelbaren Lebenshauch einer einmaligen Persönlichkeit in den häufigsten und seltensten Augenblicken zu schildern.
Wilhelm Foerster gehört nicht der Vergangenheit an.
Er stellt mit seinem ganzen weiten Leben, das beinahe neunzigjährig a u s d e r H u m b o l d t - Z e i t b i s i n u n s e r e N a c h k r i e g s z e i t e n und ihre keimenden Probleme reichte, eine einzige große Verkörperung zukünftigen Menschentums dar.
Dies Menschentum umfaßt mit der gleichen Höhe und eigentümlichen Wärme alle großen Aufgabengebiete der Menschheit, von der aufbauenden, der erklärenden bis zur verklärenden Tätigkeit des Menschen.
Es gipfelte im lückenlosen Beispiel einer Vornehmheit und Versöhnlichkeit der Lebensführung, eines Weltmannstums voller Herzenswärme in der Schlichtung von Streitsachen, daß man fühlt: hier macht eine Mensch Ernst damit, nach den Grundsätzen einer ersehnten besseren Zukunft schon in der Gegenwart zu leben. Der Weltfortschritt war ihm wesentlich ein Problem des redlich aufbauenden Ausgleichs von Interessen-

Wilhelm, Martha, und Karl Foerster im Bornimer Senkgarten, ca. 1920
(Sammlung Foerster)

gegensätzen Im Geiste der Versöhnlichkeit. "'Versöhnung' ist der beste Geist des Lebens! Etwas vom Anderen ertragen lernen, sonst wirds nicht besser auf Erden."
Dies seine Worte.

* * *

Mit P o t s d a m verknüpften meinen Vater von der Jugend bis ins höchste Alter viele Fäden. Erster Besuch galt Potsdam, als sein Vater in Potsdam das Dampfschiff nach Hamburg bestieg. (Schnellste Verbindung).
Mitarbeit am "Kosmos" verband den jungen Astronomen durch A l e x a n d e r v o n H u m b o l d t mit der Atmosphäre Potsdams.
Als Direktor der Berliner Königlichen Sternwarte am Enckeplatz, die er 40 Jahre lang leitete, trat er in nahe Beziehung zum späteren K a i s e r F r i e d r i c h und wirkte mit ihm an der Gründung und dem Aufbau der großen wissenschaftlichen Institute des Potsdamer Brauhausberges, deren wunderliche Kuppeln und Türme dort im Hügelwald wie eine Wilhelm Meistersche Vision liegen. So wirkte er auch in das Potsdamer L a n d s c h a f t s b i l d hinein, während die Arbeitsergebnisse jenes Institutes Einfluß auf unser W e l t b i l d nahmen.

* * *

Von ein paar kleinen Zügen und gelegentlichen Worten aus dem täglichen Leben meines Vaters will ich berichten.

Am hellen Mittag schien er die Sterne über sich zu fühlen; und so gehörte zum besonderen Aroma auch aller seiner kleinen Lebensäußerungen neben aller unmittelbaren Heiterkeit und gelösten Wärme ein Element der Feierlichkeit.

Wir gingen einst mit ihm bei sehr großer Hitze zur Pfaueninsel, wo alle Sträucher vor Dürre schlappten, alle Bäume frisch standen.

"Wie kommt das", sagten wir: "Du bist frisch wie die Bäume und wir jüngeren sind schlapp und durstig wie die Sträucher." "I m A l t e r h a t m a n l ä n g e r e W u r z e l n", war seine Antwort.

Die Lebenskraft, die ihn in immer neuer Gestalt und Verklärung bis in die letzten Wochen erfüllte, schien in ihren Wanderungen durch die Jahrzehnte unbegreiflich.

Wie deutlich unterscheide ich drei große Epochen in ihrer allmählichen unvergeßbaren Steigerung. Vom 60. zum 70. Jahre, vom 70. zum 80. und dann vom 80. zum 89..

"Das Alter ist die Jugend des Lebens" war das Motto eines Toastes, den er auf einer Hochzeit hielt, in der er sich gegen oberflächliche Altersbetrachtungen anderer Festgenossen wandte. Noch hoch in seinen achtziger Lebensjahren spielte er fast täglich Klavier und übte auch an neuen Noten. Ich fragte manchmal Bekannte, die sein Spiel im Nebenzimmer hörten: "Wie alt schätzen Sie den Spieler?" "D e r m u ß j u n g u n d f e u r i g s e i n" hieß es.

Im 82. Jahre unternahm mein Vater seine erste Amerikareise. Er war von der Hamburg-Amerika-Linie eingeladen, auf dem Schiff "V a t e r l a n d", zu dessen Konstrukteuren sein Sohn, Dr. Ernst Foerster, gehörte, die erste Amerikareise mitzumachen. Ein Mitreisender hat ihn geschildert, wie er strahlend die Fahrt genoß, viel Klavier spielte und den Schiffsoffizieren Vorträge über die Fortschritte der Astronomie und Nautik hielt.

Im New Yorker Hafen, in dem das Riesenschiff imponierend empfangen worden war, gehörte zu mancherlei Festveranstaltungen auf dem Schiff auch eine kleinere Kaffeerunde befreundeter Amerikaner und vieler schöner Amerikanerinnen. Der Alte präsidierte hierbei sehr [...][1] und wurde zum Schluß von allen Teilnehmerinnen feierlich abgeküßt.

Die Reise führte weit nach Nordamerika den grandiosen Verjüngungs-"Tiegel", wie er es nannte, und brachte ihn zum Schluß heiter und frisch, wie von schönem Spaziergang zurückkehrend, nach Hause. Es war ein paar Tage vor Ausbruch des Weltkrieges.

Für Klatsch und Mißrede über Menschen war er von Natur aus gar nicht zu haben. Er ertrug so etwas spöttisch und schüttelte sich humoristisch dazu. Ein Freund bat ihn, irgend eine Klatschmitteilung, die er ihm anvertraute, ja nicht weiter zu geben. "Keine Sorge", sagte er, "ich bin konsequenter Harmoniker".

Er kam den meisten Menschen mit f e s t l i c h e m V e r t r a u e n entgegen und gab ihnen große Chancen. Enttäuschten sie ihn, so war er schnell soweit darüber hinweg, als wenn die Enttäuschung schon halb verjährt wäre, und sprach mit nachsichtigem humorvollen Spott davon. Bei einer Treulosigkeit eines früheren Mitarbeiters gegen ihn sagte er nur: "Hat wohl die Kontinuität der Empfindung ein wenig verloren". Wer ihn enttäuscht oder verdrossen hatte, konnte sich aber später durch neue Leistungen oder Verdienste ganz wieder h e r a u s p a u k e n. Er nahm dann den ersten Faden auszeichnender Behandlung wieder auf. "Was wird nicht alles aus den Men-

1 Im Text sind im benutzten Exemplar drei Worte gestrichen worden. Es konnte nicht ermittelt werden, um welche Worte es sich dabei handelt.

Ernst und Wilhelm Foerster auf dem Schiff „Vaterland“, 1914 (Sammlung Foerster)

schen. Aus Unbedeutenden werden Bedeutende" war wohl seine Randbemerkung hierzu. -
Aus jungen Jahren sind uns Kindern viel merkwürdige Erziehungsworte in Erinnerung. Er war recht vorsichtig im Erziehen und führte uns frühzeitig dazu, daß wir uns von unsern Eltern emanzipieren sollten, damit die Liebe frei würde. Mit Zuversicht und Milde behandelte er Mißerfolge seiner Kinder, mit einer glückseligen Freude und Heiterkeit jeden Erfolg. Es konnte wirklich keinen größeren Ansporn zum Erfolg für die Kinder geben, als die Beethovenheiterkeit der väterlichen Anteilnahme bei einem Gelingen.
Wir räkelten einmal als halbwüchsige Burschen auf einem Sofa herum. Er kam vorbei und sagte nur: "Vergeßt der Schönheit nicht". Das machte Eindruck auf die Bengels.
Mir warf er einmal bei einer sehr wichtigen Gelegenheit das mir unvergeßbare Wort zu: "Folge Deinen romantischen Anwandlungen, aber bitte konsequent!" Seine Wirkung auf den Ehrgeiz junger Menschen war sehr stark. Ein junger Astronom beklagte sich einmal seufzend bei mir: "Ihr Vater weiß aber seine Leute in Atem zu halten."
Unendlich viele kleine Geschehnisse und Worte steigen in Erinnerung auf, die Zeugnisse einer wunderbaren Jungfräulichkeit des Lebensgefühls und der Weltanschauung waren. Meine Mutter hatte ein Boecklin-Gemälde aus der Erinnerung nach einer kleinen Photographie kopiert. Mein Vater, vor das Bild geführt sagte, 75jährig, nach stiller Betrachtung zur Mutter: "Ich bin doch sehr stolz und froh, daß Du mich genommen hast."
87jährig besuchte er eine alte Liebe aus seinen Jugendjahren, die er 60 Jahre lang nicht wiedergesehen hatte. Strahlend machte er sich auf den Weg, kam aber etwas niedergeschlagen zurück und erzählte schließlich auf Befragen: "Ist ja ein ganz altes Mütterchen geworden:" Bei seinem Begräbnis im winterlichen Sturmwetter von furchtbarer Düsterkeit sprach einer der Redner am Grabe nur vier Worte: "Kein Professor! Ein Gottesheld!"
Der Grabstein auf dem Bornimer Friedhof trägt die Inschrift: Kommen wird, was Du bereitet mit glühender Seele. -

Der Artikel wurde in der Potsdamer Tageszeitung vom 20. Dezember 1932 veröffentlicht. Die Schreibweise folgt dieser Ausgabe.

Wilhelm Foerster

Renate Feyl

Ich suche ein Haus und finde einen Garten.

Einen Traum von einem Garten, ein Gartengedicht.

Alles ist üppig. Alles ist großzügig. Steigungen und Flächen. Steingarten und Fischteich. Nichts Schnurgerades, nichts Abgetrenntes, nichts Eingeteiltes. Ein moosdurchflochtener Rasen wird unterbrochen von blühenden Dahlienstauden, die neben dem Schatten seltener Nadelbäume wachsen; Mandelsträucher verzweigen sich mit Rhododendronbüschen. Malven, Rittersporn und Phlox duften neben dichten Rosenhecken. Eine einzige Harmonie von wilden und gezüchteten Gewächsen, ein farbenprächtiges Ineinander von Blüten, Büschen, Laubbäumen und Koniferen - gepflanzte Poesie, über etliche tausend Quadratmeter weiträumig verteilt.

Inmitten dieses Gartens, in Bornim bei Potsdam, steht das Haus, in dem er einst wohnte - Wilhelm Foerster, Begründer der "Urania".

Eine ältere Dame, die in ihrem filigranhaften Lächeln den Charme der großen Welt zu verwahren scheint, bittet mich herein. Ich sehe Bücherregale, zimmerhohe Schränke und Kästen, die Archivaufschriften tragen, Leselampen und Schaukelstühle, holzgetäfelte Wände, Eckbänke, eine wohltuend ungenormte 'Gemütlichkeit. Eva Foerster, seine Schwiegertochter, beginnt zu erzählen, was in der Familie berichtet wurde.

Eines Tages kommt auf die Berliner Sternwarte "eine Deputation aus der höchsten Generalität" Kaiser Wilhelms I. und fordert den Direktor, den Astronomen Wilhelm Foerster, auf, sich dafür einzusetzen, daß "das Sternbild der Cassiopeja, welches bei einer bestimmten Lage zum Horizont durch die Gruppierung seiner hellsten Sterne

Der Beitrag stammt aus dem Buch von Renate Feyl "Bilder ohne Rahmen", Greifenverlag zu Rudolstadt, 1977.

Wilhelm Foerster (3. v.l.) mit seinen Eltern und Geschwistern, Daguerrotypie, um 1845 (Sammlung Porikys)

nahezu ein lateinisches W darstelle", den Namen "Wilhelmssternbild" erhalte. Foerster lehnt ab. Es würde den Spott der Nationen herausfordern, meint er.

Dieses ganz und gar nicht untertänige Verhalten macht Foerster in kaisertreuen Kreisen fortan "der Vernachlässigung preußischer Interessen am Sternenhimmel" verdächtig.

Alexander von Humboldt, bereits zu Lebzeiten gefeiert als Salomo der Naturforscher, verbringt manchen Abend mit Wilhelm Foerster.

"Biographen übertreiben, wenn sie ihn seinen Freund nennen", sagt Eva Foerster, "mein Schwiegervater hatte als junger Assistent hin und wieder Materialien aus der Sternwarte zu Humboldt bringen müssen, der damals an der Vollendung seines 'Kosmos' arbeitete. Wenn die beiden eine Weile miteinander gearbeitet hatten, legte Humboldt gewöhnlich die Bücher beiseite und sagte: ‚Nun wollen wir uns etwas erzählen.'"

Der Assistent nimmt Quartier in den Erinnerungen des Neunzigjährigen: Begegnungen mit Goethe und Schiller, Reisen mit Georg Forster, der mit James Cook um die Welt gesegelt war, Erlebnisse mit der Französischen Revolution - ein ganzes Jahrhundert wird gesichtet.

Dem jungen Wilhelm Foerster bleibt von diesen Gesprächen eine Erkenntnis, die Alexander von Humboldt als wichtigste Forderung in seine Zeit gestellt hatte: die Natur allen erkennbar machen.

Im Sommer 1857 erwartet man einen Kometen, dessen Erscheinen die Zeitungen als Zeichen des Weltuntergangs ankündigen. An dem Tag, da der Komet größte Erdnähe erreicht hat, kommt es in der Werkstatt des Berliner Theaterfeuerwerkers Dobremont zu einer Explosion. Der Knall ist so gewaltig, daß die Menschen auf den Straßen und Plätzen niederknien und um Gnade flehen, weil sie glauben, nun habe der Weltuntergang wahrhaftig begonnen.

Mystische Vorstellungen und abergläubische Ängste, die im Bewußtsein der Menschen beharrlich spuken und für die man so manchen Vorgang am Himmel bemüht, werden für Foerster zu einem wichtigen Antrieb, die Astronomie populär zu machen.

Weder das gelehrte Dozieren, von etlichen seiner Professorenkollegen als seligmachende Aufgabe hinter dem Katheder praktiziert, noch das theoretische Einigeln in sein Fachgebiet ist für Foerster der höchste Sinn einer wissenschaftlichen Tätigkeit. Er weiß zwar, daß "jeder Zaunkönig des Spezialistentums sich hoch erhaben fühlt über jeden, der seine Blicke über die Pfähle der Fachsimpelei hinwegtragen kann", aber die Wissenschaft ist für Foerster nicht der ewig vorbestellte Stammplatz diplomierter Denker, sondern ein Maßstab für die fortschreitende Veränderung der Wirklichkeit, die allen verständlich erklärt werden muß.

Wie seinerzeit Alexander von Humboldt hält auch Wilhelm Foerster Vorträge im wissenschaftlichen Verein der Singakademie, dem heutigen Berliner Maxim-Gorki-Theater. Der Besuch ist stürmisch, der Beifall brausend, der Kommentar der etablierten Gelehrtenwelt überflüssig: Professor Foerster ein Akademiker? Ein Singakademiker!

Damalige Geistesgrößen, gravitätisch eingerichtet auf dem Olymp der Preußischen Akademie der Wissenschaften, schauen auf die "profanen Nebenerfolge" des Singakademikers naserümpfend herab - solange, bis die Sonnenwarte ins Gespräch kommt.

Wilhelm Foerster will ein "Institut für die Beobachtung aller Vorgänge auf der Sonne und ihrer Umgebung, verbunden mit vollständigen Messungen aller Einwirkungen auf irdische Zustände" errichten. Da sind Messungen von Erdmagnetismus, Luftelektrizität und Bodentemperaturen im Spiel; da geht es nicht mehr um die Sterne; da überschreitet der Astronom seine Kompetenz, sagt man.

Die Akademie-Koryphäen, getragen von dem Anspruch auf Unfehlbarkeit, stellen ihre gelehrten Argumente solange dagegen, bis das Projekt der Sonnenwarte zum Stillstand kommt. Nur Helmholtz ist anderer Meinung, doch die letzte Entscheidung treffen auch hier die Politiker. Feldmarschall Graf von Moltke, eifrigster Hörer der Foersterschen Vorträge, erkennt die Bedeutung der Sonnenwarte für die Entwicklung des Militärwesens, flüstert seinem Regierungschef Aufklärendes zu und feiert kurz darauf einen taktisch-strategischen Sieg: Das astrophysikalische Observatorium wird gebaut.

Die Pächter des akademischen Olymps nehmen Stellung: Foerster, ein großer Wissenschaftsorganisator.

Vor mir liegen Bilder, Privatfotos von Wilhelm Foerster. Briefe, packenweise. Sternbücher, Notizen - es ist nur noch ein Rest, den Eva Foerster verwahrt. Ermahnt von dem Bedenken, es könne der Nachwelt Wichtiges verborgen bleiben, hat sie schon viele Dokumente ihres Schwiegervaters an Archive und Gesellschaften übergeben.

Sein Arbeitszimmer, bestehend aus Tisch, Stuhl und lückenlos gefüllten Bücherregalen, ist fast unberührt erhalten geblieben. Eva Foerster erinnert sich , daß ihr Mann, Foersters Sohn Karl, oft die Aufforderung eines Lehrers wiedergab, die einst dem Vater gegolten hatte: "Weniger lachen, mehr denken, Foerster!"

Ich blättere in Büchern und Zeitungsausschnitten. Wilhelm Foerster ist ein Kind, als Morse den Schreibtelegraphen erfindet, ein junger Mann, als Werner von Siemens das Dynamoprinzip entdeckt, auf der Höhe seines Lebens, als Edison die erste elektrische Beleuchtungsanlage in New York baut, ein alter Mann, als der erste Weltkrieg ausbricht. Freunde sagen, Foerster ist zu Hause in drei Jahrhunderten.

Viele Motive gibt es, die ihn zur Gründung der "Urania" bewegen. Eines davon ist seine Freude an der eigenen Vielseitigkeit, die Lust, mit rücksichtsloser Konsequenz des Verstandes seine Interessen aufzuspüren und in die Praxis umzusetzen. Ihn bewegt das Problem der öffentlichen Uhren. Die Telegraphie ist entwickelt, die Eisenbahn im Rollen, aber diese Uhren werden noch per Hand gestellt.

Jeden Sonntag kommen die Berliner Uhrmacher mit einem Taschenchronometer zur Sternwarte, um sich die genaue Zeit zu holen, nach der sie dann die öffentlichen Uhren stellen. Je mehr Uhren auf Plätzen und an Gebäuden installiert werden, desto größer wird der Andrang der Uhrmacher. Schließlich kommen sie an beliebigen Tagen und außerdem - in Scharen.

Wilhelm Foerster besitzt neben seinen Ideen glücklicherweise auch die einflußreichen Freunde, die es braucht, um Theorien zur Praxis zu machen: Werner von Siemens, Ernst Abbe, Otto Schott, Carl Zeiss - Magistratsräte, Geheime Räte, Ministerialräte.

Auf Foersters Initiative werden fortan in großen Städten Uhren aufgestellt, die ein Kabel unterirdisch mit einer Sternwarte verbindet. Von dort bekommen sie ständig die präzise Zeit: Sekundennormaluhren.

Auch das Problem der einheitlichen Maß- und Gewichtsregelung läßt ihm keine Ruhe. Foerster nimmt den Kampf um ein international einheitliches Längenmaß, das Meter, auf. Er wird Vorsitzender der Internationalen Maß- und Gewichtskommission und dokumentiert für alle Zeiten seinen Erfolg mit dem "Pariser Metervertrag" von 1875.

Ein anderes Interesse richtet er auf die Osterreform: Schluß mit der übermäßigen Beweglichkeit des Osterdatums. Der Astronom Foerster will erreichen, daß Ostersonntag der erste Sonntag nach dem vierten April zu sein hat.

Eva Foerster zeigt mir den Fluchtort ihres Schwiegervaters, wann immer ihn Termine jagten - den Goldfischteich. Doch selten nur kann Foerster geruhsam im Garten sitzen, meditieren oder zurückliegende Erlebnisse bedenken.

"Das Alter ist die Jugend des Lebens", sagt er oft seinen Söhnen und - lebt diese Philosophie. Als 82jähriger reist er nach Amerika, um sich über den neuesten Wissensstand und die modernsten astronomischen Instrumente zu informieren, durch deren Anwendung die Natur immer besser erkennbar wird.

Alexander von Humboldt, Gründer der Königlichen Berliner Sternwarte, hinterläßt eine Verpflichtung für alle Nachfolger: daß die Sternwarte allmonatlich an etwa zwei Aben-

Wilhelm und Karl Foerster, ca. 1919/20 (Sammlung Porikys)

den dem Publikum zur Belehrung und Anregung zu dienen hat. Wilhelm Foerster, der über dreißig Jahre Direktor dieser Sternwarte ist, hält sich an diesen Passus, führt bei günstigem Wetter das Publikum durch die Sternwarte und gibt Erläuterungen am Fernrohr. Urania - Muse der Sternenkunde. Von Wilhelm Foerster stammt der Name für diese Veranstaltungen.

Doch zur Institution wird die Muse erst, als der populärastronomische Schriftsteller Wilhelm Meyer nach Berlin kommt. Sein Plan wird wahr: Urania - ein wissenschaftliches Theater. Eine Schaustätte, ein Naturdiorama, wo dem Zuschauer Vorgänge des Himmelsraumes und Naturszenen bildhaft vorgeführt werden.

Foersters Freund Werner von Siemens, der zu den Kreisen gehört, in denen Finanzkraft Ursache des Einflußreichtums ist, gibt das Geld für dieses Projekt: Urania, gemeinnütziges Aktienunternehmen, begründet 1888.

Die "Urania" bekommt ein eigenes Haus, eine eigene Schaubühne, einen Theatermaler, einen Hausdichter, einen Regisseur und mehrere Angestellte. Gleich mit den ersten inszenierten Vorträgen wird sie in Berlin zu einer Weltattraktion, die Touristen aus allen Erdteilen anlockt.

Da kracht auf der Bühne der Donner des Zeus. Blitze sausen vom Himmel. Sternschnuppen rasen zu Boden. Riesenfarne aus dem Karbon wedeln dem Zuschauer entgegen. Tektonische Erdverschiebungen werden per Kulisse arrangiert. Alle nur denkbaren Naturgewalten erbeben im Raum, und die Sphären des Kosmos werden mit den bis dahin bekannten Lichteffekten vorgestellt.

Der Zuschauer hat alles in allem - intellektuellen Spaß, Vergnügen für die Augen, wissenschaftsbildende Abendunterhaltung.

Es geht auch ruhiger zu, in den Räumen nämlich, wo die Zuschauer selbst experimentieren dürfen. Edison schenkt der physikalischen Abteilung seine beiden ersten Phonographen. In der mikroskopischen Abteilung stehen die neuesten Ergebnisse aus dem glastechnischen Labor von Carl Zeiss und Otto Schott. Die Versuchsreihen sind so angeordnet, daß der Uraniagast zum Experimentieren aufgefordert und zum Nachdenken angestiftet wird.

Foerster hat im Sinne Humboldts gehandelt: die Natur allen erkennbar machen.

Er hält weiter seine Vorträge. Eine Aufnahme in die Preußische Akademie der Wissenschaften lehnt er als einer der ganz wenigen Wissenschaftler Deutschlands ab. Er will sich die "unabhängige Konsequenz seines Verstandes wahren", schreibt er in einem Antwortbrief.

Es ist für ihn nicht die Zeit, um mit den offiziellen Institutionen, die die herrschenden Ideen verwalten, in guter Übereinkunft leben zu können. Bismarck verkündet am

6.2.1888 im Reichstag: "Wir Deutsche fürchten Gott, sonst aber nichts auf der Welt." Foersters ältester Sohn Friedrich Wilhelm steht wegen Majestätsbeleidigung vor Gericht. Foerster selbst hält in sozialdemokratischen Versammlungen Vorträge über den Himmelsraum und "versteigt sich dann zu einem verwegenen Ding", wie sein Freund Adolph Menzel behauptet. Der Maler bricht seine Freundschaft mit Foerster ab, als dieser 1892 die "Gesellschaft für ethische Kultur" begründet.

Seit diesem Tag schneiden ihn auch andere "hochgestellte Personen", und seit diesem Tag gibt es "keine Begegnung mit dem Kaiserhaus" mehr. Statt dessen erwartet Foerster eine "Disziplinaruntersuchung wegen Atheismus und Anarchismus". Die "Gesellschaft für ethische Kultur" hat ein praktisches Programm: Kampf gegen das reaktionäre preußische Schulgesetz. Reform der sozialen Organisationen. Sie hat gutgemeinte bürgerliche Postulate: den Militarismus innerlich überwinden und - sie hat ein paar handfeste Utopien: Besserung der Menschen durch die wachsende Gesellschaft der Guten.

Freunde versuchen Foerster zu überreden, von seinem politischen Engagement abzulassen. Doch Foerster kann sich nicht nach ihren Erwartungen richten. Solange das Geschehen um ihn herum eine verhängnisvolle Richtung nimmt, kann er sich nicht gelassen den Vorgängen am Himmel widmen.

Als an der Berliner Universität Foersters Freunde Mommsen und Virchow die "Freie Wissenschaftliche Vereinigung" gründen - eine Akademikerorganisation, die den Militarismus und "die Schwäche des Jahrhunderts, den Antisemitismus" bekämpft -, wird Foerster zum Ehrenmitglied ernannt.

Die Lügen sehen und wortlos an ihnen vorübergehen - das ist für ihn menschenunwürdig, erbärmlich. Nicht im Schweigen liegt für Foerster die letzte Auskunft des Denkens, sondern in der Erkenntnis des Philosophen Immanuel Kant: Wer sich zum Wurm macht, kann nachher nicht klagen, daß er mit Füßen getreten wird.

Wie Mommsen oder Virchow will auch Foerster nicht mit einem politisch wohltemperierten Verhalten zum Fürsprecher der herrschenden Ordnung herabsinken. So trifft sein Engagement für Gerechtigkeit und Menschenwürde gerade diejenigen, die sich stets und für alles zu gegenseitiger Verfügung halten, ihre geduldig ersessenen Privilegien verteidigen, die Wahrheit gewissenlos teilen und bloß mit dem Rest von ihr halbherzig liebäugeln, um nicht ganz das Gesicht zu verlieren.

Die Sorge um seine große Familie oder die Aussicht auf den Verlust seiner Direktorenstellung kann ihn nicht davon abhalten, sich den Fahnenträgern bestellter Kampagnen mutig in den Weg zu stellen.

Die "Gesellschaft für ethische Kultur" bekommt Mitglieder in aller Welt und in Zürich ein internationales Sekretariat. Foersters Sohn Friedrich Wilhelm, der in die Schweiz emigriert, Französisch lernt, um mit Romain Rolland sprechen zu können und von diesem geschätzt wird "als der Sohn des großen Gelehrten, der ihn von allen deutschen Intellektuellen durch seine geistige Unabhängigkeit am meisten beeindruckt", wird ihr Generalsekretär.

Die der "Gesellschaft für ethische Kultur" beitreten, haben erkannt, daß die Interessen der Regierenden die Feinde des Friedens sind.

Unterdes formieren sich die Militaristen. Sie haben ihre Parolen; sie haben ihre Vereine; sie haben ihren Kaiser, und der will sich einen Platz an der Sonne sichern. Die Verpreußung Deutschlands marschiert, und das heißt: "Steuern zahlen, Soldat sein und Maul halten."

Ich betrachte ein Foto, eine Aufnahme kurz vor Foersters Tod, im 89. Lebensjahr. Ein kleiner Mann mit dichtem weißem Backenbart, diskutierend, gestikulierend. Feine, schmalgliedrige Hände, und in den Augen ein rebellischer Glanz, der eine Geisteshaltung offenbart: seiner Überzeugung leben und das - konsequent.

Bertha von Suttner gewinnt den Astronomen für den Vorsitz der Berliner Ortsgruppe der Deutschen Friedensgesellschaft, die sich das gleiche große Ziel gesetzt hat wie Foersters "Gesellschaft für ethische Kultur": die neue, die kriegslose Zeit. 1914, als sich die allgemeine euphorische Kriegsbegeisterung in einem Aufruf von 93 Intellektuellen niederschlägt, die öffentlich erklären, daß der "deutsche Militarismus und die deutsche Kultur nur noch eins sind", zählen Albert Einstein und Wilhelm Foerster zu den beiden berühmtesten deutschen Professoren, die das Gegenmanifest unterzeichnen, den "Aufruf an die Europäer", verfaßt vom Hausarzt der Kaiserin, Professor Friedrich Nicolai, der wegen seiner radikalen Friedensliebe in der Festung Graudenz inhaftiert wird.

Foersters Aktivitäten werden den einen zum Ärger und den anderen zum Vorbild. Doch je dunkler die Zeit heraufzieht, desto mehr fühlt er sich der Humboldtschen Forderung verpflichtet, die er für sich selbst inzwischen erweitert hat: nicht bloß die Natur, sondern - alles allen erkennbar machen.

Ich gehe durch den Garten, befinde mich in Gesellschaft hunderterlei farbiger Düfte, lasse meine Phantasie zwischen den Blumen nieder, von denen jede einzelne einem Stück blühender Prosa gleicht.

Eva Foerster erzählt von ihrem Mann, Wilhelm Foersters Sohn Karl, der für den Vater dieses Haus bauen ließ, dazu 32 Morgen Land kaufte und im Laufe der Zeit 40 Morgen Pachtland hinzufügte, auf dem er jene Stauden züchtete, die als "Bornimstauden" in viele Länder exportiert wurden

Sie erzählt von ihrer Tochter, die Gartenarchitektin geworden ist, und erzählt von sich selbst. Nach ihrer Heirat vertauschte sie den Beruf der Konzertsängerin mit den Aufgaben der Gärtnerei.

Ich begreife, daß die Faszination dieser blühenden Idylle so groß ist, daß sie zwangsläufig die Biographien derer gestalten muß, die täglich von ihr umgeben sind. "Selbst aus dem Leben Wilhelm Foersters wäre dieser Garten nicht mehr wegzudenken gewesen", sagt seine Schwiegertochter. "Er war mehr als nur ein Ort der Erholung für ihn. Er war zum Symbol geworden für eine Haltung: Wissen um die Möglichkeit, daß das Leben selbst solch ein blühender Garten sein könnte."

„Uraniasäule“, zeitgenössische Ansicht, um 1900 (Sammlung Iven)

Wilhelm Foerster und die Gründung der Urania

Otto Lührs

Die Berliner Urania, die 1888 gegründet wurde, enthielt als weltweite Neuerung eine Volkssternwarte, ein Wissenschaftliches Theater und einen physikalischen Experimentiersaal. Sie mußte aus wirtschaftlichen Gründen 1928 ihr eigenes Haus verkaufen. Dennoch setzte sie ihre Vortragstätigkeit bis zum Kriegsende 1945 fort. In den 50er Jahren erwachte sie in unterschiedlichen Ausformungen in Ost und West zu neuem Leben.

Diesem Beitrag liegen im wesentlichen Zitate aus einem bislang unveröffentlichten Briefwechsel zwischen Wilhelm Foerster und dem ersten Uraniadirektor Max Wilhelm Meyer zugrunde. Doch will ich mit einem Abschnitt aus den "Lebenserinnerungen und Lebenshoffnungen" von Wilhelm Foerster beginnen: "Das Jahr 1888 brachte eine Entwicklung zustande, mit der ich mich schon seit meiner Übernahme der Direktion der Sternwarte beschäftigt hatte. Auf Alexander von Humboldts Betreiben war in die Aufgaben der Sternwarte eine Verpflichtung aufgenommen worden, dem großen Publikum an einem oder zwei Abenden jeden Monats geeignete Himmelserscheinungen in dem großen Fernrohr vorzuführen. Allmählich war nun aus jenen Betätigungen und Erfahrungen seitens der Berliner Astronomen der lebhafte Wunsch hervorgegangen, für die astronomischen Interessen des größeren Publikums Einrichtungen zu schaffen, welche der astronomischen und naturwissenschaftlichen Belehrung überhaupt in einer vollständigeren und geeigneteren Weise dienen könnten, als es diese unvollkommenen Leistungen der astronomischen Episoden auf der Sternwarte zu tun vermochten ... Den entscheidenden Anlaß für mich, mit einem solchen Unternehmen vorzugehen, gab alsdann die Übersiedlung des Astronomen Dr. Max Wilhelm Meyer nach Berlin. Derselbe erschien nicht nur durch seinen weitverbreiteten Ruf als populär-astronomischer Schriftsteller, sondern auch durch die Erfahrungen, welche er bereits in Wien mit der Veranstaltung astronomischer Darstellungen für ein größeres Publikum sich erworben hatte, als der geeignete Leiter einer in Berlin in größerem Stile zu begründenden öffentlichen Schaustätte für astronomische und überhaupt kosmologische Sehenswürdigkeiten. Mit einer solchen Schaustätte, für welche ich den Namen 'Urania' vorschlug, sollten dann auch verbunden sein Räume und Einrichtungen zu eindrucksvollen und aufklärenden, vom Publikum selber zu handhabenden experimentellen Darstellungen aus verschiedenen Gebieten der Physik und Technik, ferner auch bildliche Darstellungen merkwürdiger und anziehender Naturszenen und Vorgänge des Himmelsraumes und der Erde in einem sogenannten Naturwissenschaftlichen Theater."

Wilhelm Foerster war ein großartiger Organisator im Bereich vieler naturwissenschaftlicher Gebiete. Er war beteiligt an der Gründung von Instituten, Theatern, Vereinen, nationalen und internationalen Kommissionen, Zeitschriften, usw., sehr oft im Verbund mit anderen einflußreichen Männern wie Hermann von Helmholtz, Werner von Siemens, Kultusminister von Goßler, usw.. Auch die Gründung der Urania fand Unterstützung aus diesen Kreisen.

Die wichtige Begegnung zwischen Foerster und Meyer wird oftmals so beschrieben: Der Direktor der Sternwarte, Wilhelm Foerster, der schon seit langem eine Volkssternwarte gründen wollte, traf sich mit dem Astronomiekollegen Max Wilhelm Meyer, dem vorschwebte, mit Mitteln des Theaters naturwissenschaftliche Erkenntnis zu verbreiten.

Meyer wurde der erste Direktor der Urania. Die Gründung der Urania soll nun im Auf und Ab der intensiven Wechselbeziehung zwischen den beiden sehr unterschiedlichen Männern dargelegt werden.

Nach der Gründungsversammlung am 3. März 1888 stand zunächst das Baugeschehen in der Moabiter Invalidenstraße im Vordergrund. Die inhaltliche Arbeit bezog sich zu diesem Zeitpunkt noch nicht so sehr auf die Ausstellungen, sondern auf die Zeitschrift der Urania mit dem programmatischen Titel "Himmel und Erde", das erste Heft erschien bereits im Herbst 1888 acht Monate vor der Eröffnung des Instituts. Der Direktor Meyer zeichnete als Redakteur verantwortlich für dieses Monatsmagazin.

Doch wie sah die Wirklichkeit aus? Meyer jedenfalls war unzufrieden und schrieb am 3.10.88 an Foerster: "Es herrscht seit der Begründung unserer Zeitschrift eine immer deutlicher hervortretende Meinungsverschiedenheit über die Ziele derselben zwischen Ihnen, hochverehrter Herr Geheimrath, und mir, dem nominellen Redakteur, eine Meinungsverschiedenheit, welche für die Zeitschrift und damit auch für mich verhängnisvoll werden könnte ... Diese Meinungsverschiedenheit ist in der ganz verschiedenen Auffassung, welche wir beiden über populärwissenschaftliche Vortragsweise besitzen, begründet und ich will mich nicht anmaßen hier Ihnen gegenüber kritisch vorzugehen, da ich gewiß besser thäte, Sie völlig als einen der Nacheiferung werthen Lehrer anzuerkennen ... Ich darf nicht unterdrücken, daß alle betheiligten Kreise ebenso einig über den hohen Wert Ihrer Schriften, wie über deren ungemein schwierige Verständlichkeit sind. Das hört man im großen Publikum, bei den Verlagen und Redakteuren, bei den Studenten und Professoren, Ihren Kollegen, bei den übrigen Mitgliedern unseres Vorstandes oder Aufsichtsrates, Herrn Staatssecretär Herzog nicht ausgenommen ... Für den Hochgebildeten ist dagegen Ihre Vortragsweise das anzustrebende Ideal ... Nun frägt es sich also, sollen wir eine Zeitschrift für Hochgebildete schaffen, oder sollen wir mit frischem, frohem Temperament eine große Menge für das Studium der Wissenschaften des Himmels und der Erde begeistern? Im ersteren Fall kann unsere Zeitschrift keinen besseren Redakteur finden, als Sie, Herr Geheimrath ... Soll aber die Zeitschrift einem größeren Publikum gerecht werden und zugleich tolerante Gelehrte befriedigen, welche es fühlen, daß man in einer großen Zeitschrift nicht nur allein ihren Idealen Rechnung tragen und hier und da ein Auge zudrücken muß, wenn man mit dem Volke redet, das einem aufgeweckten, verständigen, feurigen Kinde gleicht, nun dann, so glaube ich, daß man die effektive Redaktion der Zeitschrift wohl mir überlassen kann ... "

Was hat Foerster diesen Anwürfen nun entgegengesetzt? Nichts; denn der Brief hat ihn nicht erreicht; Meyer sandte ihn nicht ab. So gibt er aber wahrscheinlich angemessen wieder, wie Meyer zu dieser Zeit sein Verhältnis zu Foerster einschätzte.

In einem Schreiben vom 8.2.1890 können wir heute eine Wertung Foersters über Meyer in ähnlicher Angelegenheit nachlesen: "Entschuldigen Sie, daß ich mit der Erledigung der gewünschten Durchsicht Ihres Aufsatzes über die Urania noch zögere. Das Ding macht mir viel Kopfzerbrechen. So wie es dasteht geht es wirklich nicht mit der Veröffentlichung. Sie sind ein Poet von einer großen und eigenthümlichen Begabung, aber innerhalb der Wissenschaft, auch in ihrer phantasiereichsten Popularisierung, müssen doch gewisse Normen eingehalten werden, sonst verlieren wir die Achtung der Fachmänner. Nun bemühe ich mich mit aller Discretion und allem Respekt vor Ihrer Originalität, die Sache von den unmöglichsten Wendungen zu entlasten, und das kostet Zeit... "

Foerster war um die wissenschaftliche Reputation der Urania besorgt, urteilte am nächsten Tage aber milder: "Was Ihr Manuskript betrifft, so werden Sie gesehen haben, daß ich mich hauptsächlich auf Fassungsänderungen beschränkt, die Substanz aber gar nicht angetastet habe. Nur kleine Schiefheiten des Ausdrucks, welche Mißverständnis hervorrufen oder zu weit gehende Kritik gegen unsere Institution verursachen könnten, habe ich zu beseitigen versucht. Es ist sehr viel Eindrucksvolles und Anregendes in dem ganzen Aufsatz, und es war auch nur mein erstes, durch die kleinen Schiefheiten hervorgebrachtes Erschrecken, welches mir die erste beklommene Äußerung eingab ... "

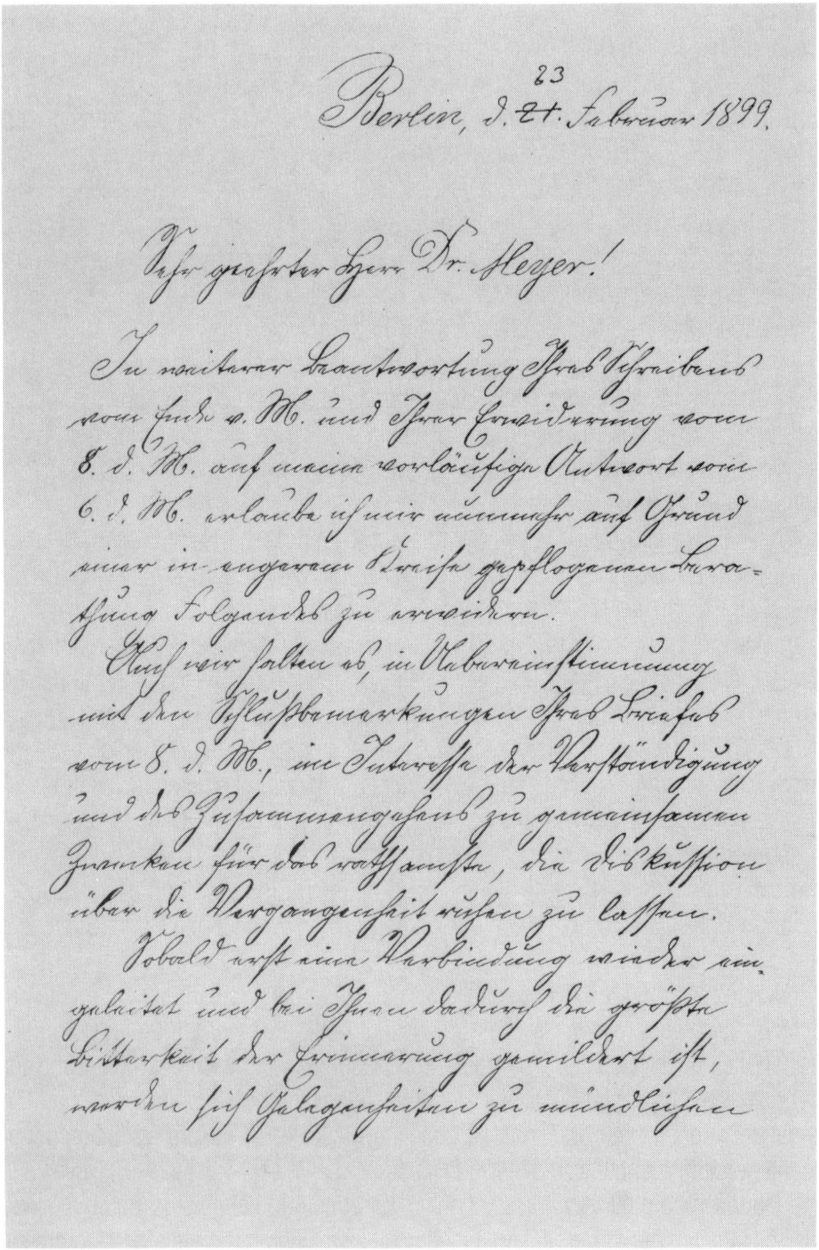

Berlin, d. ~~21.~~ 23. Februar 1899.

Sehr geehrter Herr Dr. Meyer!

In weiterer Beantwortung Ihres Schreibens vom Ende v. M. und Ihrer Erwiderung vom 8. d. M. auf meine vorläufige Antwort vom 6. d. M. erlaube ich mir nunmehr auf Grund einer im engeren Kreise gepflogenen Berathung Folgendes zu erwidern.

Auch wir halten es, in Uebereinstimmung mit den Schlußbemerkungen Ihres Briefes vom 8. d. M., im Interesse der Verständigung und des Zusammengehens zu gemeinsamem Handeln für das Rathsamste, die Diskussion über die Vergangenheit ruhen zu lassen.

Sobald erst eine Verbindung wieder eingeleitet und bei Ihnen dadurch die größte Bitterkeit der Erinnerung gemildert ist, werden sich Gelegenheiten zu mündlichen

Ein anderes Mal wurde Kritik von außen an Foerster herangetragen und betraf nun nicht die Zeitschrift, sondern erstmalig einen Vortrag im Wissenschaftlichen Theater, das doch Meyers Domäne war. Foerster reichte die Kritik an Meyer weiter: "So eben war ein Abgesandter der hiesigen fachmännischen Geologen bei mir, um im einstimmigen Auftrage derselben mitzutheilen, daß man im Interesse der wissenschaftlichen Geologen gegen den Vortrag 'Geschichte der Urwelt' Einspruch erheben müsse ... Erinnern Sie sich, wie ich Sie im November bat, fachmännische Urtheile über den Gegenstand einzuholen ...denn das Publikum darf das Vertrauen nicht verlieren, daß wir echt wissenschaftliche Grundlagen haben."

Als sich Max Wilhelm Meyer mit dem Theaterstück "Kinder der Sonne" an ein astronomisches Thema machte, fühlte sich auch Wilhelm Foerster in seiner Kompetenz betroffen. Er schrieb am 25.4.1891 an Meyer: "Ihr ganzes Genre acceptiere ich jetzt rückhaltlos. Sie haben mit großem Talent die Eindrucksfähigkeit und Berechtigung derselben erwiesen ... Aber Sie machen sich diese Gestaltungen doch etwas zu leicht. Eine freiere Durchbildung des belebenden rednerischen Schmuckes und eine Vermeidung von manirierten Wiederholungen, die sonst anfangen, lächerlich zu werden, ist dringend geboten." Immer wieder ermahnt Foerster Meyer, trotz volkstümlicher Erzählweise wissenschaftlich korrekt zu bleiben.

Foersters Kritik betraf aber nicht nur Inhalt und Form der Vorträge und Publikationen, sondern auch das Alltagsgeschäft in der Urania. Da waren von Anbeginn diverse Personalprobleme, die Meyer in seiner Eigenschaft als Direktor offenbar nicht allein lösen konnte. Am 1.5.1889 lautete ein Schreiben an Meyer: "Herr Hirt war heut Morgen bei mir und zeigte sich in den wesentlichen Punkten völlig einverstanden mit meinen Vorlagen betr. der Abgrenzung seiner Stellung. Insbesondere erkannte er an, daß der Direktor in loco dem ganzen Personal gegenüber der Regierende sein müsse, und daß auch der Subdirektor sich der Entscheidung des Direktors unterzuordnen habe, wobei selbstverständlich zu erwarten sei, daß der Direktor nicht unnöthigerweise in die speciellen Sphären des Subdirektors übergreifen werde." Hirt war ebenfalls Vorstandsmitglied und für Verwaltung und Finanzen zuständig.

Meyer hatte in dieser Phase seinen Rücktritt als Urania-Direktor ins Auge gefaßt. Foerster aber antwortete ihm aus Paris: "Weshalb wollen Sie denn Ihre Demission geben? Doch ich will von Ferne in dieser Beziehung nicht zu eifrig rathen; bitte nur recht herzlich um richtige Überlegung und um recht menschenfreundliche Beurtheilung der Anderen."

Ende Oktober 1889 kündigte Hirt an, die Urania zum folgenden April verlassen zu wollen. Das bedeutete für ein weiteres halbes Jahr zwanghafter Zusammenarbeit mit Hirt und für Foerster weiterhin diplomatische Einmischung in diesen Konflikt: "Eine solche Versöhnung könnte nur eintreten, wenn Sie bereit wären, bis zum 1. April 1890 mit Hirt unter der bisherigen Kombination, nur gemildert durch die schmerzlichen Erfahrungen, andererseits geschärft durch alles Vorhergegangene, weiterzuarbeiten. Ob dies denkbar wäre, und ob es bei der größten Seelenstärke Ihrerseits möglich wäre, die mildernde Wirkung der schmerzlichen Erfahrungen zur Überwiegenden zu machen, muß ich Ihnen zu beurtheilen ganz überlassen." Foerster schlug Meyer alternativ vor, Urlaub zu machen und die beabsichtigte Reise nach Amerika anzutreten. In dem Brief wird dann weiter ausgeführt: "Am 1. April, wo Hirt uns jedenfalls freimacht, kehren Sie in schönster Freiheit und Heiterkeit in Ihre volle Stellung bei uns zurück, wo Sie bis dahin sehnlichst zurückgewünscht sein werden ... Die Leitung der Urania übernimmt inzwischen eine Kommission mit Preyer, Goldstein und einem der Astronomen."

Dieses Angebot nahm Meyer nicht an, da ihm das persönliche Risiko zu hoch erschien. Hirt ist dann gegangen, so fand dieses Problem seine Lösung. Aber es gab noch viele andere.

Z.B. gab es einen Herrn Amberg, der schon vor den Zeiten der Urania als Wanderexperimentator im ganzen Reich durch Schulen gezogen war und der nicht mehr ganz jung, seinen Dienst bei der Urania antrat. Er pochte auf seine Erfahrungen; die Urania hingegen erwartete auch Einordnung. Ebenso gab es Konflikte mit dem Physiker Eugen Goldstein, der in der Urania erstmalig die besonders vom Deutschen Museum her bekannten 'Experimente zum Anfassen' schuf. Es gab Spannungen mit Simon Archenhold, der bei Foerster Astronomie studiert hatte und Angestellter der Urania war, bevor er seine Sternwarte in Treptow gründete. Der berühmte Bambergrefraktor, der heute die Wilhelm-Foerster-Sternwarte ziert, wurde damals zur Eröffnung der Urania nicht rechtzeitig fertig. Erst im Herbst 1889 wurde er installiert. Insbesondere Meyer war enttäuscht wegen der Verzögerung; Foerster riet zur Mäßigung: "Wenn man da unwirsch wird, vermehrt man bloß die Unruhe und erzeugt noch dazu Unlust und Abneigung. Von Konventionalstrafen konnte ja beim Vertrage nie die Rede sein. Jeder bedeutende Präzisionsmechaniker wirft einem den Vertrag vor die Füße, wenn man von so Etwas reden wollte. Also muß man Geduld haben. Ich möchte Sie sogar bitten, dem tüchtigen und kranken Manne mal ein freundliches Wort zu sagen; etwa die strafende Miene, die Sie mir gegenüber machen, wenn von Bamberg die Rede ist, thut bei ihm gar keine Wirkung, eher die entgegengesetzte. Die Sache ist eben eines der Martyrien, denen wir uns beide unterwerfen müssen."

Immer wiederkehrend erteilt das Aufsichtsrats- und zeitweilig auch Vorstandsmitglied Foerster dem Direktor der Urania eindringlich Verhaltensmaßregeln, manchmal freundlich, aber zeitweilig auch barsch: "Nehmen Sie mir eine Bemerkung nicht übel. Sie waren neulich beim verspäteten Eintritt von Jost [ebenfalls Vorstandsmitglied] recht unfreundlich gegen ihn. Niemand hat sich darüber beklagt, aber ich selbst hatte den Eindruck, daß Sie sich in schwieriger Situation der größten Hülfe berauben, wenn Sie Mißmuth an den Tag legen. Die Höflichkeit und Verbindlichkeit ist ja eine unbezahlbare, ja die köstlichste Hülfe bei komplizierten Aufgaben der Menschenbehandlung. Sie erleichtern Alles und ihr Fehlen erschwert Alles."

An dieser Stelle erscheint es sinnvoll, einmal die Lebensläufe der beiden Männer zu betrachten: Foerster wurde 1832 als zweiter Sohn eines wohlhabenden Tuchfabrikanten in Grünberg/Schlesien geboren. Die Firma hatte geschäftliche Kontakte nach Petersburg und nach London. Es kamen bedeutsame Handelspartner ins Haus; man sprach englisch, französisch und russisch; die musische Atmosphäre prägte Foerster, der sein Leben lang besonders gern Beethovens Klaviersonaten spielte. Die Eltern waren oft auf Reisen; mal war es eine Geschäftsreise, ein andermal waren es Badereisen, und stets waren die Kinder mit dabei.

Nach der Stadtschule Grünberg folgte das Gymnasium in Breslau; danach begann 1850 das Studium der Mathematik und Astronomie in Berlin. 1852 zog Foerster nach Bonn und beendete dort sein Studium der Astronomie. 1863 übernahm Foerster die kommissarische Leitung der Sternwarte und 1865 wurde er im Alter von 32 Jahren für Jahrzehnte ihr Direktor.

Die Voraussetzungen zur Heranbildung einer abgerundeten Persönlichkeit waren gegeben; Foerster hat seine Chancen genutzt, sein Lebensweg war gerade und erfolgreich.

Max Wilhelm Meyers Lebensweg läßt sich in seiner Selbstbiografie "Wie ich der Urania-Meyer wurde" nachlesen: Meyer wurde im Jahre 1853 als Sohn eines Glasermeisters in Braunschweig geboren. In der Waisenhausschule, die er besuchte galt er als schwächlich, krank aber auch lebhaft. Der Lehrer hielt die herzoglich-braunschweigische Welt für ein Ideal, dessen zehn Quadratmeilen mit sämtlichen Wäldern, Dörfern, Weilern, Flüssen, Bächen, Bergen unbedingt in den Kopf eines jeden Braunschweiger Schülers gehörten. Meyers Gesundheit wurde immer schwächer, er war bleichsüchtig und mager. Der Vater verstand nicht, was das bedeutete und griff nach dem Stock, um den Appetit herbeizuführen. Die Mutter, die oftmals mildernd eingriff, starb, als Meyer dreizehn war. Er mußte die Schule verlassen und sollte nach dem Willen des Vaters Glaser werden. Er wurde aber Buchhändlerlehrling und stieß auf das

Problem der Kalenderberechnung. Als er mit einer Rechnung nicht weiterkam, wandte er sich an die Universität Göttingen. Der Astronom Klinkerfues besorgte ihm eine Anstellung an der Sternwarte und ermöglichte ihm das Studium der Astronomie. Er fand eine Anstellung an der Sternwarte in Genf und ging dann nach Wien. Mittlerweile hatte er sich populärwissenschaftlich betätigt und wurde 1885 vom Zeitungsverleger Mosse als wissenschaftlicher Redakteur an das "Berliner Tageblatt" geholt. Bei Meyer waren die Voraussetzungen nicht erhebend und er hatte dennoch etwas aus sich gemacht. Doch viele Störungen und Zerstörungen aus den jungen Jahren blieben haften; es überlebte eine unstete Natur mit starken emotionalen Defiziten und der steten Sehnsucht nach Anerkennung.

Meyer war zudem in Berlin weitgehend isoliert; während Foerster seine Einflußmöglichkeiten auf der Basis seiner Stellung als Direktor der Königlich Preußischen Sternwarte ausbaute. Er war Professor an der Universität, preußischer Delegierter bei unterschiedlichen Anlässen, Mitbegründer der Physikalisch-Technischen Reichsanstalt und der Potsdamer Observatorien, er hatte beste Kontakte zu Wissenschaftlern, Industriellen, Politikern und Mitgliedern der Kaiserfamilie. Sein diplomatisches Geschick war sprichwörtlich.

Fast zehn Jahre haben Foerster und Meyer erfolgreich, aber nicht ohne Reibungen, miteinander gerungen. Dann mußte Meyer die Urania 1897 verlassen. Äußerer Anlaß waren Unstimmigkeiten bei der Errichtung des zweiten Uraniahauses in der Taubenstraße in Berlin-Mitte.

Lange und erbittert hat Meyer um seine Rehabilitierung gekämpft. Der Briefwechsel zwischen Foerster und Meyer zog sich über zwei Jahre hin. Immer wieder schien Annäherung möglich und ebenso häufig zerschlugen sich die Chancen. Foerster lenkte oft ein und auch Meyer machte Zugeständnisse, eine Lösung hätten beide wohl auch gefunden, aber sie waren nicht allein. Meyers eigentlicher Widersacher im Aufsichtsrat der Urania war indessen nicht Foerster, sondern der einflußreiche Bankier Adolph Salomonsohn. Er haßte die wenig exakten und blumig schwärmerischen Darstellungsformen Meyers von der ersten Vorstellung an und ihm hatte Meyers Theateraufwand schon immer zuviel Geld gekostet.

Meyer versuchte es mit Forderungen, mit Bitten und mit Provokationen. Er gründete als Konkurrenzunternehmen eine Internationale Urania und schickte auch eine Wanderurania durch Deutschland. Doch weder die sanfte Art, noch die dreiste brachte ihm Erfolg. So verließ er Berlin im Jahre 1900 und siedelte nach Capri über.

Bei den anderen Gründungen und Initiativen, an denen Foerster beteiligt war, kam es nie zu ähnlichen personellen Konstellationen. Vereine und Gesellschaften bedeuteten keine täglichen Anforderungen, die Physikalisch-Technische Reichsanstalt wurde ein Staatsinstitut unter der souveränen Führung von Helmholtz, die Observatorien auf dem Potsdamer Telegrafenberg wurden von den jeweiligen Wissenschaftlern geführt. Foerster blieb das Verdienst, oftmals geschickt und ausdauernd deren Entstehung betrieben oder mitbetrieben zu haben, aber seine weitere Mitwirkung war nicht erforderlich oder auch aus organisatorischen Gründen nicht möglich.

Der Urania hingegen blieb Foerster noch viele Jahre verbunden. Entsprechend lange hatte er Anteil gerade an dem Gedeihen und an den Krisen der Urania. Auch in der Auseinandersetzung mit Max Wilhelm Meyer ging es Wilhelm Foerster immer wieder darum, Wege auszuloten, die Erkenntnisse der verschiedenen Wissenschaften anspruchsvoll und korrekt, aber auch verständlich und nachhaltig an das breite Publikum heranzutragen.

Die Wissenschaften schreiten voran, die Erkenntnisse nehmen zu und wollen verbreitet werden. Deshalb wird die Aufgabe der unterschiedlichen Uranias in Potsdam, in Berlin und andernorts niemals aufhören, im Foerster'schen Sinne nach Vollendung zu streben.

Literatur

Briefwechsel Foerster-Meyer 1888-1892 und 1899/1900
K.-H. Tiemann: Wilhelm Julius Foerster. Leben und Werk. - Potsdam [URANIA Potsdam], 1990

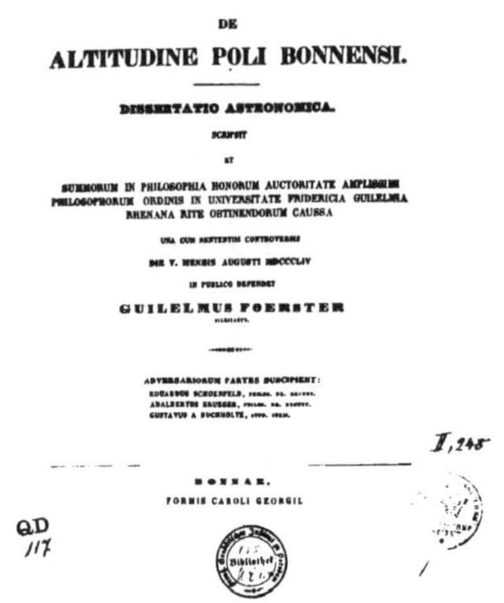

DE

ALTITUDINE POLI BONNENSI.

DISSERTATIO ASTRONOMICA.

SCRIPSIT

ET

SUMMORUM IN PHILOSOPHIA HONORUM AUCTORITATE AMPLISSIMI PHILOSOPHORUM ORDINIS IN UNIVERSITATE FRIDERICIA GUILELMA RHENANA RITE OBTINENDORUM CAUSSA

UNA CUM SENTENTIIS CONTROVERSIS

DIE V. MENSIS AUGUSTI MDCCCLIV

IN PUBLICO DEFENDET

GUILELMUS FOERSTER

SILESIACUS.

ADVERSARIORUM PARTES SUSCIPIENT:
EDUARDUS SCHOENFELD, PHILOS. DR. ASTRON.
ADALBERTUS KRUEGER, PHILOS. DR. ASTRON.
GUSTAVUS A BUCHHOLTZ, STUD. IURIS.

BONNAE.

FORMIS CAROLI GEORGII.

Deckblatt von Wilhelm Foersters Dissertation (5.8.1854)

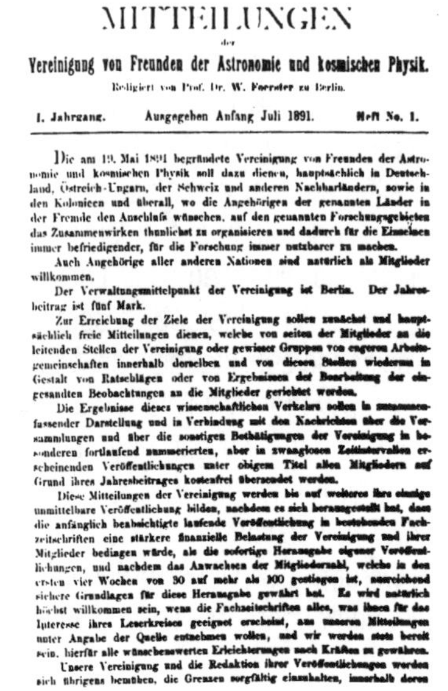

MITTEILUNGEN

der

Vereinigung von Freunden der Astronomie und kosmischen Physik.

Redigiert von Prof. Dr. W. Foerster zu Berlin.

I. Jahrgang. Ausgegeben Anfang Juli 1891. Heft No. 1.

Die am 19. Mai 1891 begründete Vereinigung von Freunden der Astronomie und kosmischen Physik soll dazu dienen, hauptsächlich in Deutschland, Östreich-Ungarn, der Schweiz und anderen Nachbarländern, sowie in den Kolonieen und überall, wo die Angehörigen der genannten Länder in der Fremde den Anschluſs wünschen, auf den genannten Forschungsgebieten das Zusammenwirken thunlichst zu organisieren und dadurch für die Einzelnen immer befriedigender, für die Forschung immer nutzbarer zu machen.

Auch Angehörige aller anderen Nationen sind natürlich als Mitglieder willkommen.

Der Verwaltungsmittelpunkt der Vereinigung ist Berlin. Der Jahresbeitrag ist fünf Mark.

Zur Erreichung der Ziele der Vereinigung sollen zunächst und hauptsächlich freie Mitteilungen dienen, welche von seiten der Mitglieder an die leitenden Stellen der Vereinigung oder gewisser Gruppen von engeren Arbeitsgemeinschaften innerhalb derselben und von diesen Stellen wiederum in Gestalt von Ratschlägen oder von Ergebnissen der Bearbeitung der eingesandten Beobachtungen an die Mitglieder gerichtet werden.

Die Ergebnisse dieses wissenschaftlichen Verkehrs sollen in zusammenfassender Darstellung und in Verbindung mit den Nachrichten über die Versammlungen und über die sonstigen Bethätigungen der Vereinigung in besonderen fortlaufend nummerierten, aber in zwanglosen Zeitintervallen erscheinenden Veröffentlichungen unter obigem Titel allen Mitgliedern auf Grund ihres Jahresbeitrages kostenfrei übersendet werden.

Diese Mitteilungen der Vereinigung werden bis auf weiteres ihre einzige unmittelbare Veröffentlichung bilden, nachdem es sich herausgestellt hat, dass die anfänglich beabsichtigte laufende Veröffentlichung in bestehenden Fachzeitschriften eine stärkere finanzielle Belastung der Vereinigung und ihrer Mitglieder bedingen würde, als die sofortige Herausgabe eigener Veröffentlichungen, und nachdem das Anwachsen der Mitgliederzahl, welche in den ersten vier Wochen von 30 auf mehr als 100 gestiegen ist, ausreichend sichere Grundlagen für diese Herausgabe gewährt hat. Es wird natürlich höchst willkommen sein, wenn die Fachzeitschriften alles, was ihnen für das Interesse ihres Leserkreises geeignet erscheint, aus unseren Mitteilungen unter Angabe der Quelle entnehmen wollen, und wir werden stets bereit sein, hierfür alle wünschenswerten Erleichterungen nach Kräften zu gewähren.

Unsere Vereinigung und die Redaktion ihrer Veröffentlichungen werden sich übrigens bemühen, die Grenzen sorgfältig einzuhalten, innerhalb deren

Heft 1 der von W. Foerster herausgegebenen Mitteilungen der V.A.P. (Juli 1891)

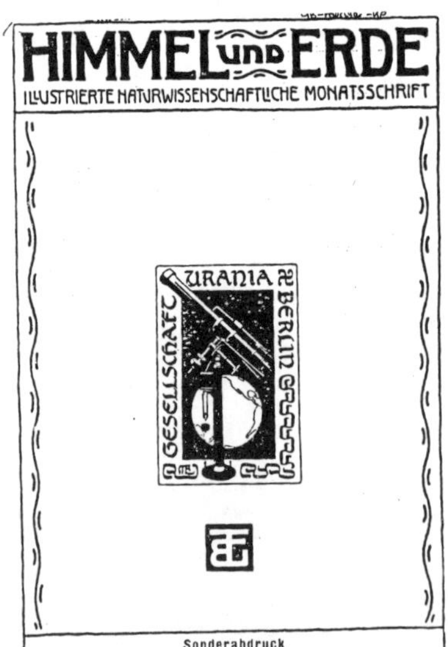

HIMMEL UND ERDE

ILLUSTRIERTE NATURWISSENSCHAFTLICHE MONATSSCHRIFT

Sonderabdruck

Deckblatt von „Himmel und Erde“

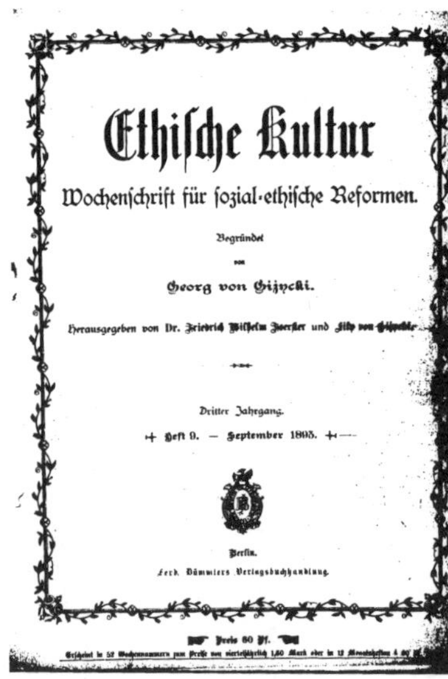

Ethische Kultur

Wochenschrift für sozial-ethische Reformen.

Begründet

von

Georg von Gizycki.

Herausgegeben von Dr. Friedrich Wilhelm Foerster und Lily von Gizycki.

Dritter Jahrgang.

Heft 9. — September 1895.

Berlin.

Ferd. Dümmlers Verlagsbuchhandlung.

Preis 60 Pf.

Erscheint in 52 Wochennummern zum Preise von vierteljährlich 1,50 Mark oder in 12 Monatsheften à 60 Pf.

Deckblatt der von F.W. Foerster herausgegeben „Ethischen Kultur“ (September 1895)

Wilhelm Julius Foerster und die "Vereinigung von Freunden der Astronomie und kosmischen Physik" (1891 bis 1914)

Klaus-Harro Tiemann

"Die Organisation eines solchen Zusammenwirkens ist aber nicht blos höchst wünschenswerth für die Forschung im Gebiete gewisser Naturerscheinungen, deren Wahrnehmbarkeit in hohem Grade vom günstigem Augenblick und von dem jeweiligen Himmelszustande über dem Beobachtungsorte abhängt, also eine zeitlich und räumlich möglichst ausgedehnte Betheiligung erfordert, sondern sie hat auch eine recht ansehnliche ethische und pädagogische Bedeutung, sowohl für die erwachsenen Teilnehmer als ganz besonders für die heranwachsende Generation fast in allen Stufen des Schulunterrichts, hauptsächlich aber in den oberen Klassen der höheren Schulen. Es dürfte wohl kaum eine wirksamere Belebung des mathematischen und physikalischen Unterrichts geben, als die Anregung und Unterweisung zu einfachen Himmelsbeobachtungen der in Rede stehenden Art, verbunden mit der Gewährung der Befriedigung, innerhalb einer größeren Gemeinschaft auch durch den schlichtesten Beitrag zur Lösung großer Probleme beitragen zu können, und außerdem verbunden mit dem Anlaß zu öfteren, für die Gesundheit von Leib und Seele förderlichen, durch zweckvolle Beschäftigung geweihten Aufenthalt im Freien."[1]

Mit diesen wohlgesetzten Worten begründeten Mitte Juni 1891 die beiden Astronomieprofessoren Wilhelm Foerster und Rudolf Lehmann-Filhés gegenüber dem preußischen Kultusminister die hohe allgemeine Bedeutung der einen Monat zuvor, am 19. Mai, im Gebäude der Berliner Urania ins Leben gerufenen "Vereinigung von Freunden der Astronomie und der kosmischen Physik (nachfolg.: V.A.P.) - eine der beiden institutionellen Vorläufer der sich 1953 konstituierenden "Vereinigung der Sternfreunde".[2]

1 Brief von Foerster und Lehmann-Filhés an den preußischen Kultusminister von Zedlitz-Trützschler v. 18.6.1891. - In: Geheimes Staatsarchiv/Bundesarchiv, Dienststelle Merseburg (nachfolg.: BaM), Ministerium für Wissenschaft, Kunst und Volksbildung, die Vereinigung von Freunden der Astronomie und kosmischen Physik, Rep. 76 Vc Sekt. 1 Tit. 11 Teil I Nr. 16, Bl. 2

2 W. Celnik; E. Mädlow; P. Völker: 35 Jahre Vereinigung der Sternfreunde - Frühgeschichte, Gegenwart und Zukunft. - In: Sterne und Weltraum, 27 (1988) 7/8. - S. 480 - 482

I. Hintergründe und Konstituierungsfaktoren

Die Gründung der V.A.P. wurde durch eine glückliche Verquickung von generellen, lokalen und subjektiven Faktoren ermöglicht und begünstigt.

So wuchs in zunehmenden Maße das wissenschaftliche Bedürfnis nach einem derartigen organisatorischen Mittelpunkt,

"weil es" - wie die V.A.P.-Mitglieder richtig erkannten - "eine Reihe von sehr wichtigen und interessanten Erscheinungen in den fernen Himmelsräumen, wie auch in den höchsten atmosphärischen Regionen gibt, für welche von der geringen Zahl der astronomischen Fachmänner und der Sternwarten nur Vereinzeltes oder Unvollständiges geleistet werden kann, weil diese Erscheinungen vielfach so verlaufen oder so beschaffen sind, daß sie nur bei gleichzeitiger Ausschau möglichst vieler über größere Flächen verteilter Beobachter überhaupt oder doch unter den günstigsten Umständen erforscht werden können. Auch gerade die Mitwirkung von solchen Beobachtern, welche durch ihren Lebensberuf veranlaßt werden, sich in den verschiedensten Tages- und Nachtzeiten im Freien aufzuhalten und sich dabei des Ausblickes auf weite Horizonte ... erfreuen, ist hier von der größten Bedeutung".[3]

Das wissenschaftliche Bildungsvermögen und die - in der Regel bescheidene - instrumentelle Ausstattung ihrer Mitglieder klug berücksichtigend, bestimmte die V.A.P. als astronomische Forschungsaufgaben die systematische Beobachtung

- der Sonne (Arbeitsgruppe 1 / Leiter: Prof. Dr. W. Foerster),
- des Mondes und der Planetenoberflächen (Arbeitsgruppe 2 / Leiter: Dr. M. W. Meier, Direktor der Urania) sowie
- der Intensität und Färbung des Sternlichtes und des Milchstraßenzuges (Arbeitsgruppe 3 / Leiter: J. Plassmann, Gymnasiallehrer in Warendorf/Westf.).

Mit der Auswahl von Aufgaben aus der "kosmischen Physik" reagierte die V.A.P. ungewöhnlich frühzeitig auf ein sich an den Grenzen der Astronomie, Meteorologie, Physik und Elektrotechnik gerade erst herausbildendes Forschungsgebiet, das um 1890 noch von sehr wenigen Wissenschaftlern bearbeitet wurde und sich erst im Verlaufe des 20. Jahrhunderts zur "solar-terristrischen Physik" mauserte. Der Begriff "kosmische Physik" war offenbar damals in der breiten Öffentlichkeit noch wenig bekannt, obwohl bereits seit 1856 das populärwissenschaftlich geschriebene "Lehrbuch der kosmischen Physik" (5. Auflage 1894) von Johannes Müller (Freiburg) vorlag. Der Gründungsausschuß der V.A.P. sah sich jedenfalls in seiner Einladung zur Gründungsversammlung veranlaßt, den erläuternden Hinweis zu geben:

3 Werbeblatt zum Beitritt in die V.A.P.. - In: Mitteilungen der V.A.P., 15 (1905) 5

"Wir verstehen darunter zunächst und vorzugsweise die Erforschung der Wolken-Erscheinungen und der Luftbewegungen in den oberen Regionen der Atmosphäre, ferner der damit so nahe zusammenhängenden Höfe und Ringe (Halos), der Polarlichter und elektrischen Lichtwölkchen, der sehr hohen, sogenannten leuchtenden Wolken, des Zodiakallichtes, der Meteore, einschließlich ihrer Schweifbildungen und der aus den Orts- und Gestaltveränderungen der letzteren bestimmbaren Strömungen in den obersten Schichten der Atmosphäre u.s.w.. Dieses mit jedem Tag bedeutsamer werdende Forschungsgebiet" - so schätzte der V.A.P.-Gründungsausschuß treffend ein - "bedarf ganz besonders der Mitwirkung zahlreicher Beobachter in allen Gegenden der Erde bis in die kleinsten Orte und die vereinzeltsten menschlichen Ansiedelungen hinein, während dasselbe im Allgemeinen sehr wenig Hülfsmittel und Kenntnisse beansprucht, sobald nur ein freudiger und gewissenhafter Sinn für solche Wahrnehmungen und eine gehörige Orientirung hinsichtlich der Auffassung und geordneten Aufzeichnung des Wesentlichen vorhanden ist."[4]

Um letzteres zu gewährleisten, bildete die V.A.P. noch drei weitere Arbeitsgruppen, nämlich

- für die Zodiakallicht- und Meteorbeobachtungen (Arbeitsgruppe 4 / Leiter: Prof. Dr. F. Reimann, Gymnasiallehrer in Hirschberg/Schlesien),
- für Polarlichtbeobachtungen, Erdmagnetismus, Erdströme und Luftelektrizität (Arbeitsgruppe 5 / Leiter: PD Dr. B. Weinstein, Berlin) sowie
- für Wolken- und Halo- sowie für Gewitterbeobachtungen (Arbeitsgruppe 6 / Leiter: O. Jesse, Steglitz b. Berlin)

Die "besondere Aufgabe und Berechtigung" der Arbeit in der Gruppe 5 sah man darin,

"alle diejenigen statistischen Aufzeichnungen, sowie alle diejenigen Maß- und Orts-Bestimmungen auszuführen, welche sich am unmittelbarsten mit der Himmelsbeobachtung verbinden, und alle einschlägigen Erscheinungen besonders zu beachten, welche bei Gelegenheit gerade dieser Art von Untersuchungen hervortreten."

In Abgrenzung zur meteorologischen Forschung betrachteten es die Mitglieder der Gruppe 6 als ihr spezielles Anliegen,

"daß wir vorzugsweise Orts- und Bewegungs-Bestimmungen von Wolken und entsprechende Ausmessungen von Blitzen, sowie feinere Maßbestimmungen der Halo-Erscheinungen und ihrer Beziehungen zu den Strömungen der oberen Atmosphärenregionen ausführen und uns andererseits bemühen werden, die Hilfsmittel unserer Orts- und Maßbestimmungen zur zahlenmäßigen Verwertung der von der Gesellschaft der Freunde der Photographie zu erlangenden graphischen Ergebnisse nutzbar zu machen."[5]

4 (undatierte) Einladung zur Begründung einer Vereinigung von Freunden der Astronomie und kosmischen Physik. - In: BaM, a.a.O., Bl. 13

5 Bericht über die Gründung und die Aufgaben der Vereinigung von Freunden der Astronomie und kosmischen Physik. - In: Mitteilungen der V.A.P., 1 (1891) 1. - S. 2/3

Ein weiterer Grund für die Bildung der V.A.P. bestand ferner darin, daß sich die 1863 als "Verein von Astronomen und Freunden der Astronomie" konstituierende Astronomische Gesellschaft[6] recht bald zu einer rein fachwissenschaftlichen Vereinigung mit internationalen Leit- und Koordinierungsfunktionen[7] wandelte und den immer zahlreicher werdenden astronomischen "Gelegenheitsbeobachtern" somit die institutionelle Basis verlorengegangen war.

Neben dieser astronomisch-kosmophysikalischen Konstellation waren außerdem noch folgende gesellschaftliche Hintergrundprozesse der zweiten Hälfte des 19. Jahrhunderts für die Existenzfähigkeit der V.A.P. in Deutschland mitbestimmend:

1. Durch die wachsende Zahl von wissenschaftlich-technischen Institutionen, Entdeckungen und Erfindungen, durch den massenhaften Übergang zur Industrieproduktion, verbunden mit der immer breiteren Anwendung wissenschaftlich-technischer Ergebnisse in der Produktions-, Transport- und Kommunikationsspäre[8], und durch die zunehmende praktische Rolle von Wissenschaft und Technik im Berufs- und Alltagsleben erhöhte sich das öffentliche Interesse an diesen beiden kreativen Tätigkeitsbereichen sprunghaft.[9] Im Ergebnis dessen entstand bei einer steigenden Zahl von Menschen das Bedürfnis, sich in der Freizeit aktiv mit wissenschaftlich-technischen Fragestellungen zu beschäftigen. Die Astronomie als besonders "populäre" Wissenschaft profitierte dabei am meisten von diesem neuen Entwicklungstrend.

2. Das allgemeine Bildungsniveau, und zwar sowohl die niedere und höhere Schulbildung als auch die Berufs- und Erwachsenenbildung, verbesserte sich spürbar (u.a. weitgehende Zurückdrängung des Analphabetentums in Deutschland!), wenngleich noch eine Reihe von schwerwiegenden Problemen (z.B. in sozialer Hinsicht und in Bezug auf die ausreichende Vermittlung von naturwissenschaftlichen Kenntnissen) fortbestanden.[10] Ein erheblich größer gewordener Teil der Bevölkerung war dadurch intellektuell in der Lage, sich wissenschaftliche Informationen selbständig anzueignen und für eine wissenschaftliche Hobbybeschäftigung nutzbar zu machen.

2. Das rasante Bevölkerungswachstum, verbunden mit einer zunehmenden Urbanisierung, die schrittweise Senkung der täglichen Arbeitszeit ab den 70er Jahren, die zu gleichen Zeit beginnende Abschaffung der Sonntagsarbeit, die Einführung der er-

6 K.-H. Tiemann: Zur Entstehung der 1863 gegründeten "Astronomischen Gesellschaft". - In: NTM-Schriftenreihe für Geschichte der Naturwissenschaften, Technik und Medizin, 25 (1988) 1. - S. 69 - 75.
Vgl. auch D. Gerdes: Die Geschichte der Astronomischen Gesellschaft (1800 bis 1863). - Lilienthal, 1990

7 F. Schmeidler: Die Geschichte der Astronomischen Gesellschaft (1863 bis 1988). - Hamburg, 1988. - S. 21ff.

8 J. D. Bernal: Die Wissenschaft in der Geschichte. - Berlin, 1961. - S. 387ff.

9 J. Kuczynski: Geschichte des Alltags des deutschen Volkes, Bd. 4. - Berlin, 1982. - S. 228ff.

10 P. Lundgreen: Sozialgeschichte der deutschen Schule im Überblick. Teil I: 1770 - 1918. - S. 53ff.

sten Formen des bezahlten Urlaubs in den 80er Jahren und die allgemeine, allerdings äußerst differenzierte Anhebung des Volkswohlstandes[11] führten dazu, daß sich wesentlich mehr Menschen sozial und zeitlich eine wissenschaftliche Freizeittätigkeit leisten konnten.

In ihrer Gesamtheit bewirkten all diese skizzierten Grundprozesse eine Konstellation, die die Bildung einer lebensfähigen astronomischen Amateurvereinigung in Deutschland möglich machten. Hinzu traten noch spezifische lokale und subjektive Faktoren, die Berlin als Gründungsort der V.A.P. geradezu prädestinierten:

1. Die Hauptstadt des Deutschen Reiches bot eine Reihe von personellen, finanziellen, institutionellen, nachrichten- und verkehrstechnischen Standortvorteilen. So war Berlin bevölkerungsmäßig die mit Abstand größte Stadt Deutschlands und zudem Sitz der preußischen und reichsdeutschen Ministerialbürokratie, so daß relativ problemlos persönliche Kontakte mit politischen Entscheidungsträgern hergestellt werden konnten. Berlin war ferner ein prosperierendes Wirtschafts-, Handels-, Verkehrs-, Kultur-, Wissenschafts- und Technikzentrum mit internationaler Ausstrahlung.[12] Die Stadt verfügte somit über einen organisationsfördernden personellen, finanziellen, materielltechnischen und geistig-atmosphärischen "background".

2. In Berlin hatte sich die Astronomie schon seit langem fest etabliert. So besaß die Stadt seit 1711 eine staatliche Sternwarte, deren Neubau seit 1835 für die interessierte Öffentlichkeit zweimal in der Woche tagsüber und monatlich ein- bis zweimal Abends zur Besichtigung freigegeben war.[13] Zu einer astronomischen Lehr- und Bildungsstätte mit hoher Anziehungskraft im In- und Ausland entwickelte sich Berlin ab 1810, als in der Stadt die Friedrich-Wilhelms-Universität ihre Pforten öffnete.[14] Im Jahre 1874 nahmen dann noch das Astronomische Rechen-Institut[15] und das Astrophysikalische Observatorium im benachbarten Potsdam[16] ihre Tätigkeit auf, so daß im Großraum Berlin insgesamt vier astronomische Lehr- und Forschungsstätten

11 D. Mühlberg (u.a.): Arbeiterleben um 1900. - Berlin, 1985. - S. 27ff.

12 H. Laitko (u.a.):Wissenschaft in Berlin. - Berlin, 1987. - S. 174ff.

13 K.-H. Tiemann: Eine populärwissenschaftliche Aktiengesellschaft. Zum 100. Gründungsjubiläum der Berliner Urania. - In: Astronomie und Raumfahrt, 26 (1988) 2. - S. 51

14 J. Hamel; K.-H. Tiemann: Die Vertretung der Astronomie an der Berliner Universität in den Jahren 1810 bis 1914. - In: Vorträge und Schriften der Archenhold-Sternwarte Berlin-Treptow, Nr. 69. - Berlin, 1988. - S. 5 - 29

15 K.-H. Tiemann: Wilhelm Foersters Wirken als Hochschullehrer und Wissenschaftsorganisator an der Berliner Universität. - In: Wissenschaftliche Zeitschrift der Humboldt-Universität zu Berlin, Reihe Mathematik/Naturwissenschaften, 30 (1990) 3. - S. 225/226

16 D. B. Herrmann: Zur Vorgeschichte des Astrophysikalischen Observatoriums Potsdam (1865 bis 1874). - In: Astronomische Nachrichten, 296 (1975) 6. - S. 245 - 259

existierten - eine institutionelle und personelle Konzentration, die keine andere deutsche Stadt auch nur im Entferntesten aufweisen konnte.

Einen erheblichen Aufschwung bei der Verbreitung astronomischer Kenntnisse bewirkte desweiteren die 1888 in der Stadt gegründete Urania-Gesellschaft. Diese bahnbrechende Volksakademie der Naturwissenschaften, die bis heute zahlreiche Nachahmungen in Deutschland und Europa fand, verfügte ab Sommer 1889 über ein modern ausgestattetes Vereinsgebäude an der Invalidenstraße, welches u.a. die erste Volkssternwarte der Welt beherbergte.[17] Die durch astronomische Vorträge und "Theaterstücke" sowie durch die exzellenten Beobachtungsmöglichkeiten auf der Volkssternwarte erzielte Breitenwirksamkeit verstärkte die Urania noch durch die Einrichtung einer vereinseigenen Bibliothek und durch die bereits im Oktober 1888 begonnene Herausgabe der illustrierten Monatsschrift "Himmel und Erde", eine populärwissenschaftliche Zeitschrift von Format, die einen großen Leserkreis überall in Deutschland, aber auch außerhalb der Landesgrenzen fand.[18]

3. Mit dem Astronomieprofessor und Sternwartendirektor Wilhelm Foerster wirkte in Berlin ein Mann, der nicht nur als anerkannte Autorität seines Faches galt, sondern sich als ungemein erfolgreicher Wissenschaftsorganisator und -popularisator bleibende Verdienste erwarb.[19] So zählte er u.a. zu den führenden Mitbegründern der Astronomischen Gesellschaft und der Urania, deren langjähriger Aufsichtsratsvorsitzender er dann wurde. Zudem hielt er in ganz Deutschland zahlreiche populärwissenschaftliche Vorträge und war der Verfasser einer Vielzahl populärwissenschaftlicher Publikationen.

II. Der Gründungsprozeß

Die aufgeführten allgemeinen, lokalen und subjektiven Faktoren schufen in ihrer Gesamtheit ein "zeugungs- und geburtsträchtiges" Klima, in der es lediglich des konkreten Anlaßes und des zielgerichteten Handelns bedurfte, damit sie ineinandergreifen und zur Entstehung der V.A.P. führen konnten. Das erstere, den auslösenden Fun-

17 G. Ebel; O. Lührs: URANIA - Eine Idee, eine Bewegung, eine Institution wird 100 Jahre alt. - In: 100 Jahre URANIA Berlin (Festschrift). - Berlin, 1988. - S. 15 - 70

18 K.-H. Tiemann: "Himmel und Erde" - Die erste Zeitschrift der Urania. - In: URANIA, 65 (1989) 9. - S. 18/19

19 K.-H. Tiemann: Wilhelm Julius Foerster - Leben und Werk. - Potsdam, 1990 [Hrsg. URANIA-Verein "Wilhelm Foerster" Potsdam e.V.]

ken, stellte der Ausbruch des Krakatoas im August 1883 dar. Im Gefolge dieser gewaltigen Naturkatastrophe bildeten sich u.a. in der Hochatmosphäre sogenannte leuchtende Nachtwolken, die als gesondertes atmosphärisches Phänomen erstmalig 1885 von dem Berliner Astronomen Otto Jesse beschrieben wurden. Jesse beließ es allerdings nicht bei der bloßen phänomenologischen Einordnung, sondern mit ganzer Kraft widmete er sich fortan dem Studium und der wissenschaftlichen Aufklärung der leuchtenden Nachtwolken.[20] Tatkräftig unterstützt wurde er dabei von Wilhelm Foerster, seinem Vorgesetzten. Obwohl beruflich der klassischen Astronomie besonders verbunden, besaß Foerster dennoch ein weitgespanntes wissenschaftliches Interessenfeld, das auch das Gebiet der solar-terristrischen Physik einschloß. So befaßte er sich bereits frühzeitig mit dem Geomagnetismus und der Erdstromforschung[21] sowie mit Sternschnuppen-, Meteor-, Kometen- und Polarlichtbeobachtungen.[22] Es verwundert deshalb nicht, wenn die leuchtenden Nachtwolken bei Foerster ebenfalls Interesse erregten. Angetan von den Intentionen seines Mitarbeiters, entwickelte er gemeinsam mit Jesse ab 1887 ein "beispielloses Forschungsprogramm", das zu einem "grundlegenden Verständnis" dieses Naturphänomens führte und zugleich "als Vorläufer und Wegbereiter der modernen astronomischen Forschung gewertet werden muß".[23]

Da die Berliner Sternwarte allein nicht in der Lage war, ein umfassendes Studium der leuchtenden Nachtwolken und der Hochatmoshäre abzusichern, und es sich immer mehr abzeichnete, daß andere Wissenschaftler aus den unterschiedlichsten Gründen wenig Bereitschaft zeigten, sich an dem neuen Berliner Forschungsprogramm aktiv zu beteiligen, suchte Foerster wenigstens die durchaus nützliche Mitwirkung von nichtprofessionellen Freunden der naturwissenschaftlichen Forschung herbeizuführen. Zu diesem Zweck veröffentlichte er am 22. Juni 1890 in der vielgelesenen Naturwissenschaftlichen Wochenschrift einen Artikel über "Die leuchtenden Schweife, Ringe und Wolken im Gebiete der Feuerkugeln und Sternschnuppen".[24] In ihm äußerte er u.a. den Gedanken, daß für die angestrebte Kooperation

20 W. Schröder: Zur Erforschung der leuchtenden Nachtwolken in den Jahren 1885 - 1901. - In: Zeitschrift für Meteorologie, 23 (1972/73) 9/10. - S. 296 - 301

21 K.-H. Tiemann: Die organisatorischen Verdienste des Astronomen W. J. Foerster (1832 - 1921) auf dem Gebiet der Geowissenschaften. - In: W. Schröder (Hrsg.): Advances in Geosciences. - Bremen-Roennebeck, 1990. - S. 319 - 333

22 W. Schröder: Wilhelm Foerster und die Entwicklung der solarterristrischen Physik. - In: Die Sterne, 50 (1983) 6. - S. 348 - 352

23 ebd., S. 351/352

24 W. Foerster: Die leuchtenden Schweife, Ringe und Wolken im Gebiete der Feuerkugeln und Sternschnuppen. - In: Naturwissenschaftliche Wochenschrift, 5 (1890) 25. - S. 241 - 243

"eine gewisse Organisation erforderlich sein (wird), zu welcher sich gewiß die Gesellschaft Urania in Berlin unter Vermittlung ihres Organs 'Himmel und Erde' gern bereit finden lassen wird".[25]

Im Verlaufe der praktischen Umsetzung dieser Überlegung reifte jedoch bei Foerster die Erkenntnis, daß die Urania die ihr zugedachte Koordinierungsfunktion nicht effektiv ausfüllen konnte, daß vielmehr die Gründung einer separaten Vereinigung mit eigenen Publikationsorgan wesentlich zweckmäßiger sei. Den Zeitpunkt dafür sah Foerster im Frühjahr 1891 gekommen. Dabei setzte er sich über die Einwände des Urania-Direktors Meyer hinweg, der noch am 20. April erläuterte:

"Die Angelegenheit der populären astronomischen Gesellschaft ist mir inzwischen vielfach durch den Kopf gegangen. Ich interessiere mich ganz ungemein für die Frage und würde mit ganzer Seele für die Sache eintreten und daran mitwirken. Aber, erscheint Ihnen der Moment jetzt nicht doch noch etwas zu verfrüht? Egoistischerweise füge ich nämlich hinzu, daß ich gegen den Sommer hin unter allen Umständen streike. Ich muß, vielleicht zwei volle Monate hindurch, Ruhe haben, denn ich bin zum Äußersten abgespannt."[26]

Dringende Veranlassung, die Gründung der V.A.P. nicht mehr weiter hinauszuschieben, hatte Foerster auch deshalb, weil die Fortfinanzierung der zusätzlichen Arbeiten Jesses ernsthaft gefährdet war. Für deren Dauerfinanzierung reichte der schmale Etat der Berliner Sternwarte nicht aus. Ermuntert durch das positive Urteil Wilhelms II., der Jesses "Bericht über die Entstehung und die Ergebnisse der Beobachtungen der leuchtenden Nachtwolken" Anfang Mai 1890 mit "lebhaftem Interesse"[27] zur Kenntnis genommen hatte, glaubten Foerster und Jesse, die Bereitstellung zusätzlicher Staatsgelder erhoffen zu können. Jedoch sowohl Foersters Antrag an den Kultusminister Mitte Oktober 1890[28] als auch Jesses direkte Eingabe an den deutschen Kaiser Anfang Januar 1891, ihn als festen Mitarbeiter an der Sternwarte einzustellen und 6000 Mark zur Finanzierung seiner Forschungsaufgaben zu bewilligen[29], wurden mit der knappen Begründung abgelehnt, daß man nicht in der Lage sei, diese Anträge zu realisieren[30]. Eile war nunmehr geboten. Sein hohes Ansehen und seine einfluß-

25 ebd., S. 242

26 Brief Meyers v. 20.4.1891 an Foerster. - In: Zentralarchiv der Akademie der Wissenschaften zu Berlin. - Nachlaß Foerster, Nr. 65

27 Schreiben Wilhelm II. v. 8.5.1890 an den preußischen Kultusminister. - In: BaM, Ministerium für Wissenschaft ... . - Gutachten über astronomische, geographische und telegraphische Gegenstände. - Rep. 76 Vc Sekt. 1 Tit. 11 Teil Vc Nr. 6 Bd. 2, Bl. 112

28 Antrag Foersters v. 16.10.1890 an den preußischen Kultusminister. - In: ebd., Bl. 116 - 125

29 Eingabe Jesses v. 9.1.1891 an Wilhelm II.. - In: ebd., Bl. 218 - 221

30 Antwortschreiben des preußischen Kultusministers v. 19.3.1891 an Jesse. - In: ebd., Bl. 222

reichen Beziehungen in die Waagschale werfend, gelang es Foerster, einen 19köpfigen Gründungsausschuß[31] ins Leben zu rufen, der Anfang Mai 1891 mit seiner "Einladung zur Begründung einer Vereinigung von Freunden der Astronomie und der kosmischen Physik" an die Öffentlichkeit trat. Parallel dazu hielt Foerster am 2. Mai 1891 noch einen erläuternden populärwissenschaftlichen Vortrag über "Die Erforschung der obersten Schichten der Atmosphäre".[32] So vorbereitet kam es dann am 19. Mai 1891 "in den Räumen, welche von der Gesellschaft Urania zur Verfügung gestellt worden waren"[33], zur Begründung der V.A.P.. Wie Foerster anschließend berichtete, waren der Einladung

"etwa dreißig Damen und Herren gefolgt und im Ganzen lagen etwa 60 vorläufige Beitritts-Erklärungen zu der Vereinigung vor, von denen nicht wenige von solchen Freunden der Forschung auf dem in Rede stehenden Gebiete herrührten, welche bisher den fachgenössischen Kreisen noch gar nicht bekannt und lediglich durch die Mittheilung der Einladung in der Zeitung zum Hervortreten veranlaßt waren. Gerade von diesen Seiten wurde der Plan der Vereinigung aufs wärmste begrüßt und die Erwartung ausgesprochen, daß dieselbe in weiterem Vorschreiten sehr zahlreiche Betheiligung finden werde, da sie einem zweifellosen und weit verbreiteten Bedürfnis Erfüllung verspreche. In der Versammlung ... wurde seitens der Mitglieder des vorbereitenden Ausschusses näher dargethan, daß auch die allgemeine Lage, insbesondere die in letzter Zeit erfolgte Begründung ähnlicher Arbeitsgemeinschaften von Freunden der Astronomie u.s.w. in Frankreich, England und Rußland, und die Anschlußbedürfnisse unserer vereinzelten Volksgenossen in den anderen Erdtheilen, welche zum großen Theile unter außerordentlich günstigen klimatischen Bedingungen für derartige Beobachtungen leben, die triftigsten Anlässe zu unseren gegenwärtigen Vorgehen enthalten ... Die aus der Versammlung gestellten Fragen, wie sich die neue Vereinigung zu der internationalen astronomischen Gesellschaft und überhaupt zu der fachgemäßen Forschung einerseits und andererseits zu der bestehenden meteorologischen Gesellschaft und zu der Gesellschaft der Freunde der Photographie verhalten werde, wurde unter allgemeiner Zustimmung dahin beantwortet, daß man nach allen diesen Seiten hin jeden Übergriff vermeiden und die Grenzen sorgfältig einhal-

31 Die Mitglieder des Gründungsausschusses waren: S. Archenhold (Berlin), C. G. Bunter (Steglitz, früher Missionar in Südwestafrika), Prof. W. Foerster, Prof. E. Goldstein (Berlin), O. Jesse, Prof. Karlinski (Krakau), Dr. H.-J. Klein (Köln), E. v. Lade (Monrepos, Geisenheim), Prof. Lehmann-Filhés, Dr. M. W. Meyer, G. v. Niessl (Brünn), J. Plassmann, Joachim Graf Pfeil (Berlin), Prof. E. Reimann, Dr. W. Schaper (Lübeck), Freiherr von Spießen (Winkel a.R.), Dr. M. Thiesen (Charlottenburg), Prof. L. Weber (Kiel) und Prof. L. Weinek (Prag). - vgl. Anm. 33: S. 428/429

32 W. Foerster: Die Erforschung der obersten Schichten der Atmosphäre (2. Mai 1891). - In: BaM, Ministerium für Wissenschaft ... die V.A.P., a.a.O., Bl. 15 - 21
Aus den Akten ist nicht ersichtlich, wann und wo dieser Aufsatz zuerst publiziert wurde. Aus dem im Untertitel angeführten Datum wird von mir geschlossen, daß es sich hierbei um den Abdruck eines von Foerster am 2. Mai 1891 (in Berlin?; in der Urania?) gehaltenen Vortrag handelt. Foerster hielt ihn auf jeden Fall für so wichtig, daß er ihn in den Band 4 seiner Sammlung von Vorträgen und Abhandlungen, Berlin 1896, S. 52 - 66, nochmals aufnahm.

33 W. Foerster: Die Begründung einer Vereinigung von Freunden der Astronomie und kosmischen Physik. - In: Himmel und Erde, 3 (1890/1891) 9. - S. 428

ten müsse, innerhalb deren die neue Vereinigung ihren besonderen Arbeitsbedingungen und Zielen entsprechend allein mit Erfolg thätig sein könne, daß man aber mit den Verwandten Arbeitsgebieten engste Fühlung und förderlichstes Zusammenwirken erstreben wolle. Es wurde hauptsächlich auch darauf hingewiesen, daß die ganz besondere Abhängigkeit vom augenblicklichen Wetterzustande und von der jeweiligen Lage des Beobachtungsortes zu den Erscheinungen des Himmelsraumes, für die Forschung im Gebiete der Astronomie und kosmischen Physik die Nothwendigkeit immer mehr bedinge, an möglichst zahlreichen Örtern in den verschiedensten Zonen und Meridianen Beobachter zu besitzen, deren kundige und gewissenhafte Aufzeichnungen in sehr vielen Fällen auch bei den geringsten Hülfsmitteln die Thätigkeit der Sternwarten ganz wesentlich ergänzen könnten".[34]

Zum Vorsitzenden der V.A.P. wurde Dr. Rudolf Lehmann-Filhés, Extraordinarius für Astronomie und Mathematik an der Berliner Universität seit Februar 1891 und einer der beiden Schriftführer der Astronomischen Gesellschaft seit August 1891[35], gewählt. Ihm zur Seite stand ein 6köpfiger Vorstand, gebildet aus den bereits oben genannten Arbeitsgruppenleitern.

Das im Entwurf vorgelegte Statut wurde auf der Gründungsversammlung "einstimmig"[36] angenommen. Zum Zweck, Umfang und Mittelpunkt der Vereinigung bestimmte man gemäß Artikel 1:

"Die Vereinigung von Freunden der Astronomie und kosmischen Physik soll dazu dienen, hauptsächlich in Deutschland, Österreich-Ungarn, der Schweiz und anderen Nachbarländern, sowie in den Kolonien und überall, wo die Angehörigen der genannten Länder in der Fremde den Anschluß wünschen, auf diesen Forschungsgebieten das Zusammenwirken thunlichst zu organisieren und dadurch für die Einzelnen immer befriedigender, für die Forschung immer nutzbarer zu machen.
Übrigens sind auch Angehörige aller anderen Nationen als Mitglieder willkommen.
Der Verwaltungs-Mittelpunkt der Vereinigung ist Berlin."

Der Artikel 2 regelte die gemeinsamen Arbeiten und Veröffentlichungen:

"Zur Erreichung der Ziele der Vereinigung sollen zunächst hauptsächlich freie Mittheilungen dienen, welche von Seiten der Mitglieder oder gewisser Gruppen von Arbeitsgemeinschaften derselben an die leitenden Stellen der Vereinigung und von diesen Stellen wiederum in Gestalt von Rathschlägen oder von Ergebnissen der Bearbeitung der eingesandten Beobachtungen an die Mitglieder gerichtet werde.
Die laufende Veröffentlichung dieser gegenseitigen Mittheilungen von Beobachtungen, Ratschlägen und Ergebnissen erfolgt zunächst durch solche Fachzeitschriften, welche hierfür der Vereinigung günstige Bedingungen gewähren. Außerdem aber werden die Ergebnisse jenes wissenschaftlichen Verkehrs in zusammenfassender Bearbeitung und in Verbindung mit den Nachrichten über die Versammlungen und

34 ebd., S. 429/430
35 W. Foerster: Rudolf Lehmann-Filhés (Nekrolog). - In: Vierteljahrsschrift der Astronomischen Gesellschaft, 50 (1915) 1. - S. 2/3
36 Anm. 33, S. 430

über sonstige Bethätigungen der Vereinigung von Zeit zu Zeit in besonderen fortlaufend numerirten Veröffentlichungen allen Mitgliedern auf Grund ihres Jahresbeitrages kostenfrei übersandt unter dem Titel 'Mittheilungen der Vereinigung von Freunden der Astronomie und kosmischen Physik'."

Der Artikel 3 legte hinsichtlich der Versammlungen fest:

"Die Versammlungen der Vereinigung (Generalversammlungen) erfolgen zweimal alljährlich, nämlich im Frühjahr und im Herbst auf Einladung des Vorstandes und zwar in den ersten beiden Jahren in Berlin, später an den von den Generalversammlungen zu bestimmenden Orten."[37]

Die übrigen Artikel enthielten hauptsächlich die Bestimmungen über die Mitgliedschaft, über die Bildung von 6 Arbeitsgruppen und über die Verwaltungsorganisation. So betrug der Jahresbeitrag 5 Mark und ab 1892 mußten neu eintretende Mitglieder eine Aufnahmegebühr von ebenfalls 5 Mark entrichten. Durch einmalige Zahlung von 60 Mark konnte man sich die dauernden Mitgliedsrechte sichern, d.h. die Zahlung der Aufnahmegebühr und der Jahresbeiträge entfiel.[38]

III. Die V.A.P. in den Jahren 1891 bis 1914

Die auf der Gründungsversammlung ausgesprochene Erwartung,

"bei der großen Zahl von Freunden, welche unser Forschungsgebiet auch in Mittel-Europa und besonders in Deutschland besitzt, ist mit Sicherheit auf eine reiche Betheiligung und auf fröhliches Gedeihen der Vereinigung zu hoffen"[39],

erfüllte sich sehr schnell. Bereits nach 4 Wochen zählte die Vereinigung mehr als 100 Mitglieder. Unter diesen befanden sich

"nur etwa 22 ältere und jüngere Astronomen vom Fach und 2 begüterte Liebhaber der Astronomie, welche eigene Sternwarten besitzen, außerdem etwa 12 Physiker und Techniker, unter denen wir den Geheimen Regierungsrath Dr. Werner von Siemens und den Geheimen Kommerzienrath Gruson (Buckau) nennen, ferner etwa 20 Mitglieder aus den Kreisen der Geistlichen, Ärzte, Beamte und Militärs, sodann 4 Damen. Die zahlreichste Gruppe wird aber aus Direktoren und Lehrern der höheren Schule gebildet und es haben auch bereits 1 Gymnasium und 2 Realgymnasien als solche die Mitgliedschaft erworben".[40]

37 ebd., S. 430/431
38 ebd., S. 431
39 ebd., S. 432
40 Anm. 1, Bl. 3

Da gerade die schulische Jugend eine Hauptzielgruppe der V.A.P. darstellte, baten Lehmann-Filhés und Foerster Mitte Juni 1891 den preußischen Kultusminister um Unterstützung. In dem bereits Eingangs zitierten Schreiben wiesen sie speziell darauf hin:

"Zahlreiche pädagogische Erfahrungen sprechen auch dafür, daß mathematisch-rechnerische Beispiele, aus einer solchen Praxis (= der Astronomie und kosmischen Physik - K.-H.T.) entnommen, die viel beklagte Trockenheit des mathematischen Unterrichtes in der nachhaltigsten Weise vermindern und vielen Schülern den 'umwölkten Blick' für den hohen geistigen und technischen Wert dieser Unterweisung öffnen. Zugleich wird aus der Veranlassung, einfache trigonometrische, sowie optische und elektrische oder magnetische Apparate bei ihrer Anwendung auf die in Rede stehenden kosmischen Probleme handhaben und verstehen zu lernen, eine nicht geringe Förderung auch des physikalischen Unterrichtes hervorgehen."

Neben diesem förderlichen pädagogisch-didaktischen Aspekt hoben Lehmann-Filhés und Foerster auch die ökonomischen Vorteile des Beitritts in die V.A.P. mit den Worten hervor:

"In der That dürfte die ... Erwerbung der Mitgliedschaft für die höheren Schulen auch äußerlich recht zweckmäßig sein, denn abgesehen davon, daß für den Jahresbeitrag von 5 Mark die in zwanglosen Heften erscheinenden 'Mittheilungen' der Vereinigung ... kostenfrei geboten werden, wird der Jahresbeitrag für die bezüglichen Schulen sogar eine wirtschaftliche Geldverwendung insofern darstellen, als ihnen in ihrer Mitgliedseigenschaft durch die von Seiten unserer Vereinigung im Großen und daher preiswürdiger zu bewirkende Beschaffung von möglichst einfachen Beobachtungs- und Demonstrationsmitteln der verschiedensten Art die Ausrüstung und Unterhaltung ihrer physikalisch-mathematischen Lehrmittelsammlungen voraussichtlich merklich erleichtert werden würde."

Der von den beiden Vorstandsmitgliedern abschließend geäußerten Anregung,

"ob es nicht zulässig und zweckmäßig sein würde, an alle hierzu geeignet erscheinenden Schulanstalten des Landes eine Einweisung ergehen zu lassen, welche ihnen eine Betheiligung an unserer Vereinigung nahelegen oder wenigstens dazu beitragen könnte, entgegenstehende Bedenken und Schwierigkeiten zu vermindern"[41],

leistete der Kultusminister von Zedlitz-Trützschler einen Monat später Folge. In einem Brief an sämtliche preußische Schul-Kollegien übergab er jeweils ein Exemplar des Vereinsstatuts und der ersten Nummer der "Mitteilungen" zur Kenntnisnahme und

41 ebd., Bl. 2 - 4

"mit dem Anheimgeben ..., den Lehrerkollegien des dortigen Bezirkes von den Zielen der Vereinigung Mittheilung zu machen".[42]

Das ministerielle Engagement führte zu einem weiteren Beitritt von Lehrern und höheren Schulen, allerdings nicht in dem erhofften Maße. Der Vorstand der V.A.P. sah sich deshalb im Sommer 1899[43] veranlaßt, die Aktion aus dem Jahre 1891 zu wiederholen, um den Kontakt zu den Provinzial-Schulkollegien und damit zu sämtlichen höheren Schulen in Preußen nicht abreißen zu lassen. 10 Jahre später, im Jahre 1909, faßte man den Beschluß, daß das neu erarbeitete Prospekt über die V.A.P.

"nun in möglichst weiten Kreisen und zwar demnächst auch an den Mittelschulen (adressiert an deren mathematisch-physikalische Lehrerschaft in mehreren Exemplaren) in Deutschland, sowie in Österreich-Ungarn und ferner auch an geeigneten Stellen des Deutschtums im weitesten Auslande verbreitet wird".[44]

Neben diesen schulorientierten Maßnahmen erwiesen sich noch zwei weitere Aktivitäten als besonders werbewirksam: so veröffentlichte Foerster im Juni-Heft 1891 der Urania-Zeitschrift "Himmel und Erde" einen ausführlichen Bericht über die Gründungsversammlung und die Ziele der V.A.P.. Kurze Zeit später, Anfang August 1891, nutzte er die Gelegenheit, um auf der 14. Generalversammlung der Astronomischen Gesellschaft in München die Fachkollegen über die neue Amateurvereinigung zu informieren.[45]

Ein Jahr nach ihrer Konstituierung umfaßte die V.A.P. bereits 221 Mitglieder. Völlig zurecht wurde dies

"als ein erfreulicher Beweis dafür betrachtet ..., daß ein Bedürfnis nach einer derartigen Organisation auch in Deutschland vorhanden war"[46]

Nicht mindere Bedeutung besaß zudem der Umstand, daß die V.A.P. im Ausland ebenfalls "lebhaften Anklang" fand. So wurden Mitglieder aus 9 Ländern registriert, nämlich aus Österreich-Ungarn, der Schweiz, England, Frankreich, Spanien, Rußland, Holland, Kolumbien und aus Deutsch Neu-Guinea.

42 Brief des Kultusministers an die preußischen Provinzial-Schulkollegien v. 17.7.1891. - In: BaM, Ministerium für Wissenschaft ..., die Vereinigung von Freunden der Astronomie und kosmischen Physik. - A.a.O., Bl. 27

43 Brief Foersters an den Kultusminister v. 18.8.1899. - In: ebd., Bl. 65

44 Bericht über die Frühjahrs-Generalversammlung am 4. Juni 1909 in Berlin. - In: Mitteilungen der V.A.P., 19 (1909) 6. - S. 79

45 Bericht über die 14. Generalversammlung der Astronomischen Gesellschaft am 5. bis 8. August 1891 in München. - In: Vierteljahrsschrift der AG, 26 (1891) 4. - S. 271

46 Bericht über die Frühjahrs-Generalversammlung am 14. Mai 1892 in Berlin. - In: Mitteilungen der V.A.P., 2 (1892) 4. - S. 53

In den nächsten Jahren wurde keine wesentliche Steigerung der Mitgliederzahl mehr erreicht. Sie pegelte sich auf etwa 240 - 250 Mitglieder ein. Ende 1905 zählte man bspw. 244 Mitglieder, davon waren 66 Astronomen, 36 Landwirte und Privatleute, 29 Geschäfts- und Gewerbetreibende, 22 Ärzte, 21 Beamte, 21 Lehrer aus Schulanstalten der verschiedensten Stufen, 8 Ingenieure, 7 Studierende, 4 Pfarrer, 8 Frauen, 14 Behörden und Schulen sowie 8 Institute, Gesellschaften und Vereine.[47]

Die Finanzbasis der V.A.P. bildeten in erster Linie die Aufnahmegebühren und die Jahresbeiträge. Sie blieben mehr als 20 Jahre (!) stabil und erfuhren erst im Juni 1912 eine Veränderung: den Jahresbeitrag erhöhte man auf 9 Mark und die sogenannten lebenslänglichen Beiträge auf 100 Mark. Die Aufnahmegebühr von 5 Mark wurde dafür gänzlich fallengelassen.[48] Eine zweite Finanzierungsquelle stellten Spenden von Vereinsmitgliedern dar. So überwies z.B. im Jahre 1892 der Industrielle Gruson aus Magdeburg-Buckau 200 Mark.[49]

Zuwendungen von staatlicher Seite konnten hingegen nicht festgestellt werden, obwohl die V.A.P. zwei derartige Vorstöße unternahm. So beantragte der Vereinsvorsitzende Lehmann-Filhés am 18. August 1892 eine einmalige Beihilfe in Höhe von 15.000 Mark, geacht vor allem für die speziellen Himmelsbeobachtungen von Jesse und Archenhold.[50] Diese Bitte wurde jedoch vom preußischen Kultusministerium ebenso abgelehnt, wie der zweite Antrag von Foerster aus dem Jahre 1906, "der Vereinigung eine jährliche mäßige Subvention zu gewähren".[51]

Die Hauptaktivitäten der V.A.P. bildeten die Generalversammlungen und die Herausgabe der vereinseigenen "Mitteilungen".

Die Generalversammlungen fanden bis zur Jahrhundertwende - von wenigen Ausnahmen abgesehen - wie im Artikel 3 des Vereinsstatuts festgelegt zweimal jährlich statt. Dabei bürgerte es sich ein, daß die Frühjahrsversammlungen in Berlin (Beratungsort war zuerst das Friedrich-Wilhelm-Gymnasium, später dann die Urania) und die Herbstversammlungen (sie wurden "Wanderversammlungen" genannt) in anderen deutschen Städten abgehalten wurden, so im westfälischen Münster (1893), in Go-

47 Bericht Foersters an den Kultusminister v. 9.6.1906. - In: BaM, Ministerium für Wissenschaft ..., die Vereinigung von Freunden der Astronomie und kosmischen Physik. - A.a.O., Bl. 82/83

48 Bericht über die Frühjahrs-Generalversammlung am 2. Juni 1912 in Berlin. - In: Mitteilungen der V.A.P., 22 (1912) 6. - S. 113

49 Anm. 46, S. 56

50 Antrag von Lehmann-Filhés an den Kultusminister vom 18.8.1892. - In: BaM, Ministerium für Wissenschaft ..., die Vereinigung von Freunden der Astronomie und kosmischen Physik. - A.a.O., Bl. 51 - 58

51 Antrag von Foerster an den Kultusminister v. 9.6.1906. - In: ebd., Bl. 83

tha (1894), in Magdeburg (1895), in Görlitz (1898) und in Düsseldorf (1900). Nach der Jahrhundertwende versammelte sich die V.A.P. in der Regel nur noch einmal jährlich, zumeist in Berlin (in der Sternwarte, in der Urania und in der Kaiserlichen Normaleichungseichungskommission), aber auch in Altenburg (1903), Gotha (1906), Hamburg (1909) und in Jena (1911). Zu dieser Entscheidung sah sich die Vereinigung gezwungen, da sich - wie 1902 konstatiert werden mußte -

"in den letzten Jahren die Anzahl der Wanderversammlungen verschiedenster Art in Deutschland so außerordentlich gehäuft (hat), daß in fast allen größeren und mittleren Städten eine gewisse Abneigung entstanden ist, sich mit Veranstaltungen der bezüglichen Art immer stärker zu belasten. Es kommt hinzu, daß in den letzten Jahren fast in allen in Frage kommenden Städten die lokalen Vortrags- und Fortbildungsveranstaltungen populär-wissenschaftlicher Art einen großen selbständigen Aufschwung genommen haben, so daß die astronomischen Vorträge einer Wanderversammlung sehr leicht als etwas Überflüssiges erscheinen können, wenn man nicht die Besonderheiten derjenigen Propaganda, welche wir dabei erstreben, mit näherem Verständnis ins Auge faßt".[52]

Gegenstand der Generalversammlungen waren sowohl wissenschaftliche Mitteilungen als auch die üblichen Vereinsangelegenheiten (Mitgliederbewegung, Entlastung und Neuwahl des Vorstandes sowie Finanz- und Satzungsfragen).

Im Mittelpunkt des wissenschaftlichen Teiles stand dabei die Diskussion über die erzielten Beobachtungsergebnisse und die künftige Vorgehensweise der 6 Arbeitsgruppen, zu der sich ab 1911 noch eine 7. gesellte, die "polarimetrische" Arbeitsgruppe, geleitet von Dr. Jensen, Mitarbeiter am Physikalischen Staatslaboratorium Hamburg.[53] Eingeschätzt werden muß allerdings, daß der erhoffte Beitrag zum wissenschaftlichen Erkenntnisfortschritt unter den 1891 gehegten Erwartungen blieb. Für die Zeit bis zum Ausbruch des 1. Weltkrieges gilt uneingeschränkt die 1903 gezogene Zwischenbilanz von Foerster:

"Die bisherigen wissenschaftlichen Ergebnisse dieser Vereinigung haben noch keine große unmittelbare Bedeutung, indessen darf wohl angenommen werden, daß die Anregungen, welche aus diesem Organisationsanfang hervorgegangen sind, schon einen gewissen Kulturwert besitzen."[54]

Dessen ungeachtet darf es sich die V.A.P. als bleibendes Verdienst anrechnen, die auch heute noch gebräuchlichen, wenngleich inhaltlich modifizierten Meteor-Meldekarten

52 W. Foerster: Angelegenheiten der Vereinigung. - In: Mitteilungen der V.A.P., 21 (1911) 6. - S. 76
53 Bericht über die Wanderversammlung der V.A.P. in Jena. - In: Mitteilungen der V.A.P., 21 (1911) 6. - S. 76
54 W. Foerster: Die Ausbreitung der deutschen Vereinigung von Freunden der Astronomie und kosmischen Physik. - In: Mitteilungen der V.A.P., 13 (1903) 1. - S. 11/12

eingeführt zu haben. Ihr geistiger Vater war Foerster, der bereits 1890 in dem oben erwähnten Beitrag für die Naturwissenschaftiche Wochenschrift die erste Anregung dazu gab.[55] Es vergingen jedoch noch 11 Jahre, bis am 1. Juni 1901 auf der Generalversammlung die Meteor-Meldekarten erstmals ausgeteilt werden konnten.[56] Hinsichtlich des Wertes der Meteor-Meldekarten[57], die übrigens ab 1908 portfrei (!) verschickt werden durften[58] und an die westfälische Sternwarte in Münster zu adressieren waren, kann erneut das fachmännische Urteil von Foerster herangezogen werden, der Ende 1916 dem preußischen Kultusminister von Trott zu Solz versicherte,

"daß der in Rede stehende Meteor-Meldedienst sich als durchaus nützlich bewährt (hat) und zwar sowohl für die Erforschung der bezüglichen kosmisch-atmosphärischen Vorgänge selber, als überhaupt für die Einführung einer zunehmenden Anzahl von Laien in geordneten Wahrnehmungen am Himmel ... In den letzten 3 - 5 Jahren sind nahezu 1500 Meteor-Meldekarten zur Verwendung gelangt".[59]

Mit der Einrichtung der sogenannten Wanderversammlungen wurde es desweiteren üblich, daß auf den Generalversammlungen mindestens ein (gehobener) populärwissenschaftlicher Vortrag aus dem Gebiet der Astronomie oder aus anderen Wissenschaftsbereichen gehalten wurde. So wurden auf der 1. Wanderversammlung im westfälischen Münster (sie fand vom 8. - 10. Oktober 1893 statt) gleich 6 derartige Beiträge referiert, nämlich "Über Sternschnuppen und Meteore" (Foerster), "Über Erd-

55 vgl. Anm. 24

56 Bericht über die Generalversammlung am 1. Juni 1901 in Berlin. - In: Mitteilungen der V.A.P., 11 (1901) 6. - S. 62

57 Die Meteor-Meldekarten enthielten folgende Angaben: (vgl. Anm. 58, Bl. 80)
Name, geographische Breite und Länge des Beobachtungsortes
die MEZ der Beobachtung (Jahr, Monat, Tag, Wochentag, Minute, Sekunde)
den sphärischen Ort des Aufleuchtens und des Verschwindens
die Sterngröße
Farbe, Schweifbildung und Dauer des Meteors
Unterschrift des Beobachters

58 Die Portofreiheit wurde von Foerster am 23. Mai 1900 beim Kultusminister u.a. mit dem cleveren Argument beantragt, daß dadurch "die Anerkennung eines gewissen öffentlichen und gemeinnützigen Wertes" der Beteiligung am Meteormeldedienst "notarisch ausgeübt wird" und im Ergebnis eine "sehr erhebliche Belebung des Zusammenwirkens" zu erwarten sei. (Vgl. BaM, Ministerium für Wissenschaft ..., die Vereinigung für Astronomie ..., a.a.O., Bl. 73)
Die am 5. Juli 1900 gewährte Portofreiheit wurde im Jahre 1902 durch die Neuregelung des Portoablösungsverfahrens beseitigt. Nach einem entsprechenden Antrag gestattete der Staatssekretär des Reichspostamtes am 23. Dezember 1907 die Wiedereinführung der Portofreiheit unter der Bedingung daß "offene Karten benutzt werden". (vgl. ebd., Bl. 102)

59 Brief Foersters an den Kultusminister v. 24.11.1916. - In: ebd., Bl. 140

ströme" (Foerster), "Über Erdmagnetismus" (Prof. Dr. Neumayer), "Über den Raumbegriff" (Prof. Dr. Killing), "Über die Lagenänderungen der Erdaxe im Erdkörper" (Foerster) und "Über den Bau von Sternwarten" (Regierungs-Baumeister Schleyer).[60] Die Generalversammlungen in Berlin und in den anderen deutschen Städten wurden aber auch zur Besichtigung von wissenschaftlich-technischen Einrichtungen genutzt. So besuchten die Versammlungsteilnehmer im Jahre 1892 die Berliner Sternwarte sowie die in ihrer Nähe befindliche und von Foerster aufgebaute Kaiserliche Normaleichungskommission.[61] Bei der Wanderversammlung in Jena im Jahre 1911 wurden hingegen die Zeiss-Werke und ihre Sternwarte, das Glaswerk von Schott & Gen. sowie die Universitätssternwarte aufgesucht.[62]

Wie bereits oben genannt, bildeten die "Mitteilungen" einen zweiten Hauptschwerpunkt in der Arbeit der V.A.P.. Das erste Heft der "Mitteilungen" erschien bereits Anfang Juli 1891. Redigiert wurde es von Foerster, dem ab 1895 noch die beiden Vorstandsmitglieder Plassmann und Prof. Dr. Schleyer aus Hannover zur Seite standen. Insgesamt 24 (!) Jahre widmeten sich die drei Männer gemeinsam dieser zeitraubenden Aufgabe, es fand lediglich ab 1906 ein Wechsel in der Leitung statt, anstelle von Foerster übernahm Plassmann die Gesamtverantwortung. Ab 1919 redigierte dann der Münsteraner Oberlehrer die "Mitteilungen", die ein Jahr später den neuen Obertitel "Die Himmelswelt" trugen, allein.

Die "Mitteilungen" umfaßten jährlich 10 bis 11 Hefte mit jeweils etwa 15 Seiten. Seit dem ersten Heft gliederte sich ihr Inhalt in die "geschäftlichen" und in die "wissenschaftlichen Mitteilungen".

Die "geschäftlichen" Informationen betrafen die Mitgliederbewegung, die Berichterstattung über die Generalversammlungen, aber auch Nachrichten über ausländische Schwestergesellschaften.

In den umfangreichen "wissenschaftlichen Mitteilungen" wurden hingegen Anregungen und Anleitungen für die Mitwirkung in den Arbeitsgruppen verbreitet, ferner erschienen regelmäßig Ankündigungen über die zu erwartenden Himmelsphänomene sowie sonstige Tabellen, die für Zeitbestimmungen und für Orientierungen von Instrumenten von Wert sind. Darüber hinaus enthielten sie Zusammenfassungen von Beobachtungsergebnissen, populärwissenschaftliche Übersichten über astronomische

60 Bericht über die 1. Wanderversammlung in Münster. - In: Mitteilungen der V.A.P., 3 (1893) 8/9. - S. 86 - 149
61 Anm. 46, S. 58
62 Bericht über die Wanderversammlung in Jena. - In: Mitteilungen der V.A.P., 21 (1911) 6. - S. 76/77

und andere Forschungsgebiete sowie wissenschaftshistorische Beiträge. Genannt seien z.B. die aus Foersters Feder stammenden Aufsätze

- "Rückblicke auf die Entwicklung der Forschung im Gebiete der Astronomie und kosmischen Physik" (1892),
- "Die neueren wissenschaftlichen Ergebnisse der Luftschiffahrt" (1902),
- "Die neueren Fortschritte der kosmischen Physik" (1904)
- "Die Zeitregelung" (1909) und
- "Zur Geschichte der Astronomie im Jahrhundert 13. und 14." (1913)

Unbedingt erwähnt werden muß schließlich noch, daß Foerster (seit 1894 Vereinsvorsitzender) in den "Mitteilungen" mehrfach den - leider erfolglosen - Versuch unternahm, eine höhere Stufe der internationalen Kooperation zu initiieren. So regte er 1902, 1903, 1909 und 1911 an

> "die gebildeten Deutschen nicht bloß in unseren Kolonien, sondern an den vielen Stellen der Erde ... für eine immer eifrigere Beteiligung an den so eminent menschenverbindenden Erd- und Himmelserforschungen zu gewinnen".[63]

Ein Jahr später unterstrich er, daß das internationale "Zusammenwirken immer unumgänglicher einer dauernd geordneten Organisation" bedarf und er sprach die Hoffnung aus,

> "daß hierfür die verschiedenen nationalen Vereinigungen der Freunde der Astronomie und kosmischen Physik endlich auch die organisatorische Mitwirkung der internationalen astronomischen Gesellschaft empfangen werden, welche im nächsten Jahre bei der Feier ihres halbhundertjährigen Jubiläums sicherlich hieran denken wird".[64]

Zu diesem Zweck wurde auf der Generalversammlung am 17. Mai 1913 der Vorstand ermächtigt,

> "in Hamburg darauf hinzuwirken, daß die Internationale Astronomische Gesellschaft dazu beitragen möge, zwischen den verschiedenen nationalen Vereinigungen oder Gesellschaften, zu denen die V.A.P. gehört, eine Art von Organisation durch eine Zentralstelle zu begründen, welche das Zusammenwirken der verschiedenen nationalen Vereinigungen zunächst durch eine umfassendere Korrespondenz erhöhen und weiterhin vielleicht alle drei Jahre in Verbindung mit der Internationalen Gesellschaft Zusammenkünfte von Vertretern der nationalen Gesellschaften veranlassen möge".[65]

63 W. Foerster: Die steigende Bedeutung der Vereinigung und Organisation auf dem Gebiete der Astronomie und kosmischen Physik. - In: Mitteilungen der V.A.P., 21 (1911) 5. - S. 66
64 W. Foerster: Die neuesten Entwicklungen der kosmischen Physik. - In: Mitteilungen der V.A.P., 22 (1912) 8. - S. 111/112
65 Bericht über die Generalversammlung vom Frühjahr 1913. - In: Mitteilungen der V.A.P., 23 (1913) 5. - S. 58

IV. Zusammenfassung und Ausblick

Resümiert man die Entwicklung der V.A.P. im Zeitraum 1891 bis 1914, dann lassen sich folgende Feststellungen treffen:

1. Die Gründung und die Aktivitäten der Vereinigung waren "zeitgemäß", d.h., die V.A.P. entsprach den wissenschaftlichen und kulturellen Bedürfnissen ihrer Zeit.
2. Die Vereinigung erwarb sich bleibende wissenschaftliche und kulturelle Verdienste. Wichtig für die Wissenschaft war zum einen ihr Bemühen

"um die Verbreitung und Vertiefung des Interesses an der astronomischen und kosmisch-physikalischen Erkentnisarbeit, sowohl nach ihren Ergebnissen als nach ihren Methoden",

und zum anderen

"die Organisation und die Vervollkommnung der Mitwirkung der weitesten Kreise an denjenigen Himmelsbeobachtungen, welche nur in geringem Maße durch die Sternwarten und die Astronomen von Fach, dagegen überwiegend durch eine große und über weite Flächen verbreitete Anzahl von Freunden und Kennern der bezüglichen Himmelsforschungen gefördert werden können, insbesondere von solchen, welche Anlaß oder Neigung haben, sich auch in Abend- und Nachtstunden, fern von den künstlichen Beleuchtungen und den Himmelstrübungen der größeren Städte, im Freien aufzuhalten und den Himmel zu betrachten".[66]

Das kulturelle Verdienst der V.A.P. war es hingegen,

"zur Belebung des Unterrichts und zur Stärkung der geistigen Regsamkeit aller Volkskreise und besonders des heranwachsenden Geschlechtes Bedeutendes"[67]

beigetragen zu haben.

3. Der vielbeschäftigte[68] Astronomieprofessor Wilhelm Foerster war die "Seele", der geistig-ideele und geschäftlich-organisatorische "Motor" der V.A.P.. Als geistiger

66 Anm. 60, S. 84
67 Werbeblatt zum Beitritt in die V.A.P.. - In: Mitteilungen der V.A.P., 15 (1905) 5
68 Parallel zur Betätigung in der V.A.P. hatte Foerster noch folgende Funktionen wahrzunehmen:
1. Direktor der Berliner Sternwarte (1865-1904)
2. Ordinarius (1875-1921) und Rektor (1891/1892) der Berliner Universität
3. Mitglied der Permanenten Kommission der Internationalen Erdmessung (1886-1916)
4. Mitglied (seit 1875) bzw. Präsident (1891-1920) des Internationalen Komitees für Maße und Gewichte
5. Beigeordnetes Mitglied (1885-1921) der Kaiserlichen Normaleichungskommission
6. Vorsitzender der Vereinigung für Chronometrie (1899-1914)
7. Vorsitzender des Aufsichtsrates der Berliner Urania (1888-1912)
8. Vorsitzender der Deutschen Gesellschaft für ethische Kultur (1892-1896 und 1904-1910), danach ihr Ehrenpräsident (1910-1921).

"Vater", als Mitbegründer, als Vorstandsmitglied, als Vereinsvorsitzender, als Ehrenpräsident (nach dem 1. Weltkrieg) und als langjähriger Herausgeber der "Mitteilungen", in denen er auch als Autor mit den weitaus meisten Beiträgen wirksam in Erscheinung trat, leistete er beispielloses für die Vereinigung. Neben ihm müssen noch

- der Oberlehrer Prof. Dr. Plassmann (Gründungs- und Vorstandsmitglied seit 1891 und Mitherausgeber der "Mitteilungen"),
- Prof. Dr. Schleyer (Vorstandsmitglied und Mitherausgeber der "Mitteilungen" seit 1895, nach dem 1. Weltkrieg wurde er der Amtsnachfolger von Foerster),
- der Gymnasialdirektor Prof. Dr. Rohrbach - Gotha (Vorstandsmitglied seit 1894),
- der Urania-Direktor Dr. Schwahn (Vorstandsmitglied von 1893-1912) und
- der Astronomieprofessor Berberich - Berlin (Vorstandsmitglied von 1900-1910 sowie ab 1911)

unbedingt hervorgehoben und gewürdigt werden.[69]

Die V.A.P. setzte auch nach dem Ausbruch des 1. Weltkrieges ihre Tätigkeit fort, wenngleich in einem höchst eingeschränkten Maße. In der Weimarer Republik besserten sich dann wieder die Betätigungsmöglichkeiten. Offenbar nicht konfliktfrei waren dabei die Beziehungen zu dem 1921 von Robert Henseling in Stuttgart gegründeten "Bund der Sternfreunde", welcher sich in allererster Linie der volksbildnerischen Breitenarbeit zuwandte. Es wäre höchst nützlich, wenn das verdienstvolle Wirken der beiden Amateurvereinigungen in den 20er und 30er Jahren einmal zielgerichtet untersucht werden würde.

Der 2. Weltkrieg brachte das Ende der beiden Vereine, deren Mitgliederzahl auf insgesamt über 2000 geschätzt wurde. Nach mehreren fehlgeschlagenen Versuchen konnte dann im August 1953 an traditionsreicher Stätte, in Berlin, die konstituieren-

69 Vor dem 1. Weltkrieg wurde der Vorstand der V.A.P. gebildet durch:
1. Prof. Dr. Foerster (Vorsitzender)
2. Prof. Dr. Schleyer
3. Prof. Dr. Plassmann
4. Prof. Dr. Rohrbach
5. Prof. Dr. Knopf (Direktor der Sternwarte Jena)
6. Prof. Dr. Anding (Direktor der Sternwarte Gotha)
7. Prof. Dr. Berberich
8. Dr. Jensen.

de Versammlung der "Vereinigung der Sternfreunde" stattfinden.[70] Als "Zweck und Ziel" des VdS wurde es bezeichnet,

"in den alten Fußstapfen der V.A.P. und des BdS zu treten und den Mitgliedern jede Unterstützung in Tat, Wort und Bild angedeihen zu lassen, die im Rahmen des Möglichen liegt."[71]

70 G. Hilde: Die Berliner Tagung der Sternfreunde vom 8. bis 11. August 1953. - In: Die Sterne, 29 (1953) 11/12. - S. 233 - 235

71 V. Dahlkamp: Gründung einer "Vereinigung der Sternfreunde". - In: Die Sterne, 29 (1953) 11/12. - S. 233

Der Einfluß Wilhelm Foersters auf Bruno H. Bürgel

Arnold Zenkert

Die Begegnung mit einem Menschen oder eine Beschäftigung können sich oft entscheidend auf die Persönlichkeitsbildung und den späteren Lebensweg auswirken, sei es in positiver oder negativer Hinsicht.

Für Bruno H. Bürgel war die Anstellung im Oktober 1894 auf der Berliner URANIA-Sternwarte als Hilfskraft die "große Wendung" in seinem Leben, wie er dies in seiner Autobiographie "Vom Arbeiter zum Astronomen" nannte.

Die Erwähnung Foersters halte ich in diesem Zusammenhang deshalb für wichtig, da ihm das entscheidende Verdienst für die Gründung der Berliner URANIA zufällt und damit auch im Zusammenhang der Biographie Bürgels zu sehen ist. Wilhelm Foerster war nicht nur Wissenschaftsorganisator, sondern auch Gelehrter, der das Vermächtnis Alexander von Humboldts auf dem Gebiete der Volksbildung ernst nahm. So sah er es als seine Aufgabe an, gerade die in den Schulen an den Rand gedrückten Naturwissenschaften aus dem Sonderbereich der Universitäten und Gelehrtenstuben zu lösen und der großen Masse der Bevölkerung näherzubringen - sie eben populär zu machen.

Als überzeugter Pazifist und Anhänger der "ethischen Bewegung" lag es ihm fern, die Sozialdemokratie als eine kriminelle Vereinigung zu verurteilen. Vor allem begriff er die sozialen Auswirkungen der Bildungsschranken und so setzte er sich daher für den Bau der Sternwarte ein, um sie regelmäßig dem interessierten Publikum zu öffnen.

Diese vorbildlich organisierte Einrichtung zur Verbreitung naturwissenschaftlicher Kenntnisse leitete von 1888 an Dr. Max Wilhelm Meyer, der viel Verständnis für den 18jährigen Bürgel zeigte, der ohne Abitur und Studium, doch mit einer grenzenlosen Begeisterung für die Astronomie um eine Anstellung im "Tempel der URANIA" ersuchte.

Bürgel hatte sich rasch in die vielseitigen Tätigkeiten der Sternwarte eingearbeitet. Dazu gehörten die Assistenz bei den Beobachtungen, Führungen der Besucher durch die Einrichtung mit ihren gut ausgestatteten Schau- und Experimentierräumen, Arbeiten in der Bibliothek und nicht zuletzt die Einlaßkontrolle als "Saaldiener" zu den Vorträgen.

In dieser Zeit erschien im Dezember 1897 in der russischen populärwissenschaftlichen Zeitschrift "MIR BOSHI" ("Die Welt Gottes") in St. Petersburg sein erster Beitrag "Altes und Neues über den Planeten Mars". Es war dies der Beginn seiner erfolgreichen schriftstellerischen Laufbahn. Für den lerneifrigen Autodidakten warn die 5 $^1/_2$ jährige Tätigkeit auf der Sternwarte "seine Universitäten".

Am 28. Februar 1900 beendete Bürgel seine Tätigkeit in der URANIA und wurde Mitarbeiter im Berliner Verlagshaus Bong, wo er in der Abteilung "Rundschau für Naturwissenschaft und Technik" arbeitete. Auch verfaßte er weiterhin populärwissenschaftliche Zeitungsbeiträge, namentlich für den sozialdemokratischen "Vorwärts".

Bürgel kam jedoch zu der Einsicht, daß sein autodidaktisch erworbenes Wissen für sein schriftstellerisches Schaffen auf die Dauer nicht ausreichen würde. Seine 8-klassige Volksschulbildung berechtigte ihn auch nicht zu einem Studium, von seiner wirtschaftlichen Lage ganz abgesehen. In seiner Autobiographie schreibt er über seinen Wunsch, die Universität zu besuchen:

"*Vielleicht wäre ich dennoch nicht dazu gekommen, wenn ich nicht die Bekanntschaft eines Mannes gemacht hätte, der mir den Namen nach längst bekannt war, und dem ich auch in der 'Urania' schon flüchtig begegnet war. Es war der Direktor der alten königlichen Sternwarte zu Berlin, der Nestor der deutschen Astronomen, Geheimrat Foerster. Nun brachte mich meine schriftstellerische und redaktionelle Tätigkeit mit diesem Mann, der nicht nur ein Gelehrter von Weltruf war, sondern auch ein bedeutender, überaus gütiger Mensch, in nähere Verbindung. Das Wirken dieses Mannes ist ja überall bekannt, er ist einer der Mitbegründer der 'Urania', von ihm stammen viele Volksbildungsbestrebungen, und als Vorsitzender der 'Gesellschaft für ethische Kultur' hat der Gelehrte schon vor Jahrzehnten für die Verwirklichung von Gedanken gekämpft, die nach der großen Katastrophe allzu spät von allen Seiten als einziges Mittel zur Gesundung der kranken Menschheit unter den Trümmern des Weltkrieges und der Weltrevolution hervorgesucht wurden. -*

Ich hatte das Glück, dem Gelehrten bei der Herausgabe seines Werkes 'Die Erforschung des Weltalls' kleine Handreichungen erweisen zu können, und besuchte ihn einige Male auf der Sternwarte. Der philosophische, alle Dinge in ihren tiefsten Zusammenhängen sehende Geist Foersters machte auf mich einen eigenartigen Eindruck.

Ich mußte gestehen, daß ich bisher eigentlich ein ziemlich rohes materialistisches Weltbild in mich aufgenommen hatte, und ich sprach einmal mit dem Gelehrten darüber. Er, der meinen Lebensweg kannte, riet mir dringend, noch jetzt die Universität zu besuchen, vor allem auch philosophische Kollegs zu hören, um mein sehr ungleiches und etwas zusammenhanglos erworbenes Wissen zu einem geschlossenen, vertieften Weltbilde abzurunden.

In der Tat bezog ich mit Unterstützung Geheimrat Foersters, der für mich den Weg geebnet, die Berliner Universität im Alter von 28 Jahren und hörte dort eine Reihe Semester naturwissenschaftliche und vor allem auch philosophische Vorlesungen.

Es war doch ein eigenes Gefühl, als ich zum erstenmal das große Gebäude Unter den Linden betrat, vor dem ich so oft als Junge und Arbeiter gestanden, aufblickend zu Alexander von Humboldt."

Bürgel verdankte es Wilhelm Foerster, daß er von 1903 bis vermutlich 1905 Gastvorlesungen bei namhaften Gelehrten besuchen konnte. Den Vorlesungstestaten, die sich im Archiv der Bürgel-Gedenkstätte Potsdam befinden, entnehmen wir vom Sommer-Semester 1903 bis zum Sommersemester 1904 folgende Vorlesungen bei

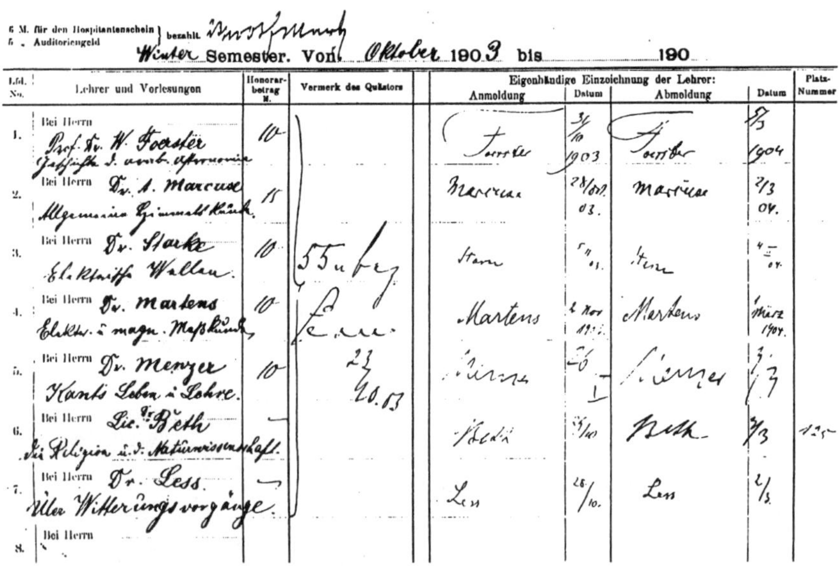

6 M. für den Hospitantenschein } bezahlt. [illegible]
6 „ Auditoriengeld

Winter Semester. Von Oktober 1903 bis 190

Lfd. No.	Lehrer und Vorlesungen	Honorarbetrag M.	Vermerk des Quästors	Eigenhändige Einzeichnung der Lehrer: Anmeldung	Datum	Abmeldung	Datum	Platz-Nummer
1.	Bei Herrn Prof. Dr. W. Foerster Geschichte d. [illegible] Astronomie	10		Foerster	3/10 1903	Foerster	1/3 1904	
2.	Bei Herrn Dr. A. Marcuse Allgemeine Himmelskunde	15		Marcuse	28/10. 03.	Marcuse	2/3 04.	
3.	Bei Herrn Dr. Starke Elektrische Wellen	10	55 [illegible]	Starke	[illegible]	Starke	[illegible] 04.	
4.	Bei Herrn Dr. Martens Elektr. u. magn. Maßkunde	10	[illegible]	Martens	2 Nov 1903	Martens	März 1904.	
5.	Bei Herrn Dr. Menzer Kants Leben u. Lehre	10	23 20.10.03	Menzer	26/10	Menzer	1/3	
6.	Bei Herrn Lic. Beth Die Religion u. d. Naturwissenschaft	–		Beth	31/10	Beth	1/3	125
7.	Bei Herrn Dr. Less Über Witterungsvorgänge	–		Less	28/10	Less	2/3	
8.	Bei Herrn							

Übersicht der von Bürgel im Wintersemester 1903/04 gehörten Lehrveranstaltungen (Sammlung Zenkert)

Foerster: Capitel der Fehlertheorie, Geschichte der arabischen Astronomie und naturwissenschaftliche Erkenntnistheorie. Ferner sind hier noch die Vorlesungen bei den Wissenschaftlern Scheiner, Börnstein, Dessoir, Menzer und Markuse zu erwähnen.

Resümierend über seine Studien schreibt Bürgel: " *... und gerade das, was mir Geheimrat Foerster vorausgesagt, trat ein: Ich bekam langsam eine andere Weltanschauung ... mehr und mehr begriff ich die Gedankenwelt Platos, Kants, Schopenhauers, Berkeleys, und eine Umwandlung meines ganzen Denkens trat ein. Die Errungenschaften der Naturwissenschaft, die mir vordem als ein erzener Block erschienen, kamen mir nun wie eine sich langsam umformende Nebelmasse vor, die in ihrem Innern Kerne barg, die man mehr ahnen als sehen konnte, und die Welt erschien mir mit einem Male unendlich viel komplizierter, als ich sie bis dahin angesehen hatte.*"

Für den jungen, strebsamen Bürgel, der sich aus dem Arbeiterstande mühsam emporgearbeitet hatte, bedeuteten die Vorlesungen einen großen Gewinn für seine intellektuelle Bildung. Sie vermittelten ihm einen tieferen Einblick in die wissenschaftlichen Zusammenhänge und dienten der Abrundung seines bisherigen Wissens. Zweifelsohne hat Wilhelm Foerster als Förderer eine entscheidende Weichenstellung im Leben des Arbeiterastronomen vorgenommen.

Nach der Tätigkeit in der URANIA und dem Studium als Gasthörer hatte Bürgel mit 30 Jahren die Reife erlangt, die ihm den Weg für und zu einem namhaften und erfolgreichen Schriftsteller des Volkes ebnete. Im Jahre 1910 erschien sein Hauptwerk "Aus fernen Welten", das Ernst Haeckel als die beste populäre und volkstümliche Himmelskunde bezeichnete.

Literatur

B. H. Bürgel: Vom Arbeiter zum Astronomen. - Berlin, 1919

H. Hess: Aus der Geschichte der Berliner Gesellschaft Urania (1888 - 1927). - Berlin-Treptow, 1979

D. Wattenberg: Bruno H. Bürgel. - Berlin-Treptow, 1965

A. Zenkert: Bruno H. Bürgel - Leben und Werk. - Berlin-Treptow, 1982

A. Zenkert: Bruno H. Bürgel. Buchmanuskript (unveröffentlicht)

Wilhelm Foersters Einfluß auf die Entwicklung der Höheren Geodäsie

Ernst Buschmann

Zu Zeiten Foersters verstand man unter "Höherer Geodäsie" (Begriff von F. R. Helmert, 1843 - 1917) in Analogie zur "Höheren Geometrie" die Geodäsie auf gekrümmten Flächen (z.B. Kugel, Ellipsoid, Sphäroid) im Unterschied zur "Niederen Geodäsie/Geometrie" mit der Ebene als Bezugsfläche. Diese Begriffe sind heute kaum noch in Gebrauch, da ihnen irreführende Wertungen beigelegt wurden. In der Geodäsie sprechen wir heute von Landesvermessung und Erdmessung bzw. von Einzel-, Stück- und Kleinvermessung.

Die grundlegende Methode zum Studium der Krümmungsverhältnisse des Erdkörpers im 18. und 19. Jahrhundert war die sogenannte Gradmessung. Der Begriff trifft aber den Inhalt der Methode nicht gut. Besser ist es, von "Bogenmessung" zu sprechen. Auf den Erdkörper bezogen bedeutet das:

- nach geodätischen Methoden (Längenmessung, Triangulation) die Länge eines Bogens zwischen zwei Punkten zu messen;
- nach astronomischen Methoden (Ortsbestimmung, Längen- und Breitenbestimmung) die Richtungskoordinaten der Schwerevektoren dieser Bogenendpunkte zu messen.

Aus der Differenz dieser Richtungskoordinaten erhält man den zum Bogen gehörenden Zentriwinkel.

Sind die zu einem Zentriwinkel bestimmter Größe (z.B. einem Grad) gehörenden Bögen gleich groß, hat der Körper Kugelform, andernfalls eine davon abweichende Form, z.B. die eines Ellipsoids oder - wie später festgestellt - eine unregelmäßige, "Geoid" genannte.

1862 wurde auf Vorschlag des preußischen Generalleutnants z. D. Johann Jacob Baeyer eine internationale wissenschaftlich-technische Organisation mit dem Namen "Mitteleuropäische Gradmessung" gegründet. Sie hielt 1864 in Berlin unter Teilnahme von 15 Staaten ihre erste Generalkonferenz ab. Schon bei der zweiten Generalkonferenz 1867 in Berlin wurde sie zur "Europäischen Gradmessung" und schließlich 1886 bei der 8. Konferenz zur "Internationalen Erdmessung" erweitert. Diese Organisation existiert als "Internationale Assoziation für Geodäsie (IAG)" im Rahmen der "Internationalen Union für Geodäsie und Geophysik (IUGG)" noch heute; sie betrachtet Baeyer als ihren ersten Präsidenten.

Zuvor waren ausgedehnte Gradmessungen weltweit längs Meridianen (Breitengradmessungen) bzw. längs Breitenkreisen (Längengradmessungen) ausgeführt worden. Baeyers Vorschlag zielte nach dem Vorbild der Ostpreußischen Gradmessung (Bessel und Baeyer 1830 bis 1836) auf eine flächenhafte Untersuchung in Mitteleuropa. Damit wollte er versuchen, Abweichungen in der Gestalt der Äquipotentialflächen des Erdschwerefeldes von der ellipsoidischen Form nachzuweisen. Sie würden auf Massenunregelmäßigkeiten im Erdinnern hinweisen.

Baeyer stützte sich bei seinem Plan für den geodätischen Teil der Arbeiten auf die in Mitteleuropa bereits vorhandenen, wenn auch unterschiedlich guten Triangulationen der beteiligten Länder. Für den astronomischen Teil standen etwa 30 Sternwarten mit guten Instrumenten und erfahrenem Personal zur Verfügung. Dazu gehörte besonders die Berliner Sternwarte, an der Foerster seit 1855 arbeitete und die er ab 1865 leitete; außerdem hatte Foerster zuvor in Bonn auf dem Gebiet der Breitenbestimmungen promoviert.

Er engagierte sich von Beginn an sehr stark für die Gradmessungsorganisationen, so z.B. als Sekretär von Baeyer bei der Vorbereitung und Durchführung der ersten beiden Generalkonferenzen 1864 und 1867 in Berlin. Im Zentralbüro, das von Baeyer präsidiert wurde, leitete er bis 1868 die Astronomische Sektion.

1867 verfaßte Foerster gemeinsam mit Baeyer einen Vorschlag für ein "Institut für Höhere Meßkunde", in dem Geodäsie, Meteorologie und Geomagnetismus vertreten sein sollten. Realisiert wurde davon 1870 die Gründung des Königlich Preußischen Geodätischen Instituts in Berlin, das unter Baeyers Leitung für die Gradmessungsorganisationen von entscheidender Bedeutung wurde. Unter dem nachfolgenden Direktorat von Friedrich Robert Helmert (Direktor 1886 - 1917) und mit dem Umzug nach Potsdam auf den Telegrafenberg (1892) erlangte es als wissenschaftliches Zentrum der Internationalen Erdmessung Weltgeltung.

Nach Baeyers Tod (1885) waren sowohl die Zukunft der Internationalen Gradmessungsorganisation als auch die des Geodätischen Instituts ungewiß. Hier war es vor allem Foerster, der mit großem internationalen Verhandlungsgeschick im Vorfeld und bei der Leitung der 8. Generalkonferenz in Berlin erreichte, daß beide Institutionen weiterbestanden, die Leitung der Gradmessungsorganisation bei Preußen/Deutschland blieb und Helmert beide Präsidentenfunktionen Baeyers übertragen wurden. - Von Oktober 1868 bis zu Baeyers Tod hatte es nach einem tiefgreifenden Zerwürfnis zwischen beiden keine direkte Mitwirkung Foersters gegeben.

Ab 1886 bestanden dann wieder sehr enge Verbindungen zum Präsidenten und Institutsdirektor Helmert, die sich auch in zahlreichen Briefen dokumentieren. Foerster war von 1886 bis 1905 Mitglied der Permanenten Kommission der Internationalen Erdmessung, die das wissenschaftlich beratende Gremium für das Zentralbüro war.

In den Jahren von 1888 bis 1895 hatte Wilhelm Foerster innerhalb der Internationalen Erdmessung entscheidenden wissenschaftlichen und organisatorischen Anteil an der Entdeckung räumlicher Schwankungen der Erdrotationsachse und an der Gründung eines internationalen Dienstes zu ihrer Überwachung durch regelmäßige Beobachtungen (Internationaler Breiten- bzw. Polhöhendienst). Dem Wesen nach besteht dieser Dienst noch heute als "International Earth Rotation Service (IERS)".

Die Zeit der drei Gradmessungsorganisationen von 1862 bis 1917 zählt zu den Zeiten mit besonders hohem geodätischem Erkenntniszuwachs, gepaart mit einer beschleunigten Entwicklung von neuen und leistungsfähigeren Meßinstrumenten, Meßmitteln und Methoden. Wilhelm Foerster hat daran als Astronom, als kenntnisreicher Wissenschaftler auch auf anderen Gebieten und als Wissenschaftsorganisator hohen Anteil. Das verdient in geschichtlichen geodätischen Betrachtungen zur Landes- und Erdmessung deutlicher gewürdigt zu werden als bisher.

(Dieser Beitrag ist die Kurzfassung des gleichnamigen Vortrages, der am 17. März 1995, während der Tagung „3 x Foerster", gehalten wurde.)

Wilhelm Foerster und Ludwig Strasser
- Eine Freundschaft im Dienste der Deutschen Chronometrie -

Hans Jochen Kummer

Über Wilhelm Foersters Verdienste um die Zeitmessung und -übertragung in diesem Band berichten zu wollen, hieße wahrlich Eulen nach Athen zu tragen.

Wer aber war Ludwig Strasser und in welcher Beziehung stand er zu Foerster?

Karl Ludwig Strasser (1853 - 1917) stammte aus Würzburg und ging mit 13 $^{1}/_{2}$ Jahren bei dem Uhrmachermeister Sebastian Geist, einem Pionier des frühen elektrischen Uhrenbaus, in die Lehre. Dieser erkannte die Begabung Strassers und sorgte dafür, daß sein Lehrling die Kurse des "Polytechnischen Vereins zu Würzburg" besuchte. Nach seinem Lehrabschluß holte ihn Moritz Grossmann, der Initiator der "Deutschen Uhrmacherschule in Glashütte in Sachsen", in seine Werkstatt. Neben dem Heranziehen zu komplizierten Arbeiten erteilte er ihm Privatunterricht in Mathematik. Nach einem Zwischenspiel in Leipzig kam Strasser 1875 nach Glashütte zurück. Dort gründete er mit Gustav Rohde, mit dem er bei Grossmann gearbeitet hatte, die Firma "Strasser & Rohde". Die Präzisionsinstrumente - besonders die Sekundenpendeluhren - erlangten Weltruf und versahen in vielen Sternwarten, einschließlich Berlin bzw. Potsdam, ihren Dienst.

1878 entstand die "Deutsche Uhrmacherschule" und Strasser wurde als Lehrer für Theorie und Mathematik verpflichtet. Als der erste Direktor der Anstalt, Lindemann, 1885 starb, war keine Frage, wer die Nachfolge antrat: Ludwig Strasser. Er übte seine segensreiche Tätigkeit bis zu seinem Tode im Jahre 1917 aus. Strassers Hauptverdienst liegt im kontinuierlichen Ausbau der Glashütter Schule zu einer der führenden Ausbildungsstätten der Welt. Strasser war nicht nur als Gutachter und Preisrichter gefragt; er war auch Ehrenmitglied vieler Institutionen und man kann mit Fug und Recht sagen: er war der bedeutendste Uhrenfachmann Deutschlands um die Jahrhundertwende.

1902 erhielt er den Titel "Professor" und 1910 das "Ritterkreuz des Albrechtsordens" vom König von Sachsen verliehen.

Wann Foerster und Strasser das erste Mal in Kontakt traten ist mir nicht bekannt. Ich vermute jedoch, daß dies um das Jahr 1880 geschah. Damals wurde von der Berliner Sternwarte wöchentlich einmal ein telegrafisches Zeitzeichen nach Glashütte abgesetzt. Foerster und der seinerzeitige Reichspostminister von Stephan hatten sich befürwortend eingeschaltet. Mit Hilfe einer sogenannten "Koinzidenzuhr", die durch den Stromimpuls aus Berlin ausgelöst wurde, war es möglich, mit einer Genauigkeit von 1/60 Sekunde die "Berliner Zeit" in Glashütte zu empfangen. Zu einer engen Zusammenarbeit zwischen Foerster und Strasser kam es dann ab 1899, und zwar durch die gemeinsame Arbeit in der von Foerster initiierten "Vereinigung für Chronometrie" (VfC). Foerster schreibt zu diesem Thema in seinen Memoiren: Es stellte sich die Aufgabe, "die Sternwarten und die Uhrmacherschulen, sowie die bedeutendsten deutschen Werkstätten für Präzisionsuhren und Schiffschronometer zur Pflege gemeinsamer Einrichtungen, insbesondere zur Hebung und zur Unabhängigmachung der deutschen Fabrikation der Schiffschronometer auch durch periodische Versammlungen und Berichterstattungen zu vereinen. Diese Vereinigung erfreute sich auch der Ägide der Reichsbehörden und der Förderung seitens der Deutschen Seewarte, welche im Interesse der deutschen Schiffahrt auch für die Zeit- und Ortsbestimmungen auf der See mit stetiger Fürsorge eintritt und durch ihre Veranstaltungen der Prüfung und Prämiierung von Schiffschronometern höchst anregend wirkt. Es war sodann auch die Uhrmacherschule in Glashütte, welche durch ihren trefflichen Direktor, Prof. Strasser, diese Entwicklung im Sinne fabrikatorischer, experimenteller und theoretischer Arbeit förderte."[1]

Einer der weitreichenden Beschlüsse der Vereinigung betraf die Errichtung einer Chronometer-Rohwerkefabrikation. Foerster hielt Strasser - einmal wegen seiner praktischen und theoretischen Kenntnisse, dann aber auch wegen seiner Produktionsbasis in seiner Firma Strasser & Rohde - für am geeignetsten. Diese Einstellung fand bei den Konkurrenzfirmen natürlich keine ungeteilte Zustimmung und Strasser hatte hierunter zu leiden.

Um Strasser zu unterstützen, berief Foerster die VfC im Oktober 1899 nach Glashütte ein mit dem Ziel, die Mitglieder auf den neuen Standort einer deutschen Chronometer-Rohwerkfabrikation einzuschwören. Offenbar war Foerster mit seiner Strategie erfolgreich; zu diesem Schluß gelangt man jedenfalls, wenn man den Brief eines Teilnehmers an Foerster liest: "Die Glashütter Tage sind in allen Punkten so herrlich ver-

1 W. Foerster: Lebenserinnerungen und Lebenshoffnungen. - Berlin, 1911. - S. 266/267

laufen, daß sie jedem Teilnehmer eine angenehme Erinnerung bleiben werden ... Ihr Vortrag in Glashütte hat mich außerordentlich entzückt, neben der Belehrung lag so etwas darin, was den Menschen ruhig macht, ihn bewunderungsvoll aufatmen läßt zur Allmacht Gottes ... "

Strasser betrachtete den Einstieg in die Rohwerke-Produktion durchaus zwiespältig; andererseits reizte ihn die technisch-wissenschaftliche und unternehmerische Herausforderung.

Ausschlaggebend war schließlich Foerster, der sich mit seinen Stellungnahmen in der Öffentlichkeit und gegenüber dem Marineamt so auf eine sofortige Aufnahme der Produktion festgelegt hatte, daß er ohne Gesichtsverlust hier nicht mehr herauskam.

Er bearbeitete Strasser solange, bis dieser schließlich zusagte. Foerster drängte ständig und wollte über den Fortgang der Dinge auf dem Laufenden gehalten werden. Strasser schrieb Foerster am 8.7.1899: " ... die Anfertigung der Chronometerrohwerke rückt leider nur sehr langsam vorwärts, weil es sehr an Arbeitern fehlt. Alle hiesigen Betriebe haben unter diesem Übelstand zu leiden. Ich habe inzwischen eine sehr vorteilhafte Endkurve für die Spiralfedern der Seechronometer construiert ... Ich verhehle nicht, daß mir die Chronometerangelegenheit viel Bedenken verursacht. Auch der beste Chronometermacher kann nicht vorherbestimmen, ob der Gang der Chronometer ein derartiger ist, daß eine Prämie erteilt werden kann ... "

Foerster schrieb ihm postwendend und versuchte ihn zurechtzurücken und neu zu motivieren. Strasser antwortete ihm am 14.7.99: " ... Ich lasse mich gewiß nicht leicht durch Hindernisse abschrecken. Als Beweis dürfte dienen, daß ich bis jetzt schon über 2000 Mark in die Anfertigung von Rohwerken geopfert habe, und daß ich die Arbeiten unter allen Umständen zu Ende führen lassen werde. Man begegnet jedoch von verschiedenen Seiten so vielem Übelwollen, daß man schließlich auch einmal seiner Mißstimmung Ausdruck gibt ... "

Auch mit anderen Sorgen wendet sich Strasser an Foerster; so schreibt er am 10.9.99: "Nach reiflicher Überlegung muß ich leider bekennen, daß eine Entlastung nicht eintreten kann, so lange ich die Schule zu leiten habe ... Obwohl ich wöchentlich in 19 Klassen 32 Stunden Unterricht erteile, die Buchführung der Schule täglich controlliere, eine große Correspondenz zu erledigen habe, ist nach oft ausgesprochener Ansicht der Lehrer meine Tätigkeit keine anstrengende und die wenige Zeit, die ich zuweilen während des Tages zum Studium verwende, wird als angenehme Freizeit betrachtet. So liegen leider die Verhältnisse. Wenn ich vermögend wäre, würde ich meine Stellung an der Schule schon längst aufgegeben haben, weil die Verhältnisse zuweilen geradezu unerträglich sind und ich so wenig Gelegenheit habe, meine Kenntnisse und Fähigkeiten zu entfalten ... "

Foerster verstand es immer wieder mit seiner ruhigen, vertrauensvollen Art, Strasser aufzurichten und zur Weiterarbeit an dem gemeinsamen Projekt anzuregen.

Mit diplomatischem Geschick hatte es Foerster geschafft, vom Staat über 10000 Mark an Subventionen zu bekommen. Ein großer Teil kam Strassers Schule zugute: Mit diesen Beträgen konnte das Gehalt eines weiteren Lehrers bezahlt und Strasser hierdurch entlastet werden.

Der zielstrebigen und vertrauensvollen Zusammenarbeit der beiden Freunde ist es im Wesentlichen zu verdanken, daß das Ziel erreicht wurde: der Aufbau einer deutschen Chronometerfertigung, die die deutschen Streitkräfte - sowohl im ersten als auch im zweiten Weltkrieg - von Importen unabhängig machte.

Der Schriftwechsel und gegenseitige Besuche in Berlin und Glashütte währten bis zu Strassers Tod. Tenor und Inhalt zeigen an, daß zwischen Foerster und Strasser ein enges Vertrauensverhältnis bestand. Aus den Briefen habe ich mehr über Strassers persönliche und geschäftliche Verhältnisse erfahren können als aus anderen zeitgenössischen Quellen.

Der letzte mir bekannte Brief Foersters an Strasser wurde am 24.4.1916 aus Bornim geschrieben und hat folgenden Wortlaut:

Hochgeehrter Freund Strasser
Ihr lieber Brief vom 22.4. hat mich herzlich erfreut. Ich war in keinerlei Weise Ihnen entfremdet worden. Nur die zunehmende Komplikation aller Lebensverhältnisse und nun gar der Krieg hatten meine Korrespondenz-Betätigung stark eingeschränkt. Ich werde mich aber innig freuen, wenn Sie mir öfters mal ein Briefle schreiben. Es geht mir und den Meinen ziemlich gut.
Mit bester Empfehlung an Ihre Frau Gemahlin

Ihr alter Freund Prof. W. Foerster

Strassers Frau überlebte ihren Mann um 72 Jahre und starb 1989 im gesegneten Alter von 96 Jahren.

Literatur

W. Foerster: Lebenserinnerungen und Lebenshoffnungen. - Berlin, 1911
H. J. Kummer: "Wer?". - In: FAZ, 27.10.1992
H. J. Kummer: Ludwig Strasser - ein Uhrenfachmann aus Glashütte. - München, 1994
K.-H. Tiemann: Geschichte der Vereinigung für Chronometrie 1899 - 1912. - In: Schmuck und Uhren, 6/1988

Wilhelm Foerster, ca. 1900 (Sammlung Julia Kühl)

Wilhelm Foerster, ca. 1915 (Sammlung Foerster)

Über das Schicksal des Nachlasses von Wilhelm Foerster

Wolfgang R. Dick

Wissenschaftliche Forschungsergebnisse werden in Form von Publikationen öffentlich gemacht. Auf diese könnte sich der Wissenschaftshistoriker beschränken, wollte er nicht auch Informationen zur Biographie und zu den sozialen Dependenzen des Forschers erlangen und auswerten. Im Fall des Astronomen Wilhelm Foerster sind diese gesellschaftlichen Aspekte besonders wichtig, spielte er doch als Organisator eine größere Rolle denn als Forscher. Zwar besitzen wir seine Autobiographie, doch diese kann nicht auf alle unsere heutigen Fragen eine Antwort geben. Notwendigerweise müssen wir auf Unveröffentlichtes zurückgreifen, und es stellt sich sofort die Frage: Wo sind Archivalien von und über Wilhelm Foerster zu finden? Wo insbesondere ist sein Nachlaß verblieben?

Wenn im folgenden vom Nachlaß Wilhelm Foersters im archivalischen Sinne die Rede ist, so geht es in erster Linie um die Manuskripte, Briefe und sonstigen Dokumente, die sich in seinem Besitz befanden. Dazu gehören natürlicherweise nur wenige von ihm selbst geschriebene Briefe, die für seine Biographie noch interessanter wären als die von ihm erhaltenen. Foersters eigene Briefe befinden sich zum größten Teil in anderen Nachlässen und Beständen, auf die hier nicht eingegangen werden kann. Allerdings enthält auch der Nachlaß etliche Entwürfe und Kopien seiner Briefe, und in einem Fall gelangte auch ein bedeutendes Konvolut von Originalbriefen Wilhelm Foersters zurück in seinen Besitz bzw. den seines Sohnes.

Der Nachlaß von Wilhelm Foerster besteht im wesentlichen aus drei Teilen: Der größte Bestand verblieb in der Berliner Sternwarte, der Foerster etwa vier Jahrzehnte lang vorgestanden hatte und die einige Jahre nach seinem Ausscheiden nach Berlin-Neubabelsberg (heute Potsdam-Babelsberg) verlegt wurde. Einen beträchtlichen Teil seines Briefwechsels hatte Foerster noch zu Lebzeiten an Autographensammler sowie an die Treptow-Sternwarte abgegeben. Schließlich verblieb ein dritter Teil in dem

Haus in Bornim, das sein Sohn Karl bewohnte, und wo Wilhelm Foerster seinen Lebensabend verbracht hatte.

Das Berliner Akademie-Archiv übernahm 1964 zusammen mit dem Archivbestand der Sternwarte Babelsberg auch Akten ihrer Vorgängereinrichtung, der Berliner Sternwarte[1]. Was sich eindeutig Foerster zuordnen ließ, wurde zu einem "Nachlaß Wilhelm Foerster" zusammengestellt. Auch in den Registraturen der Sternwarte finden sich jedoch viele Briefe von und an Foerster sowie andere Materialien, die mit seiner Tätigkeit zusammenhängen. Der Übergang zwischen dem "Nachlaß Wilhelm Foerster" und den Akten der Sternwarte aus der Zeit des Direktorats von Foerster ist fließend, und im Grunde kann ein großer Teil der Sternwartenakten seinem Nachlaß im Sinne dieses Aufsatzes zugerechnet werden. Leider sind die Sternwartenakten bisher nicht detailliert erschlossen, was zum Teil auch für seinen Nachlaß gilt. H.-J. Felber veröffentlichte einen Teil der Briefe aus dem Nachlaß Foersters, die sich auf die von Foerster angestrebte Kalenderreform beziehen[2].

Erstaunlich ist, daß sich in der Sternwarte auch zahlreiche Briefe befanden, die erst lange nach dem Ausscheiden von Foerster als Direktor und seinem Auszug aus der Dienstwohnung in der Sternwarte geschrieben wurden. Die Beziehungen von Foerster zur Sternwarte scheinen also auch nach 1904 recht eng geblieben zu sein, sofern nicht die Sternwarte die Akten erst nach seinem Tod von den Erben übernahm.

Gegenüber Autographensammlern war Wilhelm Foerster recht freigebig, wie ein Brief an Ludwig Darmstaedter (1846 - 1927), einen der bedeutendsten Sammler wissenschaftlicher Autographen, aus dem Jahre 1910 zeigt. Foerster übersandte Darmstaedter zwei Autographen, und schrieb abschließend: "Früherhin habe ich schon manches Autogramm an befreundete Sammler verschenkt, aber es wird sich doch noch einiges vorfinden, und jedenfalls wird mir Ihre Adresse von jetzt ab die entscheidende sein."[3] Darmstaedter hatte seine Sammlung bereits 1907 der Königlichen Bi-

1 vgl.: H. J. Felber: Wilhelm Foersters Kampf um die Osterreform. - Berlin, 1965. (Veröffentlichungen der Sternwarte Babelsberg, Band 15, Heft 2); H. Battré / D. B. Herrmann: Astronomennachlässe und -teilnachlässe im Archiv der Deutschen Akademie der Wissenschaften. - In: Monatsberichte der Deutschen Akademie der Wissenschaften zu Berlin, 12 (1970) 6-7. - S. 531-540. (Mitteilungen der Archenhold-Sternwarte Berlin-Treptow, Nr. 104); D. Wattenberg: Astronomen-Briefe in Archiven und Bibliotheken der Deutschen Demokratischen Republik. - Berlin-Treptow, 1974. (Veröffentlichungen der Archenhold-Sternwarte Berlin-Treptow, Nr. 4); I. Baumgart: Dokumente zur Geschichte der Sternwarte Berlin-Babelsberg aus den Jahren 1700-1945 im Zentralen Archiv der Akademie der Wissenschaften der DDR. - In: G. Jackisch (Hrsg.): Sternzeiten. (Zur 275jährigen Geschichte der Berliner Sternwarte, der heutigen Sternwarte Babelsberg). Band II. (Akademie der Wissenschaften der DDR, Veröffentlichungen des Forschungsbereichs Geo- und Kosmoswissenschaften, H. 7). - Berlin, 1977. - S. 79-88

2 H. J. Felber, op. cit.

3 W. Foerster an L. Darmstaedter, Berlin 10.2.1910. - Staatsbibliothek zu Berlin, Preußischer Kulturbesitz, Haus 2, Handschriftenabteilung. - Signatur: Slg. Darmstaedter H 1879

bliothek in Berlin (heute Staatsbibliothek zu Berlin, Stiftung Preußischer Kulturbesitz) vermacht und sie auch danach noch vermehrt. Es scheint, daß Foerster tatsächlich noch mehrfach Autographen an Darmstaedter abgab. Abgesehen von Kriegsverlusten befinden sich diese Teile von Foersters Nachlaß heute in der Staatsbibliothek zu Berlin (in Haus 2, dem West-Berliner Neubau). Kleinere Schenkungen an andere Sammler lassen sich dagegen kaum noch nachvollziehen.

Die bedeutendste Schenkung zu Lebzeiten Foersters erfolgte an die Treptow-Sternwarte (heute Archenhold-Sternwarte Berlin-Treptow). Anläßlich des 100. Geburtstages von Foerster schrieb Friedrich Simon Archenhold (1861 - 1939), der Begründer und erste Direktor dieser Volkssternwarte: "Unserer Sternwarte war er immer wohlgesinnt. [...] Einen großen Schatz erwarb unsere Handschriftensammlung durch Foersters Briefwechsel. In seinen Briefen kommt ein hoher sittlicher Gehalt, naturverbundenes ethisches Gefühl und philosophisches Denken zum Ausdruck. Wir mußten uns Foerster gegenüber verpflichten, vor seinem Tode keine Veröffentlichung der Briefe vorzunehmen. Heute [...] wollen wir einiges der Öffentlichkeit zugänglich machen."[4] Es folgt leider nur ein einziges, wenn auch längeres Zitat aus einem Brief Foersters von 1855.

Das Schicksal der Handschriftensammlung der Treptow-Sternwarte mit Teilen des Foerster-Nachlasses lag bisher weitestgehend im Dunkeln. Leider scheint kein Verzeichnis der Sammlung zu existieren. Es ist auch unbekannt, wo die Sammlung zunächst verblieb, als die Familie Archenhold 1936 von der Treptow-Sternwarte vertrieben wurde. 1939 starb F. S. Archenhold, sein Sohn Günter war schon 1936 emigriert, seine Ehefrau und Mitarbeiterin Alice und die Tochter Hilde kamen im Konzentrationslager Theresienstadt ums Leben[5]. Heute besitzen etliche Archive Dokumente, die offensichtlich aus der Archenholdschen Sammlung stammen.

Den größten Teil erwarb 1941 die Preußische Staatsbibliothek für ihre Sammlung Darmstaedter. Im Akzessionsjournal findet sich ein Hinweis auf den Verkäufer, Karl von Hohenlocher (1891 - 1981), Kunsthistoriker und Schriftsteller, der während des Publikationsverbots von 1933 bis 1944 in Berlin als Antiquar tätig war[6]. Diese fast 1200 Briefe von 25 Korrespondenten Foersters werden heute im älteren, Ost-Berliner Teil der Staatsbibliothek (Haus 1) verwahrt; sie wurden 1971 dokumentiert[7].

4 F. S. Archenhold: Zum hundertsten Geburtstag von Wilhelm Foerster. - In: Das Weltall, 32 (1932) 2. - S. 17-19

5 D. B. Herrmann: Blick in das Weltall. Die Geschichte der Archenhold-Sternwarte. - Berlin, 1994. - S. 49f.

6 Wer ist wer? - Frankfurt a.M., 1975. - S. 438/439
Sterbejahr laut brieflicher Auskunft des Personalbüros von DOROTHEUM, Auktions-, Versatz- und Bank-Gesellschaft m.b.H., Wien, vom 17.3.1995 an den Verfasser

Einen weiteren größeren Teil dieser Sammlung besaß die Handschriftenabteilung der Universitätsbibliothek Bonn, wovon aber das meiste als Kriegsverlust zu beklagen ist. Bei den im Oktober 1944 vernichteten Dokumenten handelte es sich um 53 Briefe des Astronomen F. W. A. Argelander sowie 20 Schreiben des Botanikers J. Hanstein an Foerster, die 1941 bzw. 1942 von K. v. Hohenlocher angekauft worden waren. Es existiert eine Postkarte von Hohenlocher vom 15. 5. 1941 an die UB Bonn, in der dieser drei Briefe von Argelander an Foerster anbot[8], von denen einer als Ergänzung des Bestandes erworben wurde, zusammen mit den übrigen 52 Briefen aber verlorenging. Neben einem Argelanderschen Brief blieben 17 Schreiben erhalten, die wahrscheinlich alle an Foerster gerichtet waren und vermutlich aus seinem Nachlaß stammen[9].

Des weiteren besitzt die Forschungsbibliothek in Gotha in einem Konvolut von Astronomenhandschriften einen Teil der Archenholdschen Sammlung. Im Verzeichnis der Gelehrtennachlässe der DDR wurde der Bestand unter dem Namen von Archenhold aufgeführt[10]. Die Archenholdsche Handschriftensammlung nimmt darin allerdings nur etwa 2/3 ein, den Rest macht ein Teil der Autographensammlung von Hans Ludendorff (1873 - 1941) aus, die im Frühjahr 1940 von Hellmut Meyer & Ernst, Autographenhandlung und Antiquariat in Berlin, angeboten wurde[11]. Rein äußerlich unterscheiden sich beide Teile dadurch, daß die von Ludendorff stammenden Dokumente Nummern in der Form 1944:40 usw. tragen[12] und zu einem großen Teil mit Vermerken von der Hand Ludendorffs versehen sind. Die aus Archenholds Handschriftensammlung stammenden Dokumente sind dagegen mit Nummern von sehr charakteristischer Form versehen.

7 Gelehrten- und Schriftstellernachlässe" in den Bibliotheken der Deutschen Demokratischen Republik. Teil 3. - Berlin, 1971

8 Universitäts- und Landesbibliothek Bonn, Handschriften- und Rara-Abteilung, Signatur: Autographen-Slg., Beilage zum Brief von F. W. A. Argelander an W. Foerster vom 17.7.1865

9 Briefliche Auskunft von Frau C. Weidlich (UB Bonn, Handschriften- und Rara-Abteilung) vom 13.2.1995 an den Verfasser; eigene Einsichtnahme

10 Signatur: Chart. A 2116; siehe "Gelehrten - und Schriftstellernachlässe ... ", op. cit.; im Detail bei Wattenberg, op. cit. (Anm. 1), erfaßt

11 Die Welt der Sterne und Zahlen. Originalbriefe von Astronomen und Mathematikern. Autographen-Katalog 75. Hellmut Meyer & Ernst - Berlin, 1940

12 Möglicherweise handelt es sich dabei um Gothaer Eingangssignaturen, mit der ersten Zahl als Jahreszahl. Aus der fraglichen Zeit finden sich leider nur wenige Aufzeichnungen in der Bibliothek. Eine Eintragung im Eingangsbuch vom 15. Januar 1945 besagt, daß eine Autographensammlung von der Firma Meyer und Ernst für 620,- Mark erkauft wurde. Auf die Provenienz wurde damals wenig Wert gelegt, so daß Dokumente verschiedener Herkunft in einen Bestand gelangen konnten. (Persönliche Mitteilung von Frau Dr. M. Mitscherling, Forschungsbibliothek Gotha, vom 9.6.1989).

Ob diese mit Bleistift geschriebenen Nummern, die durch ein Oval mit einem kleinen Kringel links außen umrandet sind, von Archenhold, von einem späteren Besitzer oder von einem Autographenhändler aufgebracht wurden, konnte noch nicht festgestellt werden. Es steht auch nicht sicher fest, ob alle Dokumente mit diesen Nummern aus der Archenholdschen Sammlung stammen. Neben Briefen an Foerster und Archenhold finden sich auch Briefe an andere Personen, z. B. von J. M. Gillis an J. F. Encke[13]. Die oben zitierte Aussage von Archenhold läßt vermuten, daß er von Foerster nur dessen Briefwechsel erhielt, selbst aber außer seiner eigenen Korrespondenz auch fremde Briefe besaß. Einige Aufschriften auf den in Gotha vorhanden Dokumenten deuten darauf hin, daß sich auch etliche nicht an Archenhold oder Foerster gerichtete Briefe in der Sammlung der Treptow-Sternwarte befanden.

Die Stadt- und Landesbibliothek Dortmund kaufte zwischen Juni 1941 und Mai 1942 von K. v. Hohenlocher Briefe an Archenhold und Foerster an, die ebenfalls die charakteristischen Nummern tragen[14]. Ebenso erwarb die Schleswig-Holsteinische Landesbibliothek in Kiel im Jahr 1941 bei Hohenlocher Briefe an Foerster. Auch hier befinden sich am Briefkopf die genannten Nummern[15].

In einem Brief vom 10. November 1941 bot Karl von Hohenlocher dem Direktor der Universitätsbibliothek Göttingen etliche Briefe mit den folgenden Worten an: "In einer Handschriftensammlung, die ich in diesen Tagen erwarb, befinden sich einige sehr interessante Göttinger Briefe [...]"[16]. Neben Briefen Ernst Scherings an Foerster handelte es sich dabei um Briefe von fünf anderen Personen (drei Professoren der Rechte, ein Philosoph und ein Bibliothekar), von denen einer schon 1807 starb; diese Briefe waren nicht an Argelander oder Foerster gerichtet und befanden sich vermutlich nicht in Archenholds Besitz. Sofern Hohenlochers Mitteilung an die UB Göttingen zutreffend war, gehörten die Briefe Scherings an Foerster bereits zu einer Autographensammlung, bevor sie Hohenlocher ankaufte. Diese Sammlung dürfte nicht speziell astronomisch ausgerichtet gewesen sein, so daß es sich kaum um die Archenholdsche gehandelt haben kann. Möglich ist aber auch, daß Hohenlocher die Angelegenheit anders darstellte, als sie tatsächlich war. Da er einen großen Teil der

13 Ein Brief mit einer ebensolchen Nummer von J. E. Bode aus dem Jahr 1820 befindet sich im Besitz von D. Wattenberg, Berlin, der ihn antiquarisch erworben hat. (Persönliche Mitteilung von D. Wattenberg, 1994)

14 Briefliche Auskunft von Jens André Pfeiffer (Handschriftenabteilung der Bibliotheken der Stadt Dortmund) vom 21.2.1995 an den Verfasser

15 Briefliche Mitteilung von Dr. Jürgen Zander (Schleswig-Holsteinische Landesbibliothek) vom 15.2.1995 an den Verfasser

16 Persönliche Mitteilung von Dr. H. Rohlfing (Niedersächsische Staats- und Universitätsbibliothek Göttingen, Abteilung für Handschriften und seltene Drucke) vom 23.10.1992

Briefe aus der Archenholdschen Sammlung besaß, ist es sehr wahrscheinlich, daß sie aus ein und derselben Quelle an ihn gelangten. Der UB Bonn hatte er die Argelanderschen Briefe an Foerster bereits ein halbes Jahr zuvor angeboten, wobei mindestens zwei getrennte Angebote erfolgten. Möglicherweise veräußerte Hohenlocher je nach Geldbedarf Stücke aus seinem Bestand. Die Briefe Scherings an Foerster tragen ebenfalls die oben genannten charakteristischen Nummern, die übrigen von Hochenlocher angebotenen Briefe jedoch nicht[17].

Ähnliches gilt für die Briefe, welche die Bayerische Staatsbibliothek München besitzt. Auch hier existieren Briefe an Foerster sowie an Archenhold mit den beschriebenen Nummern. Zwar läßt sich der Ankauf von Hohenlocher nicht nachweisen. Die Bibliothek erwarb jedoch in den Jahren 1942/43 wiederholt Autographen von Hohenlocher. Die nachweislich bei Hohenlocher angekauften Dokumente, die mit Foerster oder Archenhold in keinem Zusammenhang stehen, tragen keine der charakteristischen Nummern[18].

Man könnte annehmen, daß diese Nummern ein Anzeichen für die Herkunft aus der Archenholdschen Autographensammlung darstellen, unabhängig davon, wer sie aufbrachte. Sie könnten jedoch auch von einem Zwischenbesitzer stammen, der noch weitere Dokumente auf diese Weise numerierte, die nichts mit Archenhold und Foerster zu tun hatten. Es wurden allerdings noch keine Briefe mit diesen Nummern gefunden, die nicht aus dem Archenholdschen Nachlaß stammen könnten. Um das Verwirrspiel zu vergrößern, gibt es auch Briefe in Gotha und in Privatbesitz, die nachweislich an Archenhold gerichtet waren, jedoch die charakteristischen Nummern nicht tragen. Auf alle Fälle sollte beim Auftreten dieser Nummern geprüft werden, ob Archenhold oder, sofern sie aus der zweiten Hälfte des 19. Jahrhunderts stammen, Foerster der Empfänger gewesen sein könnte. Auf diese Weise ließen sich noch weitere Bestandteile des Foersterschen Nachlasses auffinden, die als solche bisher nicht identifiziert sind.

Fest steht jedenfalls, daß die Archenholdsche Autographensammlung zusammen mit den darin enthalteten Teilen des Foersterschen Nachlasses schon 1941 im Autographenhandel auftauchte und nicht erst 1945 zusammen mit den Büchern der Treptow-Sternwarte verschwand, wie bisher vermutet worden war[19].

17 Briefliche Mitteilung von Frau B. Mund (Niedersächsische Staats- und Universitätsbibliothek Göttingen, Abteilung für Handschriften und seltene Drucke) vom 1.2.1995 an den Verfasser

18 Briefliche Auskunft von Dr. Sigrid von Maisy (Bayerische Staatsbibliothek) vom 6.3.1995 an den Verfasser

19 D. B. Herrmann, op. cit. (Anm. 5), S. 34f.

Teile der Archenholdschen Sammlung wurden auch nach 1945 antiquarisch veräußert. So erwarb 1957 die Universitäts- und Landesbibliothek in Münster Fragmente der Archenholdschen Sammlung von der Firma Ranzenhofer in Wien. Neben 10 Briefen Ladislaus Weineks an Archenhold gehören dazu auch drei Briefe von Weinek, die wahrscheinlich an Foerster gerichtet waren. Diese Dokumente tragen fast alle eine Nummer in der oben angegeben Form.[20] In Wien lebte nach dem Krieg der schon mehrfach erwähnte Karl von Hohenlocher, der als Experte für Autographen für die Auktionsgesellschaft Dorotheum tätig war und selbst wertvolle Autographen sammelte[21]. Möglicherweise besaß er aus seiner Berliner Zeit noch Teile der Archenholdschen Sammlung, die er erst später veräußerte. Vielleicht kamen die Weinekschen Briefe auch zum zweiten Mal in den Autographenhandel. Schon 1955 hatte das Antiquariat Ranzenhofer zwei an Foerster gerichtete Briefe der Schleswig-Holsteinischen Landesbibliothek in Kiel verkauft. Auf diesen beiden Briefen sind die Nummern zwar wegradiert, aber noch hinreichend zu erkennen[22].

In Berlin handelte die schon erwähnte Firma Meyer & Ernst mit Briefen aus dem Archenhold-Foersterschen Erbe. 1957 erwarb das Landesarchiv Berlin 101 Stücke als "Autographen Berliner Astronomen" von diesem Antiquariat[23], die zum größten Teil die schon mehrfach genannten Nummern tragen und von denen ein großer Teil an Archenhold gerichtet war. Im Fall zweier Briefe läßt der Inhalt darauf schließen, daß Foerster der Empfänger gewesen sein könnte, daß die Briefe also aus seinem Nachlaß stammen[24]. Auch diese beiden Briefe tragen die charakteristischen Nummern, die mir in diesem Fall eine Spur auf Foerster wiesen. Bisher galt für beide Briefe der Empfänger als unbekannt.

Es gibt noch weitere Archive, die an Wilhelm Foerster gerichtete Briefe besitzen, von denen vermutet werden kann, daß sie aus seinem Nachlaß stammen. Im Detail ist dies noch zu überprüfen.

Der dritte Teilnachlaß Wilhelm Foersters verblieb im Besitz des Sohnes Karl in dem Haus in Bornim bei Potsdam, wo Wilhelm Foerster seine letzten Lebensjahre verbracht hatte. Die Schriftstellerin Renate Feyl schrieb 1977, sieben Jahre nach dem Tod von

20 Briefliche Mitteilung von Frau I. Kießling (Universitäts- und Landesbibliothek Münster) vom 8.2.1995 an den Verfasser

21 Wer ist wer?, op. cit. (Anm. 6)

22 Briefliche Mitteilung von Dr. Jürgen Zander (Schleswig-Holsteinische Landesbibliothek) vom 15.2.1995 an den Verfasser

23 Rep. 241, Acc. 634, Nr. 1 - 78. Provenienz laut Akzessionsbuch des Landesarchivs

24 Nr. 11 und 12, V. Knorre an einen Berliner Astronomen und Professor, 1867 und 1868

Karl Foerster, über einen Besuch bei seiner Witwe in diesem Haus: "Vor mir liegen Bilder, Privatfotos von Wilhelm Foerster. Briefe, packenweise. Sternbücher, Notizen - es ist nur noch ein Rest, den Eva Foerster verwahrt. Ermahnt von dem Bedenken, es könne der Nachwelt Wichtiges verborgen bleiben, hat sie schon viele Dokumente ihres Schwiegervaters an Archive und Gesellschaften übergeben."[25] Den Rest dieses Teilnachlasses von Wilhelm Foerster erwarb 1994 die Staatsbibliothek zu Berlin, der Eva Foerster zuvor schon den Nachlaß ihres Mannes übereignet hatte. Bei der Bearbeitung des Nachlasses von Karl Foerster fand Frau Helga Breithaupt auch ein Päckchen mit 354 Briefen von Wilhelm Foerster an Professor Wichmann in der Schweiz aus den Jahren 1864 bis 1901, die auf bisher unbekannte Weise zurück in den Besitz ihres Verfassers bzw. seines Sohnes gelangten. Diese Briefe geben einen tiefen und detailreichen Einblick in Foersters Wirken, vor allem auf dem Gebiet der Geodäsie. Leider konnte die Identität des Empfängers noch nicht zweifelsfrei festgestellt werden.

Ein Eigentümer von Teilen des Foersterschen Nachlasses aus Bornim ist Prof. Diedrich Wattenberg, der ehemalige Direktor der Archenhold-Sternwarte Berlin-Treptow. Er hat die in seine Autographensammlung aufgenommenen Briefe in vorbildlicher Weise dokumentiert und die Dokumente, wozu Notizen über eine Reise Foersters im Jahr 1872 gehören, zum Teil auch publiziert[26].

Leider ist gegenwärtig unbekannt, wo sich die anderen Teile des Nachlasses befinden, die Eva Foerster an Institutionen und Personen abgab. Es wäre sehr hilfreich, wenn die Eigentümer dieser Dokumente selbst Hinweise dazu geben könnten. Von einem Teil sind Kopien erhalten geblieben, die Karl Foerster an Prof. Dr. Franz Pöggeler in Aachen gegeben hatte[27]. Darunter befindet sich der Bericht Wilhelm Foersters über einen Besuch bei Alexander von Humboldt, den 1936 Karl Foerster veröffentlichte[28].

Ich danke den Mitarbeitern der Archive und den privaten Eigentümern, die mich bei der Suche nach Foerster-Dokumenten unterstützten, insbesondere den hier in den Fußnoten namentlich genannten, die mir Auskünfte erteilten, sowie Frau Helga Breithaupt (Staatsbibliothek zu Berlin, Preußischer Kulturbesitz, Handschriftenabteilung) und Frau Gesa Heinrich (Landesarchiv Berlin) für ihre freundliche Hilfe bei der Arbeit in den Archiven. Außerdem danke ich Herrn Mathias Iven und Herrn Gunnar Porikys (beide Potsdam) für Hinweise.

25 R. Feyl: Bilder ohne Rahmen. - Rudolstadt, 1977. - S. 114 (Beitrag im vorliegenden Band)

26 vgl. D. Wattenberg, op. cit. (Anm. 1) und D. Wattenberg: Wilhelm Foerster in seinen Tagebuchblättern über die Meter-Konferenzen in Paris. - In: Sudhoffs Archiv. - Stuttgart, 61 (1977) 3. - S. 258-280

27 Briefliche Auskunft von Prof. Dr. Franz Pöggeler (Aachen) vom 23.2.1995 an den Verfasser

28 W. Foerster: Ein Besuch bei Humboldt. - In: Der Sternfreund. Mitteilungsblatt des Bundes der Sternfreunde. - Berlin, 1 (1936) 3. - S. 120-124

Wilhelm Foerster, um 1900 (Sammlung Iven)

Wilhelm Foersters Briefe an Eduard Schönfeld

Vorbemerkung

Wilhelm Foersters "Gemeinschaftsleben mit Studiengenossen, wie Eduard Schönfeld und Adalbert Krüger, die zu den innigsten Freunden wurden"[1], ließ seine Bonner Jahre für ihn so überaus glücklich und erfolgreich werden. Besonders die Freundschaft zwischen Foerster und Schönfeld hat deutliche Spuren im Leben der Beiden hinterlassen: Neben den hier veröffentlichten Briefen gibt es 106 Briefe von Schönfeld an Foerster aus dem Zeitraum von 1854 bis 1882, die, so wie Foersters Briefe, neben Fachlichem auch viel Persönliches und Familiäres enthalten.[2]

Eduard Schönfeld (22.12.1828 - 1.5.1891)[3] begann 1848 mit dem Studium des Bauwesens, wechselte dann zu Physik, Chemie, Mineralogie und schließlich Astronomie (ab 1852 bei Argelander). 1859 wurde er Professor und Direktor der Sternwarte zu Mannheim. Im Zusammenhang mit seinem Engagement bei der Gründung der Astronomischen Gesellschaft schlug Schönfeld Foerster am 3.8.1863 in einem Brief folgendes, für die später erfolgte Gründung der Urania[4] wichtiges, vor: "Name und Zweck: Urania, Verein zur Förderung des Fortschritts der Astronomie im weitesten Sinne, speziell aber zur Unterstützung solcher Arbeiten, die geeignet sind, die Spezialuntersuchungen Einzelner zu erleichtern und zu fördern, und solcher, die das *Material für die Untersuchungen der Zukunft* liefern." 1875 wurde Schönfeld ordentlicher Professor und Direktor der Sternwarte in Bonn sowie Schriftführer und Vorstandsmitglied der Astronomischen Gesellschaft. Die Krönung seiner sternenkundlichen Arbeit war die Veröffentlichung seiner Ergebnisse der Durchmusterung des Himmels zwischen 2° und 23° südlicher Deklination.

In den letzten Jahren seiner Tätigkeit an der Bonner Sternwarte hat Dr. Erich Lamla und sein Kollege, Dr. Robert Breinhorst, einige Umlagerungen des in der Sternwarte

1 W. Foerster: Lebenserinnerungen und Lebenshoffnungen. - Berlin, 1911. - S. 32

2 Die Briefe liegen in folgenden Archiven: Staatsbibliothek zu Berlin, Preußischer Kulturbesitz, Handschriftenabteilung (103 Briefe) und Universitätsbibliothek Bonn, Handschriftenabteilung, Autographensammlung (3 Briefe).

3 Für die weitere Beschäftigung mit Leben und Werk von E. Schönfeld verweise ich auf die Biographie von Gerhard Steiner: Eduard Schönfeld. Lebensbild eines hervorragenden Astronomen aus Hildburghausen. - Hildburghausen, 1990

4 vgl. Foersters Bemerkungen dazu in Nr. 11 und 12 der vorliegenden Ausgabe

vorhandenen Archivmaterials vornehmen müssen. Dabei wurde eine grobe Sichtung des Materials durchgeführt. Es besteht hauptsächlich aus alten Beobachtungsbüchern, Manuskriptentwürfen und anderen schriftlichen Hinterlassenschaften von Direktoren und Mitarbeitern der Sternwarte seit Argelanders Zeiten. Das betreffende Material beinhaltet aber auch viele Briefe, die grob nach Empfängern bzw. Absendern sortiert wurden. Dabei fanden sich einige Schreiben (in zeitlich sehr lückenhafter Reihenfolge) von Wilhelm Foerster an Eduard Schönfeld, aus der Zeit zwischen 1870 und 1890. Es handelt sich dabei um ein Telegramm, eine kurze Briefkarte sowie um 15 Briefe. Das Telegramm schickte Foerster aus einem Ferienaufenthalt an der Müritz, die übrige Post kam aus Berlin. Diese Briefe wurden von Dr. Lamla in Vorbereitung der Tagung "3 x Foerster" transkribiert, vom Herausgeber des Tagungsbandes verglichen und werden hier mit dem Einverständnis des jetzigen Direktors der Bonner Universitätssternwarte, Herrn Prof. Dr. Klaas de Boer, der Öffentlichkeit erstmalig zugänglich gemacht.

Auf einen umfangreichen Anmerkungsapparat wurde an dieser Stelle verzichtet, nur einige wenige Verweise wurden vom Herausgeber eingefügt. Die Wiedergabe der Briefe folgt der Schreibweise Foersters.

Dr. Lamla legte seiner Transkribtion außerdem einen Auszug aus einem alten Bestandskatalog der Universitätsbibliothek Bonn bei, den wir hier ebenfalls wiedergeben:

2572 Pap. XIX. Jahrb. 1 Mäppchen 8°

53 Briefe von Friedrich Wilhelm August Argelander (1799 - 1875) an den Astronomen Wilhelm Foerster (1832 - 1921) a. d. J. 1855 - 1874; nebst 1 Brief A.'s (Nr. 58) an d. General J. J. Baeyer (unvollst. u. o. D.), sowie 4 Briefe [Nr. 3. 6. 21 37] von A.'s Sohn Heinrich A an W. Foerster, o. J., 1855, 1865 u. 1879.

58 Stücke

1941, 8130 [Erworben durch Kauf v. K. v. Hohenlocher, Berlin]

2573 Pap. XIX. Jahrb. 1 Mäppchen 8°

19 Briefe u. 1 Postkarte von Johannes Hanstein (1822 - 1880) an den Astronomen Wilhelm Foerster (1832 - 1921) a. d. J. 1860 - 77, darunter 2 Briefe von Hansteins Gattin Helene Hanstein, zugleich in seinem Namen (Nr. 4 u. Nr. 10, letzterer mit Nachschrift von Johannes H.)

20 Stücke

1942, vom Rath. 1. [Erw. durch Kauf v. K. v. Hohenlocher, Berlin]

Diese Briefe sind im Kriege (1943) vernichtet worden.

Mathias Iven

1.

Berlin den 27/2 1870

Liebster Freund!
Der lange Aufschub meiner Antwort rührt davon her, daß ich den ganzen Monat Februar durch die Vorträge und Uebungen mit den Kandidaten für unsere Eichungs=Inspektionen verloren habe. Heute erlaube ich mir nun wie immer in Eile auf Deinen lieben Brief zu antworten:

Die Unterschiede Deiner und meiner Rechnung für Tafel I liegen hauptsächlich in der angenommenen Ausdehnung des Wassers und des Kupfers.

Für g haben wir angenommen 8,0, was für eine Anzahl größerer hiesiger Gewichte im Mittel sich ergeben hatte.

Ich werde in den nächsten Wochen alle Grundlagen unserer Rechnung, sowie Spezial=Tafeln zu allen Reduktions=Gliedern für beliebige Korrektionen unserer Annahmen drucken lassen und Dir dieselben baldigst zusenden. Richtig gedacht und gerechnet ist Alles; auch sehe ich nicht ein, weßhalb Du Dich darüber aufhältst, daß man die Normal Temperatur des Gemisches zu -0° und die des Wassers zu -4° annimmt. Darin liegt doch gar keine Schwierigkeit, denn Normalzustände lassen sich nur höchst selten mühsam durch Experiment, dagegen bequem durch Rechnung herstellen. Die Rechnung aber ist in unserem Falle mindestens ebenso klar und sicher bei der Annahme verschiedener Normal Temperaturen wenngleich sich in der Praxis beide Normal Temperaturen nie zugleich erreichen lassen.

Das Glas ist in der Anleitung der Tafeln ausdrücklich neben dem Eisen erwähnt weil sich viele Glas=Sorten in der Ausdehnung nur wenig vom Eisen unterscheiden, wenigstens nicht mehr, als die Ausdehnungs=Koeffizienten eines u. desselben Metalls verschieden gefunden werden.

Die 8 Milligr. für Feuchtigkeits=Abzug beruhen auf Versuchen über die durchschnittlichen Luftdruck=Verhältniße in geschlossenen Räumen, in denen man mit Wasserwägungen operiert. Wer ein Psychrometer hat, kann sich den Abzug genauer ermitteln. Die Formeln und Tafeln dafür werden wir auch bald publicieren. Den Aräometer zur Bestimmung der Dichtigkeit des benutzten Leitungs=Wassers mit der für Kontrol=Normale hinreichenden Genauigkeit hat Baumann besonders construiert. -

Die bewußte Photographie habe ich leider in Wien nicht empfangen. Ich bitte mich dafür recht bald schadlos zu halten.

Meine Frau grüßt Dich und Deine liebe Frau mit mir aufs Herzlichste. Der Junge[5] entwickelt sich munter und gedeihlich; ist jetzt 79 Centimeter lang und wiegt 10 K.

Mir selber geht es trotz allen Aergers und trotz aller Zeit=Noth erträglich. Meine süße Alte pflegt mich gar zu schön.

Mit herzlichem Händedruck
Dein alter Foerster.

2.

Berlin den 6. Decbr. 1870

Liebster Freund!
Um Dich nicht zu lange auf die Beantwortung Deines sehr lieben Briefes warten zu lassen, ziehe ich es vor ganz kurz die Hauptsachen zu erledigen. -

Es scheint mir unerläßlich, daß sich die B. N. E. K.[6] durch Mitglieder aus Süddeutschland kompletiert, und da mir für einen solchen Fall das Präsentations=Recht gehört, so kannst Du vollkommen sicher sein, daß die Wahl auf Dich fällt.

Die Zirkulare haben keine große Eile.

Die parallelepipedischen Maaße[7] schließen sich sehr nahe an die im Norden am allgemeinsten verbreiteten an. Die parallelepipedische Form ist in zahlreichen Eingaben industrieller u. commercieller Bürgerschaften gefordert worden.

In der Familie geht jetzt Alles gut, auch Nr. 2[8] bewegt sich nach dem Nullpunkt seines gastlichen Daseins hier unter normalen Verhältnissen. -

Von meinen Brüdern ist der eine mit Gefangenen=Bewachung in Posen beschäftigt, der andere jüngere, bei Sedan verwundet gefangen, auf Belle Isle an der Loire=Mündung. - Möge die gewaltige Entwicklung deutscher Kraft und Herrlichkeit einen gesegneten Fortgang haben. -

Mit herzlichen Grüßen von Haus zu Haus
Dein alter Wilhelm Foerster.

Quid fu de rentributionibus metronomicis meis?[9]

5 Wilhelm Foersters erster Sohn: Friedrich Wilhelm Foerster (geb. 2.6.1869)
6 Nach einem Hinweis von Dr. E. Buschmann handelt es sich hier um die Abkürzung für "Bundes - Normal - Eichungs - Kommission".
7 επιπεδου(griech.): Fläche, Niveau
8 offensichtlich ist Foersters zweiter Sohn Ernst gemeint
9 dt.: Was macht die Rücksendung meiner Messungen?

3.

Berlin den 13/11 1877

Lieber Freund!
Beiliegend empfängst Du das Gewünschte, aber, wie Du erlaubt hast, in ganz saloper äußerer Form.

In Eile mit bestem Gruß von Haus zu Haus
Dein alter Foerster

Herr de Ball hat bei der versuchten Anknüpfung mit uns wieder eine höchst widerliche Quänggelei bewiesen. Ich werde künftig Jedem rathen, sich mit ihm gar nicht einzulassen.

4.

Berlin den 10/8 1879

Liebster Freund!
Schönsten Dank für Deinen lieben und schönen Glückwunsch, den ich mir als ein sehr gütiges Freundschaftszeichen aufheben will. Den Tag selbst habe ich bei meiner Frau in Schwerin verbracht, leider nicht sehr froh; denn ihre Gesundheit läßt sehr viel zu wünschen übrig. -

Für Deinen netten Brief vom 21. Juli danke ich Dir ebenfalls von Herzen. Wir freuen uns innigst Beide Dich und Deine liebe Frau endlich einmal zusammen bei uns zu sehen und bitten Euch nur einige Tage vor Eurer Ankunft uns Genaueres zu melden.

Ich bin seit 5 Wochen Strohwittwer und = Vater.

Komm auch diesmal gar nicht fort; denn ich werde die grimmigste Noth haben, mit dem im April begonnenen Umbau der Sternwarte: Südzimmer mit Drehkuppel versehen, Nordzimmer mit Drehdach, Meridianzimmer abgebrochen und Eisenthür aufgesetzt, endlich der kleine Meridiankreis in einen eisernen Anbau versetzt etc. fertig zu werden.

Deßhalb in Eile ein Schluß gemacht mit vielen herzlichen Grüßen.

Auf frohes Wiedersehen.
Dein alter Foerster.

5.

Berlin den 10/6 1880

Liebster Freund!

Im Namen von Auwers, Tietjen und Foerster erlaube ich mir hiermit Dich um Dein womöglich umgehendes Votum über folgende Thesen zu bitten:

1.) Nachdem Dr. Peters die schriftliche Erklärung abgegeben hat, daß er die Astr. Nachr. persönlich in der bisherigen - miserablen - Weise fortführen wird, wenn ihm dieselben nicht abgekauft werden, ist es an der Zeit, ein neues selbständiges Organ für Astronomie zu begründen.
2.) Der geeignete Ort dafür ist Berlin, zumal in Betracht der Möglichkeit, alsdann vielleicht Staatszuschuß zu bekommen.
3.) Wenn es durch Staatszuschuß oder sonstwie unmöglich wird, soll dem Dr. Peters der Titel der Astr. Nachr. abzukaufen versucht werden, um unnütze Änderungs=Reibungen zu verhüten.
4.) Falls aber nicht gelingt, soll das Blatt in der Weise der A. N., aber mit einem anderen Titel fortgesetzt werden.
5.)Dieser neue Titel würde eventuell am Besten lauten?

....

6.) Die Redaktion soll dem Prof. Heinrich Bruns in Berlin übertragen werden.
7.) Der Redaktion steht ein Kuratorium zur Seite, welches besteht aus: Auwers, Bakhuyzen, Bruhns, Foerster, Galle, Gyldèn, Krüger, R. Luther, Moeller, Oppolzer, Schiaparelli, Schoenfeld, Struve, Tietjen, Weiss, Winnecke.
8.) Diese Mitwirkung u. die Redaktion wird auf dem Titel angekündigt in folgender Fassung:

redigiert von H. Bruns
unter Mitwirkung der astr. Gesellsch.,
insbesondere der Herren Auwers, etc.

Da ich ein Verzeichnis obiger Punkte zurückbehalte, brauchst Du mir blos ganz kurz auf die Nr. zu antworten.

Hoffentlich geht es gut bei Dir und den Deinigen. Wir grüßen Euch Alle aufs Herzlichste von Haus zu Haus.

Dein alter und getreuer
W. Foerster.

6.

Berlin den 29/6 1880

Lieber Freund!
Du hast meinen letzten Brief gerade in Folge der knappen Form, in der Du Beantwortung entrichten sollte[st], vielfach mißverstanden. Ich habe Dir heut Etwas Näheres über die Gestalt zu melden, welche die Nachr. bis jetzt angenommen hat, und bitte im Namen der Freunde um Deine Ansicht darüber.

Wenn irgend möglich, sind die A. N. anzukaufen und einfach weiterzuführen. Die Mittel dazu sind durch Staatszuschuß und Verleger=Zahlung ratenweise ziemlich gesichert. Es ist jedoch neuestens zweifelhaft, ob Peters'ens überhaupt ein Eigenthums=Recht haben, u. nicht vielmehr die Pr. Regierung als Rechtsnachfolgerin der dänischen. Jedenfalls sollen lieber ein Paar tausend Thaler geopfert werden, um Skandal u. [... (?)] zu verhüten.

Gelingt es nicht, die A. N. weiter zu führen, so soll die neue Zeitschrift etwa heißen: Astronomische Zeitschrift. Ferner denken wir uns die persönlichen Verhältnisse so, wie folgender Titel aussprechen würde:

Astronomische Zeitschrift
herausgegeben von A. Auwers, C. Bruhns, A. Krüger
unter Mitwirkung der Astr. Ges.
und
unter Redaktion
von H. Bruns.

Die Herausgeber soll[en] der Pr. Regierung gegenüber, welche eine Subvention giebt, die verantwortlichen sein und nur mit Zustimmung der Regierung variieren. Im Uebrigen soll Bruns möglichst selbständig werden, seine Anstellung aber zur Befugnis der Herausgeber gehören.

Die Mitwirkung der A. G. beschränkt sich auf die Mitarbeiterschaft ihrer namhaftesten Mitglieder, welche per Zikular zu einer bezügl. Adhaesions=Erklärung von dem Herausgeber aufgefordert u. in einem Prospekt alsdann sämmtlich genannt werden sollen. In der nächsten Generalversammlung d. AG. soll der Vorstand die nachträgliche Genehmigung dazu einholen, daß unter diesen Umständen die Gesellschaft als mitwirkend genannt wird. Die Betreffenden im Prospekt zu nennenden Mitarbeiter würden als ein Curatorium im weitesten Sinne gelten, an welches sich in fundamentalen Fragen die Herausgeber per Zirkular mit dem Ersuchen um ein freies Votum wenden könnten.

Foerster und Tietjen stehen nicht mit als Herausgeber auf dem Titel, weil sie schon das Jahrbuch herausgeben; analog Schoenfeld u. Winnecke nicht, weil sie die V. J. S.[10] herausgeben.

Also, was meinst Du zu diesem Allen.

Mit herzlichem Gruß von Haus zu Haus u. besten
Wünschen für die Gesundheit
Dein alter Foerster.

7.

Berlin den 18/3 89

Mein theurer Freund!
Soeben erhalte ich Deinen lieben Brief betr. die Kosmogonie in majorem dei gloriam. Es wird mir ein besonderes Osterfeiertags=Vergnügen sein, dies Referat zu Stande zu bringen. Ich bitte Dich aber, das Buch zu schicken, da es hier noch nicht eingegangen zu sein scheint.

Herzlichste Grüße von Haus zu Haus. Es geht bei uns leidlich. Mein Aeltester hat so eben das Abiturienten Examen unter Erlaß des mündlichen bestanden. (Will Philosophie und Geschichte studieren.

Gruß Dein alter
Foerster.

10 Abk. für "Vierteljahresschrift der Astronomischen Gesellschaft"

8.

Berlin den 17/4 89

Liebster Freund
Ich werde Dir den gewünschten Beitrag bis spätestens Donnerstag den 25/4 liefern. In Sachen Pulkowa[11] hat Struve hier mit dem Minister von Gossler, mit dem er verwandt ist verhandelt und um Delegierung von 1 - 2 Astronomen zum Jubiläum gebeten. In Folge dessen fragte ich bei Dir auf eigene Hand telegraphisch an. Deine Antwort habe ich Althoff alsdann mitgeteilt.

Es wird jedenfalls keine Freude sein, unter gegenwärtigen Verhältnissen nach Pulkowa zu gehen. Auch scheint es mir sehr problematisch ob der Kanzler darein willigen wird. Ich glaube deßhalb, daß Du Deine Badekur=Absichten in keiner Weise stören lassen solltest.

An Deiner Stelle würde ich Struve schreiben, daß Du Dein Kommen ganz davon abhängig machen müßtest, wie der Herr Minister über die Angelegenheit entscheiden würde. Der legt sich; wie der Berliner sagt, schön heraus.

Mit herzlichen Grüßen von Haus zu Haus und besten Wünschen für
Deine Gesundheit.
Dein alter, treuer Freund
W. Foerster.

9.

Berlin den 24/4 89

Mein lieber Freund
Verzeih', daß ich mit der Manuscript-Sendung nicht Wort gehalten habe, und daß es noch ein Paar Tage dauern wird, aber es verschwor sich Alles dagegen. Ich bin aber energisch daran.

Gruß Dein alter Foerster.

11 heutige Schreibweise: "Pulkowo"

10.

Berlin den 30/4 89

Lieber Freund
Verzeih' mir, daß ich Dir noch immer Nichts geschickt habe; aber die Zeit vor einem längeren Urlaub ist eine gar zu bedrängte. Ich benutze aber die kleinste Geschäftspause, um an der Sache zu arbeiten und bin auch schon mitten drin. Nöthigenfalls spendiere ich noch die Nacht vor der Abreise.

Du erhältst das Manuscript jedenfalls Sonnabend den 3. Morgens.

In Sachen Pulkowa Nichts Neues.

Ganz Dein alter
Foerster

11.

Berlin den 1. Mai 89

Theuerster Freund
Beifolgend die Korrektur.
An dem Buch von Braun bin ich eifrig beschäftigt, und vertiefe mich immer in den Plan der Rezension in welcher Manches Wichtige gesagt werden kann. Das Juni-Heft von Himmel und Erde wird von mir Etwas über den Falbismus bringen. Ich würde Dir dankbar sein, wenn Du mir dann Deine Ansicht über diesen Aufsatz schicktest.

Ich bin sehr klamm, denn in den nächsten Wochen drückt die bevorstehende Eröffnung der Urania sehr schwer auf mir.

Würdest Du Dr. Knorre vielleicht eine Zeile über den Nekrolog für seinen Vater sagen? Er ist etwas melancholisch über Dein Schweigen. Hoffentlich geht es bei Dir und den lieben Deinen gut; bei uns leidlich, obwohl das liebe Weib immer noch schwer an ihrer theilweisen Lähmung zu tragen hat. Mein Aeltester ist jetzt nach Presburg gegangen.

Herzlichen Gruß von Deinem
alten und getreuen
W Foerster.

12. (Postkarte)

Berlin den 22/6 89

Liebster Freund
In Eile die Mittheilung, daß Hewelius mich wohl deshalb nicht genannt hat, weil er mich in den letzten Jahren bei eingetretenen Nothlagen so stark in Anspruch genommen hat, daß er, was ich ihm auch nahegelegt, jetzt weitere Behelligungen mit seinen Angelegenheiten mir hat ersparen wollen. Im Uebrigen scheint mir der [Fach]genossenschaft[12] gegenüber Nichts gegen ihn vorzuliegen, was zwingen könnte, in diesem Falle rigoroser zu sein, als in zahlreichen anderen Fällen. Die Flüchtigkeiten in der Encke-Ausgabe bedauere ich aufrichtigst. Der arme Mensch hat dabei größtentheils unter Hungerverhältnissen gelebt.

Verzeih', wenn ich noch Nichts für die V. J. S. geschickt. Ich bin bis zum 1/4 ganz Urania. Nachher werde ich schnell daran gehen.

Ganz Dein eiliger alter Freund Foerster.

13.

Berlin den 1/8 89

Mein lieber Freund
Eben ist es Morgens um 2 Uhr und seit 3 Tagen habe ich keine Minute finden können, um mein Referat, welches mich sehr interessiert, fertig zu machen. Nun hatte ich mir vorgenommen, die Nacht durchzuarbeiten, um mein Versprechen einigermaßen zu halten, aber ich bin so furchtbar abgetrieben, daß ich für die Güte der Arbeit fürchte. An der Ostsee, wohin ich aber morgen (Freitag) früh zur kranken Frau reisen muß, finde ich aber sicher in den ersten beiden Tagen viele Stunden Muße, um die Sache, die mir am Herzen liegt, fertig zu machen, und der Aufschub wird also nur noch ganz klein sein. Glaub' mir's, mein alter Lieber

Ganz betrübt
Dein getreuer
Foerster

12 Eckstück der Karte abgerissen, vgl. für "Fachgenossenschaft" Nr. 16 der vorliegenden Ausgabe

14. (Telegramm)

Müritz 4/8 1889

Manuscript heute abgesandt
Förster

15. (Brief von fremder Hand geschrieben, aber von Foerster unterschrieben)

Herrn
Geh. Regierungsrath
Prof. Dr. Schoenfeld
Bonn

Berlin, den 7. September 1889

Hochgeehrter Herr College!
Entschuldigen Sie, wenn ich heute in der Eile meiner Abreise nach Paris Ihnen mit fremder Handschrift die Bitte ausspreche, das Manuskript meines Referates über Braun's Kosmogonie an unseren Professor Adresse "Hôtel Voltaire, Quai Voltaire" freundlichst senden zu wollen, da ich in der Abendmuße meines dortigen Aufenthalts noch gern eine Revision dieses Elaborates ausführen möchte, welches ich in großer Eile fertig gemacht hatte.

Sollte das Manuskript bereits in Druck sein, so würde ich ebenmäßig bitten, mir unter obiger Adresse, welche bis gegen Mitte Oktober gehalten wird, recht bald eine Correktur zugehen zu lassen.

Mit bestem Gruße
in vorzüglicher Hochachtung
Ihr ergebenster
Foerster

16.

Berlin den 6/2 1890

Liebster Freund
Beifolgend die Korrektur.
Ich denke, es ist so ganz gut. Wann meinst Du, das das Heft herauskommen wird?

Könntest Du mir vielleicht 50 Sonder-Abdrucke davon mit Titel und Umschlag (Ueber Karl Brauns vom Standpunkt christlicher Wissenschaft geschriebene Kosmogonie von Wilhelm Foerster, Berlin 1889 - Sonder-Abdruck aus der Vierteljahrsschrift der Astronomischen Gesellschaft) auf meine Kosten anfertigen lassen und [13] bald zusenden. Ich verspreche Dir auch nur wenige Exemplare davon im allerengsten Kreise außerhalb der astronomischen Fachgenossenschaft vor dem Erscheinen des Heftes auszugeben, habe aber jetzt genau an einer sehr hohen Stelle eine günstige Gelegenheit zu einer sehr erheblichen Wirkung.

Von Herzen Dein alter
Foerster.

13 an dieser Stelle "Band Heft 1" (fragliche Lesart!) - mit Bleistift nachträglich dazwischengesetzt

17.

Berlin den 13/4 90

Liebster Freund

Sehr verbunden würde ich Dir sein, wenn Du mir, in Folge einer Rückfrage des Ministeriums, von folgenden Jahresberichten, also den bezüglichen Heften der Vierteljahrsschrift, auf Kosten der Berl. Sternwarte je ein Exemplar recht bald senden lassen könntest (mit Rechnung)

Jahresbericht	für	1880	(V. J. S. 1881)
"	"	1881	(V. J. S. 1882)
"	"	1883	(V. J. S. 1884)

In Eile mit herzlichen Grüßen von Haus zu Haus

Dein alter

Foerster

P. S. Verte

Karl Braun hat mir einen sehr dankbaren und bescheidenen Brief geschrieben.

Mein Jahresbericht für 1889 kommt übermorgen.

Weißt Du schon, daß die Polhöhen also wirklich wackeln?

Berlin	φ	Januar	1889	=	φ °
	φ	Juli	1889	=	φ ° + 0,"1± 0,01
	φ	Januar	1890	=	φ ° - 0,"5 ± 0,01
Potsdam	φ	Juli	1889	=	φ °
	φ	Januar	1890	=	φ ° - 0,"6
Prag	φ	Juli	1889	=	φ °
		Januar	1890	=	φ ° - 0,"5
Strassburg	φ	Juli	1889	=	φ °
	φ	Januar	1890	=	φ ° - 0,"5

Jetzt nimmt hier die Polhöhe wieder zu und gewann ziemlich schnell.

Noch etwas neu. Jesses' leuchtende Wolken. Wir haben im vorigen Sommer korrespondierende photogr. Aufnahmen derselben in

Steglitz - Nauen (35 km) Steglitz - Rathenow (70 km)

gemacht. Daraus Höhen zwischen 70 und 110 km mit wahrschein. F. 1 bis 2 km. Jetzt werden Geschwindigkeiten ihrer Bewegungen abgeleitet; dieselben fallen zwischen 100 und 300 Meter pro Sekunde.

F.

Friedrich Wilhelm Foerster, um 1900 (Sammlung Foerster)

Friedrich Wilhelm Foerster

1869	Friedrich Wilhelm Foerster wird am 2. Juni in Berlin geboren
1889 - 1893	Studium der Philosophie, Nationalökonomie und Physiologie in Freiburg i.Br.
1892	Wilhelm Foerster wird 1. Vorsitzender der "Deutschen Gesellschaft für ethische Kultur", F. W. F. wird sein Mitarbeiter
1893	Dissertation: "Der Entwicklungsgang der Kantischen Ethik bis zur Kritik der reinen Vernunft", Doktorvater Prof. Dr. Alois Riehl
1895 - 1903	Redakteur und später Mitherausgeber der Zeitschrift "Ethische Kultur"
1895	Aufsatz: "Der Kaiser und die Sozialdemokratie" Wegen dieses Aufsatzes Prozeß wegen Majestätsbeleidigung, dreimonatige Festungshaft und damit lange Zeit Ausschluß von der akademischen Laufbahn in Deutschland
1896 - 1903	Generalsekretär des "Internationalen Ethischen Bundes", Sitz in Zürich
1897 - 1903	Herausgeber des "Berichtes über die Ethische Bewegung"
1898	Habilitation an der Universität Zürich mit der Arbeit: "Willensfreiheit und sittliche Verantwortlichkeit"
1898 - 1912	Privatdozent an der Universität Zürich, seit 1901 an der Eidgenössischen Technischen Hochschule in Zürich
1899	Antrittsvorlesung an der Universität Zürich: "Machiavelli und die politische Moral"
seit 1900	wird F. W. F. zum offenen "Bekenner der Lehre Jesu", ohne sich je konfessionell zu binden
1913/14	Außerordentlicher Professor für Philosophie und Pädagogik an der Universität Wien
1914 - 1920	Ordinarius für Pädagogik an der Universität in München Während des 1. Weltkrieges für einen Verständigungsfrieden eintretend, schaltet er sich publizististisch in die Auseinandersetzungen zur Frage von Kriegsursachen, Kriegsschuld und Friedensmöglichkeiten ein.

1917	Gespräch mit Kaiser Karl I. über die Reorganisation der Donaumonarchie
1918/19	Gesandter der bayerischen Regierung in der Schweiz
1919	F. W. F. lehnte den Vertragsentwurf von Versailles entschieden ab
1921 - 1928	Maßgeblicher Mitarbeiter der Zeitschrift "Die Menschheit"
1922	Letzte Vortragsreise durch Deutschland
	Flucht nach Basel, da ihm das Schicksal Rathenaus drohte
1926	Übersiedelung nach Paris
	Foerster wandte sich gegen die deutsche Aufrüstung und warnte vor der Entwicklung zu einem zweiten Weltkrieg als kommende Schuld Deutschlands.
1930 - 1933	Herausgeber der Zeitschrift "Die Zeit"
1933	alle Werke Foersters stehen auf der ersten Liste der von den Nationalsozialisten verbotenen Bücher
	Aberkennung der deutschen Staatsbürgerschaft
1940	Übersiedelung in die USA
1948	Verleihung der Ehrendoktorwürde durch die Theologische Fakultät der Universität Leipzig
1963	Übersiedelung in die Schweiz
1966	Foerster stirbt am 9. Januar in Kilchberg bei Zürich

Ausgewählte Veröffentlichungen

1894 "Der Entwicklungsgang der Kantischen Ethik bis zur Kritik der reinen Vernunft"
1895 "Der Kaiser und die Sozialdemokratie"
1898 "Willensfreiheit und sittliche Verantwortlichkeit"
1904 "Jugendlehre"
1905 "Lebenskunde"
1907 "Sexualethik und Sexualpädagogik"
1908 "Christentum und Klassenkampf"
1909 "Lebensführung"
1910 "Autorität und Freiheit"
"Politische Ethik und politische Pädagogik"
1916 "Bismarcks Werk im Lichte der großdeutschen Kritik"
1917 "Erziehung und Selbsterziehung"
1918 "Christus und das menschliche Leben"
1919 "Weltpolitik und Weltgewissen"
1920 "Mein Kampf gegen das nationalistische und militaristische Deutschland"
"36 Leitsätze für die politische Erneuerung Deutschlands"
1923 "Jugendseele, Jugendbewegung, Jugendziel"
1925 "Religion und Charakterbildung"
1926 "Vaterlandsliebe, Nationalismus und Christentum"
1932 "Weltkrise und Seelenkrise"
"Die Dominaten der Kriegsschuld"
1933 "Die tödliche Krankheit des deutschen Volkes"
1935 "Ewiges Licht und menschliche Finsternis"
1936 "Alte und neue Erziehung"
1937 "Europa und die deutsche Frage"
1953 "Erlebte Weltgeschichte 1869 - 1953"
1956 "Politische Ethik"
"Politische Erziehung"
1959 "Die jüdische Frage. Das Mysterium Israels"
1961 "Deutsche Geschichte und politische Ethik"

Friedrich Wilhelm Foerster, 1939 (Sammlung Foerster)

Mein Bruder Friedrich Wilhelm

Karl Foerster

Ich habe als jüngerer Bruder einen ganz seltenen Überblick über seine Entwicklung und den Gang seines Lebens. Aus der frohbeschwingten, dann wieder tief nachdenklichen Knabenzeit ging der Weg aufwärts durch zahllose Bewährungsetappen bis zu dem alle mir bekannten Maße überragenden Gipfel des feierlichsten und freudigsten Ernstes, der jemals Wort und Bestätigung gefunden hat. Seine Lebensäußerungen gingen schon von der Knabenzeit her ganz besondere, unerwartete Wege.

Die früheste Erinnerung an ein Wort meines Bruders, das mit seiner Entwicklung zusammen zu hängen scheint, geht zurück auf eine Szene vor einem Kuhstall! Wir viel jüngeren Kinder hatten nach Schwalben im Stall gejagt, die nun ängstlich herumflogen. Noch heute sehe ich im Abendsonnenschein sein indianerrotbraunes Gesicht mit den enzianblauen Augen darin, als er uns zurief: "Das ist ein Vertrauensbruch!"

In den reiferen Jahren einte sich mit ihm das leidenschaftliche Interesse an der Vogelwelt. Wir gingen jeden Sonntag in den Tiergarten, schrieben nicht nur alle Eindrücke aus dem Vogelleben in unsere Notizbücher, sondern zeichneten auch die Tiere und suchten sie mit bunten Stiften und Farbe wiederzugeben.

Mein Bruder war in all den langen Kinder- und Jugendjahren immer voll überraschender, lustiger oder ernsthafter Einfälle. Er war nicht klein zu kriegen! Als er einmal mit seinem Essen ins Schlafzimmer verwiesen war, fand ihn meine Mutter am Fenster, wie er die Spieldose drehend sein Apfelmus aß und fröhlich hinausblickte. Dieser mein Bruder war überhaupt ein Leben lang der unverwüstlichste, lachlustigste und zugleich ernsthafteste Mensch für mich, der nur zu denken ist.

Unsere Nachbarin, genannt die Hexe "Quickenquax", aus deren Keller wir mit genagelter Stange gerne Kartoffeln und Äpfel hervorgepickt hatten und deren Katze wir in

Ernst und Friedrich Wilhelm Foerster, New York, 15.3.1953 (Sammlung Foerster)

Martha Kühl (geb. Foerster) und Friedrich Wilhelm Foerster, 1964/65 (Sammlung Foerster)

gestricktes Jäckchen einkleideten, mit dem sie oben in der Astgebel saß, - hatte uns ärgerlich des Obstdiebstahls in ihrem Garten verdächtigt. Mein Bruder behing in ihrer Abwesenheit die Obstbäume mit rotbäckigen Äpfeln.

Er sollte sich bei einem Nachbar, dessen Glasscheibe er mit einem Katapult demoliert hatte, entschuldigen und die Scheibe bezahlen. Er nahm sich unterwegs 17 Klassenkameraden mit, die sich alle mitentschuldigten. "Ihr wollt mich zwar verulken", sagte das alte Männchen, "aber ich will Euch zeigen, was Ihr sonst nicht erlebt", führte sie an seine Aquariumsgläser und zeigte ihnen Stichlingsnester. Ein großer Aquariumsverkehr setzte ein!

Aus seinem kleinen Garten hatte er ein großes Resedabeet gemacht was ihn für uns schon sehr in die Nähe der Erwachsenen rückte. Er saß immer in der Laube und las und las ... und aß dabei ununterbrochen Obst! Früh drang er in die Philosophie ein, ließ sich aber nicht von ihr fangen, sondern rückte schnell vor in den Wesenskern, das Reich der praktischen Ethik. Englandreisen schmiedeten seine Zielrichtung und ergänzten sie nach der sozial ethischen Seite. Unser Vater, der Astronom, gründete nach amerikanischem Muster die Deutsche Gesellschaft für Ethische Kultur, deren Zeitschrift später in seine Hände gelegt wurde.

Ich vergaß es, von meines Bruders Singstimme zu berichten, die von seltener Schönheit war. (Noch heute höre ich den mächtigen Jugendklang der Stimme zu den Worten: "Ein Tag im Leben ist den Toten frei". Ein großer ausländischer Gelehrter, der ihn hörte, sagte mir: "Diese Stimme bringt mich zum innersten Erzittern wie keine andere.")

Zu dieser Stimme gehörte der M e n s c h, der sein Deutschland siebenmal mit allen Gefahren für sich selber vom Abgrund wegzureißen suchte. So einmal, als der Deutsche Reichstag 1917 die Annahme der 14 Wilson'schen Friedenspunkte beschlossen hatte, was auf den Widerstand der Militärs stieß. Sein Leitartikel über die Weltsituation im damaligen Berliner Tageblatt rief in München, an deren Universität er eine Professur hatte, im Kreise der Heroisch-Bornierten jener Hochschule solchen Widerstand gegen ihn hervor, daß der Rektor zu seiner Beurlaubung schreiten mußte.

Als 1927 in Genf der Völkerbund tagte, lag auf dem Tisch jedes Teilnehmers eine Broschüre, welche die Dokumente der gewaltigen Wiederaufrüstung Deutschlands enthielt, die von Stresemann geheimgehalten war - entgegen der internationalen Vereinbarung! Die Weimarer Republik grub sich selber ihr Grab. Stresemann nannte meinen Bruder einen "Lumpen".

Als seinerzeit Hitler den Plan faßte, in Polen einzufallen, überbrachten Freunde meines Bruders aus dem Generalstab ihm die Kopie des ganzen Feldzugplanes. Noch in gleicher Nacht sandte mein Bruder einen Boten mit diesem Dokument nach London mit dem dringlichen Vorschlag, gemeinsam mit den Europaländern den Hitlerbrand rechtzeitig zu ersticken. England rührte sich nicht. Aber der weitere Aufenthalt meines Bruders in Europa wurde lebensgefährlich. Der Präsident von Portugal lud ihn ein; aber auch dorthin drang die Gefahr, so daß er nach den USA fliehen mußte.

Wie er über das e c h t e Deutschland denkt, um das es ihm immer zu tun war, spürt man aus seinen Worten "Nur auf deutscher Flur geht mir das Herz auf". Was nicht hindert, daß er auch für die Schweiz warme Heimatgefühle hegte und ihren eigenartigen Platz im Kulturgeschehen Europas mit bleibenden Worten feierte.

Sein Buch "Erlebte Weltgeschichte", im 85. Lebensjahr geschrieben, bleibt ein unentbehrliches Dokument der Weltereignisse dieses Jahrhunderts und ihrer künftigen Folgen. -

Die christliche Überzeugung und Haltung meines Bruders hat auf mich und unzählige Menschen deswegen einen so einzigartigen Eindruck gemacht, weil sie hier Hand in Hand ging mit einem unbegreiflich hohen Weltverstand. Sein Christentum wirkte wie ein Blütengewächs, das aus einem Felsen dringt.

Ich weiß es, er hat ein Leben lang die höchsten, zartesten und schwierigsten Forderungen, die der christliche Geist dem Leben stellt, weitgehend glühend und vornehm erfüllt. Es ist wohl nötig, daß gerade ein Bruder sich nicht scheut, sein Urteil über eine so umstrittene Gestalt abzugeben.

Der Text ist bisher unveröffentlicht. Der Abdruck erfolgt mit freundlicher Genehmigung der Staatsbibliothek zu Berlin, Preußischer Kulturbesitz, Handschriftenabteilung.

Friedrich Wilhelm Foerster, New York, 28.4.1963 (Sammlung Foerster)

Vorwort für meine sämtlichen Bücher
(Zur Orientierung über Sinn und Ziel meines Schrifttums)

Friedrich Wilhelm Foerster

Die von mir seit 1893 veröffentlichten Schriften über religiöse, politische, ethische und pädagogische Fragen sind nicht alleinstehende Veröffentlichungen, nein jedes von ihnen hat den Zweck, von einem speziellen Lebensgebiete aus eine bestimmte leitende Wahrheit ins Licht zu setzen: es soll hier inductiv gezeigt werden, daß es keine Kultur-Aufgabe gibt, deren Lösung ohne Unterordnung unter jene Wahrheit möglich wäre.

Der Verfasser war schon in jungen Jahren, als er zuerst den Plan für seine Lebensarbeit faßte und den Versuch machte, für Wahrheiten, die sonst nur deduktiv entwickelt wurden, das Zeugnis der Wirklichkeit aufzurufen, ein Verehrer des heiligen Thomas von Aquino und dessen Versuchs, die geistige Offenbarung der Tradition mit der Naturerkenntnis seines Jahrhunderts zusammenzuordnen und alles Wissen der Verherrlichung der höchsten Wahrheit dienstbar zu machen - so wie es der große Stil der gotischen Kathedralen veranschaulicht, die in unbeugsamer Logik der Linienführung zum Himmel steigen. Jede Einzelheit ist dort dem Gesamtplan unterworfen und offenbart im Kleinsten das Größte. Die Kathedralen wurden von oben her geplant, aber von unter her gebaut - so muß auch die Wahrheit, die das Leben leiten und mit den höchsten Erkenntnissen verknüpfen soll, sich nicht nur auf die geheiligte Offenbarung stützen, sondern auch dafür Sorge tragen, daß ihre Autorität durch eine Deutung der irdischen Tatsachen und Bedingungen verstärkt und bestätigt werde, eine Deutung, die alle die Blindheiten und Kurzsichtigkeiten korrigiert, welche es allein möglich machen, die sogenannten Realitäten dieser Welt gegen das heiligste Patrimonium der Menschheit auszuspielen.

Es entspricht der induktiven Methode, mit deren Hilfe der Verfasser die Prinzipien begründet, die er dann auf die verschiedenen Lebensgebiete anwendet - daß alle seine

Bücher an beobachtete Tatsachen, an Selbsterkenntnis und Menschenkenntnis appellieren und daraus dann die unausweichlichen Folgerungen ziehen. Schon das im Verlage Jos. Kösel erschienene kleine Buch "Lebenskunde", das für Knaben und Mädchen von 11 - 13 Jahren bestimmt ist, kann als erster Beginn der Anwendung dieser Methode bezeichnet werden: es ist kein Handbuch der Morallehre, sondern ein Versuch, die Aufmerksamkeit der Jugend auf die Folgen der Dinge, auf die Ursachen der menschlichen Konflikte, auf die praktischen Möglichkeiten der Lösung verschiedenster Schwierigkeiten im menschlichen Zusammenleben zu lenken. Die Folgerungen, die aus alldem gezogen werden, sind dann Folgerungen aus der Lebenswirklichkeit und nicht aus abstrakten Prinzipien. Dies soll den Leser überhaupt von der Vorliebe für Abstraktionen abwenden, die ein ganz besonderes Symptom eines intellektualistischen Zeitalters ist. (Darf man doch sogar behaupten, daß das moderne Antichristentum zu einem nicht geringen Teil eine Folge einer einseitigen Bücherkultur ist: Rückkehr zum Leben ist auch Rückkehr zu Christus und Rückkehr zu Christus ist Rückkehr zum Leben). So ist auch die "Politische Ethik" des Verfassers kein bloßes philosophisches Lehrbuch, sondern eine Wirklichkeitslehre, die Goethe's Aufforderung entspricht, die Vorsehung zu bitten, sie möge uns stets ein klares Bewußtsein von den Folgen der Dinge geben. Das Gleiche gilt für das gesamte Schrifttum des Verfassers.

Da die geistige und politische Zersetzung in allen Zonen unseres Planeten sich immer drohender ausgewachsen hat, so lag es für den Verfasser nahe, den größten Teil seiner Bücher in neuen Auflagen erscheinen zu lassen, welche Problemen und Ereignissen Rechnung tragen, die neuerdings in den Vordergrund getreten sind und die alles bestätigt und bekräftigt haben, was der Verfasser schon vor Jahrzehnten warnend vorausgesagt hatte. Er wurde darin von seinen deutschen Freunden, sowie von seinen alten und neuen Verlegern bestärkt, die ihn darauf aufmerksam machten, in welchem Umfange die Verbrennung seiner gesamten Bücher durch die Nazis im Jahre 1933, sein ganzes Erziehungswerk ausgeschaltet zu haben scheint (Meine Bücher waren im deutschen Sprachgebiet in mehr als einer halben Million von Exemplaren verbreitet und in alle europäischen Sprachen übersetzt.) und wie der damit verbundene Terror dahin geführt hat, der jungen Generation sogar die Kenntnis meines Namens vorzuenthalten.

Es entspricht dem Arbeitsplan des Verfassers, durch weitere Veröffentlichungen ein Gesamtbild seiner Anschauungen zur Darstellung zu bringen und zugleich den neuesten Entwicklungen der von ihm behandelten Probleme Rechnung zu tragen. Zu diesen Veröffentlichungen gehört zunächst ein Buch über die jüdische Frage als Weltproblem, ferner ein Buch über das gegenwärtige deutsche Problem, unter dem Titel "Deutschland zwischen Westen und Osten", sodann ein kleines Buch über die religiösen und moralischen Grundlagen der intellektuellen Kultur und endlich, unter dem Titel "Erlebte Weltgeschichte" ein Buch über meine Erfahrungen und Beobachtungen auf religiösem, pädagogischem, sozialem und politischem Gebiete. In diesen Lebenserinnerungen werden nicht nur die psychologischen Hintergründe meiner Arbeit beleuchtet, sondern es wird auch sichtbar, warum und in welchem Sinne alle die scheinbar weit von einander getrennten Gebiete in Wirklichkeit gar nicht von einander gelöst werden können und sich daher auch in meinem ganzen Denken und Wirken gegenseitig unablässig befruchtet haben. So mußte ich die Pädagogik nicht bloß als eine Wissenschaft der Kindererziehung, sondern als eine Hilfswissenschaft für alle menschlichen Berufe betrachten, so mußte mein langjähriges Studium der Arbeiterbewegung alle meine Gedanken über Volkserziehung und über die Humanisierung der Wirtschaft bestimmen und so mußte endlich meine Beschäftigung mit der furchtbaren Entchristlichung der Weltpolitik mir jeden Tag deutlicher offenbaren, in welche Katastrophe die Kulturwelt hineingerissen werden muß, wenn nicht der sogenannten "Säkularisierung", nämlich der tödlichen Trennung des politischen Denkens und Treibens von der Welt des Heiligen Geistes eine ganz entschlossene und weitblickende Gegenwirkung gegenübergestellt wird. Gewiß könnte es anmaßend erscheinen, daß man persönlich Erlebtes vorträgt in einer Zeit, die von so gewaltigen Weltereignissen erfüllt ist. Aber gerade weil die Ereignisse so groß sind, können persönliche Erfahrungen sehr viel zum geschichtlichen Verständnis beitragen, gibt doch die persönliche Berührung und Zusammenarbeit mit weltgeschichtlichen Persönlichkeiten und die intime Beobachtung dramatischer Entwicklungen aus nächster Nähe, sehr oft eine Hilfe zur Entwirrung von historischen Vorgängen, die durch das bloße Studium der Akten nicht wirklich aufzuklären sind. Jene Lebenserinnerungen werden auch zeigen, wie religiöse und politische Erfahrungen zusammenwirkten, um den Verfasser zu der unerschütterlichen Überzeugung zu bringen, daß das deutsche Volk sich seit 1866 vom Geiste seiner tausendjährigen Geschichte abgekehrt hat, wie es seinem wahren Charakter untreu geworden ist und seinen wahren Weltberuf verleugnet hat, und daß nicht nur die Lösung der deutschen Frage, sondern auch die Überwindung der immer erschreckenderen Verfeindung zwischen ganzen Kontinenten entscheidend davon abhängen wird, ob das deutsche Volk von neuem der große Brückenbauer zwischen Westen und Osten, Norden und Süden wird, oder ob es nur von sich selbst und seinen Belangen erfüllt bleibt und den Wiederaufbau der Welt dem Teufel überläßt.

Friedrich Wilhelm Foerster, Kilchberg, ca. 1964/65 (Sammlung Foerster)

Soll ich mich darüber entrüsten, daß der irregeleitete Teil des deutschen Volkes, der mich mit Recht als einen unversöhnlichen Gegner einer Politik verfolgte, die das deutsche Volk in schwerstes und nicht absehbares Unglück gebracht hat, mein Lebenswerk in Rauch aufgehen ließ, mich der deutschen Staatsbürgerschaft beraubte und mich zwang aus Deutschland auszuwandern? Ich habe so viel aufrichtigen Dank vom deutschen Volk und im besonderen von der deutschen Lehrerschaft erhalten, daß ich nicht daran denke, mich über Verkennung und Verleumdung zu beklagen. Da es sich aber um eine systematische Verleumdung handelt, so bin ich es meinen Freunden, meinen Verlegern, meinen früheren und künftigen Schülern schuldig, eine vaterländische Ehrenerklärung abzudrucken, die in dem Dokument enthalten ist, durch das mir im Jahre 1948 die theologische Fakultät der Universität Leipzig einstimmig den theologischen Ehrendoktor verliehen hat. Dem Wortlaut nach war die genannte Ehrung gewidmet:

"dem Kulturphilosophen, der in Schriften von seltener Klarheit, unter Durchbrechung eines tiefgewurzelten Säkularismus, für eine theonome Begründung der Erziehungslehre und -praxis Grundlegendes geleistet hat,
dem Volkserzieher, der unter großen persönlichen Opfern und unbeirrbar gegen dämonische Entartung des politischen Bewußtseins für einen aus den Grundkräften des christlichen Glaubens erneuerten politischen Realismus gekämpft hat,
dem deutschen Menschen, der auch in den schwersten Stunden deutscher Geschichte für die Wiedergeburt des deutschen Volkes aus seinen tiefsten religiösen Lebensquellen heraus gewirkt hat."

Die Leipziger Fakultät hätte es leicht gehabt, ihre Ehrung auf den Pädagogen zu beschränken, sie hat aber von Grund aus verstanden, daß es keine Volkserziehung ohne ein Ideal politischer Sittlichkeit geben könne, und daß man dem Lehrer dieses Ideals nicht zumuten durfte, der großen deutschen Auseinandersetzung zwischen Macht und Recht feige auszuweichen und dem tiefernsten deutschen Volke für diese Entscheidung zwischen Tod und Leben nichts als elende Zweideutigkeiten anzubieten. Was nützt alle Erziehung, wenn man die Politik der Unterwelt überläßt? Eines Tages bricht die entfesselte politische Barbarei herein und vernichtet alles, genau so wie eine Riesenwelle, die über den Strand läuft, die Sandbauten der Kinder fortspült. Wahre Erziehung ist kein abgeschlossenes Spezialgebiet, sie wird vor allem durch die Gesamtrichtung des nationalen Geistes bestimmt, genau so wie die echte Kraft der erzieherischen Persönlichkeit nicht von den Methoden, sondern von den obersten Zielsetzungen kommt. Darum muß die heilige Wissenschaft von den höchsten Zielen die

Grundlage aller fruchtbaren Pädagogik sein. Aber solche Lehre vom höchsten und ewigen Ziel ist nicht nur unentbehrlich für die Lösung der sozialen Frage. Wenn ein erneuertes Deutschland in solchem Geiste mit der übrigen Menschheit vereinigt ist, können die gewaltigen Gegensätze unserer Zeit wahrhaft überbrückt, kann eine ehrliche Zusammenarbeit der Völker verwirklicht und das himmlische Erbgut des Menschen im irdischen Staube zum Ausdruck gebracht werden.

New York im Mai 1951

Der Text ist in dieser Form bisher unveröffentlicht. Der Abdruck erfolgt mit freundlicher Genehmigung der Staatsbibliothek zu Berlin, Preußischer Kulturbesitz, Handschriftenabteilung.

Wilhelm und Friedrich Wilhelm Foerster, ca. 1895 (Sammlung Foerster)

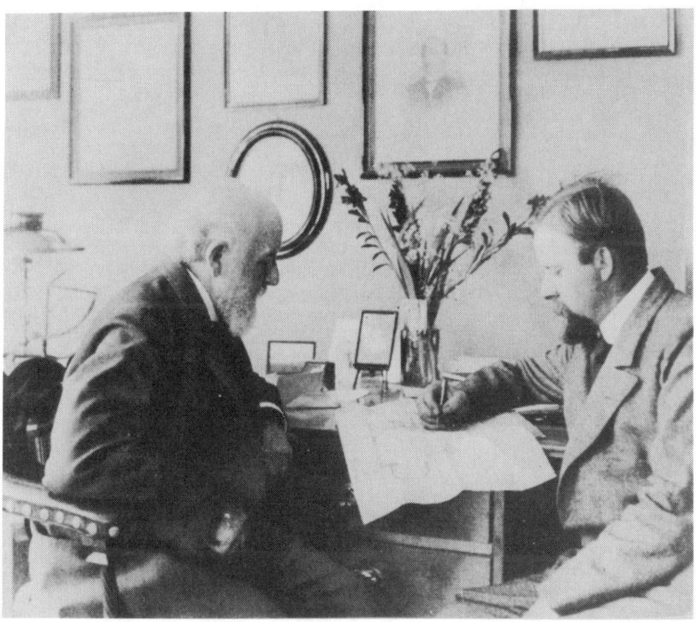

Wilhelm und Friedrich Wilhelm Foerster in Bornim, ca. 1915/16 (Sammlung Foerster)

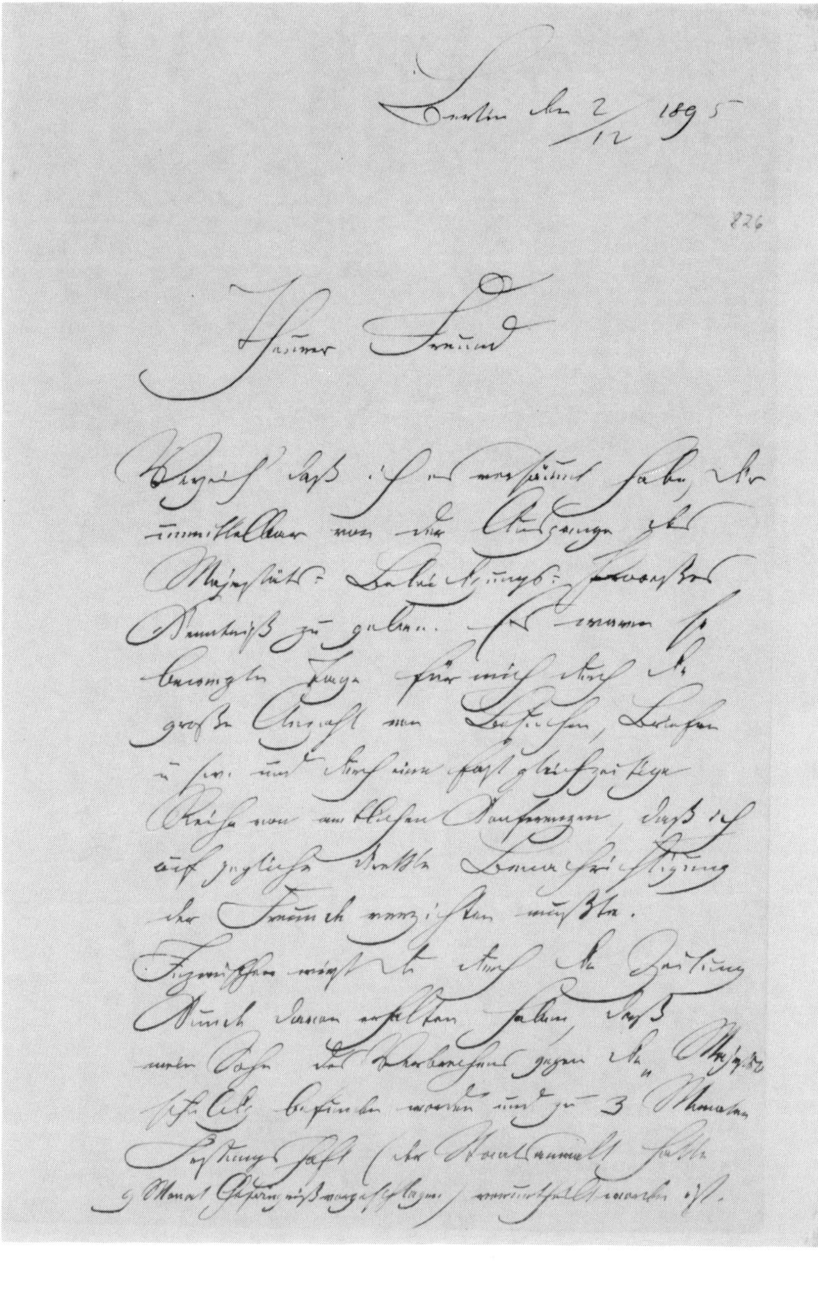
Berlin den 2/12 1895

826

Theurer Freund

Ungeachtet dass ich es versäumt habe, Dir unmittelbar von der Auslegung des Majestäts-Beleidigungs-Prozesses Kenntniss zu geben. Es waren bewegte Tage für mich durch die große Anzahl von Besuchen, Briefen u. s. w. und durch eine fast gleichzeitige Reihe von amtlichen Vernehmungen, dass ich auf jegliche briefliche Benachrichtigung der Freunde verzichten musste. Inzwischen mögest Du durch die Zeitung Kunde davon erhalten haben, dass unser Sohn des Verbrechens gegen die Majestät schuldig befunden worden und zu 3 Monaten Festungshaft (der Staatsanwalt hatte 9 Monat Gefängniß vorgeschlagen) verurtheilt worden ist.

Wilhelm Foerster an Professor Wichmann

Berlin den 2 / 12 1895

Theurer Freund

Verzeih daß ich es versäumt habe, Dir unmittelbar von dem Ausgange des Majestäts-Beleidigung-Prozeßes Kenntnis zu geben. Es waren so bewegte Tage für mich durch die große Anzahl von Besuchen, Briefen u.s.w. und durch eine fast gleichzeitige Reihe von amtlichen Konferenzen, daß ich auf jegliche direkte Benachrichtigung der Freunde verzichten mußte.
Inzwischen wirst Du durch die Zeitung Kunde davon erhalten haben, daß mein Sohn des Verbrechens gegen die "Majestät" schuldig befunden worden und zu 3 Monaten Festungshaft (der Staatsanwalt hatte 9 Monate Gefängniß vorgeschlagen) verurteilt worden ist.
Der Kummer über den Verfall des Rechts = und Freiheits = [Atems] in unseren leitenden Berufen und die schmerzliche Erregung dieser Tage sind allmälig fast in Beglücklung verwandelt worden durch die große Fülle der Liebe und der Zustimmung, die uns aus allen Volksschichten zuströmt.
In dieser Beziehung möchte ich doch auch auf einen leitenden Artikel aufmerksam machen, der in der nächsten Nr. der Wochenschrift "Ethische Kultur" aus der Feder eines hiesigen Leder=Arbeiters erscheint.
Heute nur noch herzliche Grüße von uns Allen an Dich und Deine liebe Schwester. In treuer Freundschaft

Dein W. Foerster.

Die Gerichtsverhandlung wird ziemlich vollständig in derselben Nr. des Blattes, das, wie ich hörte, von Frl. Clara bezogen wird, abgedruckt.

(Der Brief befindet sich im Besitz der Staatsbibliothek zu Berlin, Preußischer Kulturbesitz, Handschriftenabteilung.)

Friedrich Wilhelm Foerster in Freiburg, ca. 1892/93 (Sammlung Foerster)

Friedrich Wilhelm Foerster mit Dominik Rappich, Kilchberg, 2.6.1964 (Sammlung Foerster)

Zwischen Staatsraison und Weltfrieden
Der Kampf Friedrich Wilhelm Foersters gegen Nationalismus und Nationalsozialismus

Franz Pöggeler

Unter den deutschen Pädagogen des 20. Jahrhunderts hat keiner so radikal gegen Nationalismus und Nationalsozialismus und für einen gerechten Weltfrieden gekämpft wie Friedrich Wilhelm Foerster. Er war der einzige deutsche Pädagoge, der nach Hitlers Machtergreifung sofort seiner deutschen Staatsangehörigkeit beraubt wurde und dessen Bücher am 10. Mai 1933 öffentlich verbrannt wurden, - Indizien dafür, daß die Nazis ihn sehr fürchteten und haßten.

Um so peinlicher ist, daß dies bisher in der pädagogischen Geschichtsschreibung des 20. Jahrhunderts, sofern sie in der Bundesrepublik Deutschland betrieben wird, noch nicht angemessen gewürdigt worden ist.[1] Im Ausland ist dagegen Beachtliches zur Foerster-Interpretation geleistet worden.[2]

Die Tatsache, daß nach 1945 eine zunächst erfolgversprechende neue Foerster-Rezeption bald wieder inaktuell zu werden schien, läßt heute erneut nach dem Grad und der Ehrlichkeit fragen, in dem die Pädagogik in der Bundesrepublik Deutschland bisher die nationalistische und nationalsozialistische Vergangenheit der deutschen Pädagogik des 19. und 20. Jahrhunderts kritisch untersucht hat.

1 Eine erste umfassende Gesamtdarstellung von Lebenswerk und Persönlichkeit Foersters erschien 1957 (F. Pöggeler: Die Pädagogik Friedrich Wilhelm Foersters. - Freiburg, 1957).

2 Wir nennen z.B. die Arbeiten von Mauro Laeng (Friedrich Wilhelm Foerster. - Brescia, 1960); Pelagia Hagenhoff (The Educational Philosophy of Friedrich Wilhelm Foerster. - Washington, 1945); S. J. Kaminski (Sanowisko Niemiec na Pierwszej Konferencji Haskiej, 1899); Anne van Berchen (Friedrich Wilhelm Foerster - Souveniers et Temoignage 1869-1966. - Genf, o.J.); Albert Ehm (Friedrich Wilhelm Foerster - Sa Pédagogie Morale. - Paris, 1938); G. Modugno (Friedrich Wilhelm Foerster e la crisi dell' anima contemporana. - Bari, 1931).

Foersters Auseinandersetzung mit dem Nationalsozialismus, die schon lange vor 1933 einsetzte, ergab sich konsequent aus seiner Auseinandersetzung mit nationalistischen Strömungen in Politik und Bildungswesen der Kaiserzeit wie auch der Weimarer Republik. Der Nationalsozialismus, auch dessen Pädagogik, entstand nicht wie ein Blitz aus heiterem Himmel, sondern hatte eine lange Vorgeschichte.

Zur erneuten Beschäftigung mit Foerster hat die pädagogische Historiographie schon deshalb Grund genug, weil Foersters pädagogische Werke in der Welt mehr verbreitet wurden als die irgendeines anderen deutschen Pädagogen unseres Jahrhunderts.

I. Der Weg zum politischen Pädagogen und Weltbürger

Daß Foerster zum bedeutendsten deutschen Antipoden des Nationalismus und Nationalsozialismus wie auch zu einem Weltbürger mit politischem und pädagogischem Engagement wurde, war bereits in seiner Kindheit und Jugend programmiert worden. Foerster wuchs in einer der berühmtesten Berliner Gelehrtenfamilien des ausgehenden 19. Jahrhunderts auf.[3] Sein Vater, international anerkannter Astronom und Zeitforscher an der Berliner Universität und Präsident der deutschen Monistenbewegung, erzog seine Kinder im Geist eines gleichermaßen humanistisch und naturwissenschaftlich orientierten ethischen Idealismus, freilich ohne jegliches Christentum. Statt der Bibel las ihm seine Mutter die Ilias und Werke Goethes vor. Von den Eltern an freie geistige Entfaltung gewöhnt, entstand schon bald nach der Einschulung in das Charlottenburger Friedrich-Wilhelm-Gymnasium ein Dauerkonflikt mit den Verhaltenskomment der Schule. Der Neunjährige weigerte sich, "in der Gesangstunde 'Deutschland über alles ... ' zu singen. Freilich kam ... mein Protest nicht nur von mir, sondern vor allem von meinem Vater, der einmal gesagt hatte: ' ... über alles in der Welt? Also auch über Ehre, Recht und Gewissen? Nein, das ist zu viel!' Dieses Wort habe ich nie vergessen, weil es mir blitzartig den ... Gegensatz der neudeutschen Art von Patriotismus zu dem humanen Vermächtnis der vorangehenden deutschen Generationen beleuchtet hatte. Der Gesanglehrer war dem Falle nicht gewachsen und sagte mir: 'Foerster, Sie können gehen, wir passen nicht zueinander.' Der Direktor griff nicht

3 In seiner Autobiographie "Erlebte Weltgeschichte" beschreibt Foerster seine Kindheit und Jugend sehr konkret und einprägsam (S. 39 - 100).

ein, weil er einen Konflikt mit meinem Vater fürchtete, mit dem in solchen Dingen nicht gut Kirschen zu essen war."[4]

Aus dem Kontrast zwischen liberal-idealistischer Erziehung im Elternhaus und der Anwendung militaristischer Denkweisen in der Schule zog der Schüler Foerster die Konsequenz, den Großteil seines Lerninteresses den Lernfeldern außerhalb der Schule (dem Botanischen Garten, der Sternwarte seines Vaters usw.) zuzuwenden. Das hatte zur Folge, daß nur minimale Schulleistungen zustande kamen. "Wenn der Direktor am Ende des Sommers in der Aula des Gymnasiums die Errungenschaften der einzelnen Klassen vor der gesamten Schülerschaft berichtete, gab es stets die monotone Zensur: 'Foerster hat es wieder verstanden, sich den letzten Platz zu sichern.' ... Dieser letzte Platz sicherte mir eine große innere Ruhe; es konnte kein weiterer Absturz mehr erfolgen."[5] Als der Abiturient Foerster nach bestandener Prüfung aus dem Gymnasium an der Berliner Wilhelmstraße gestürmt kam, rief er seiner Schwester entgegen: "Freigesprochen!" Hatte er die Schule als Tribunal empfunden? Jedenfalls: "Die Qualität seiner schriftlichen Arbeit enthüllte den Gestrengen eine unvermutete Reife des Unbequemen, des immer Indolenten".[6]

Daß Foerster wegen seiner Gegnerschaft zum "preußischen Schulpatriotismus"[7] nicht exmittiert wurde, verdankte er dem hohen öffentlichen Rang seines Vaters, der immerhin mit Kaiser Wilhelm I. befreundet war. Als Kind saß Friedrich Wilhelm manchmal auf Kaisers Schoß. Schon früh wußte Foerster zwischen schlechten und guten Seiten des Preußentums zu unterscheiden; letztere hatte er durch seine liberale Mutter kennengelernt, die eine Nichte des Generalfeldmarschalls Helmut von Moltke war. Foersters Mut, gegen die negative Seite des Preußentums, die "Militarisierung des zivilen Geistes" zu opponieren, wurde 1895 dadurch publik, daß der junge Foerster dem Kaiser Wilhelm II. das Recht absprach, die Sozialdemokraten als "vaterlandslose Gesellen" zu titulieren. Obgleich das Recht nach humanem Denken auf Seiten Foersters war, wurde dieser wegen Majestätsbeleidigung zu Festungshaft verurteilt und mußte die Strafe auf der Festung Weichselmünde absitzen.[8] Von nun an war ihm an jeder

4 ebd., S. 51f.

5 ebd., S. 50

6 So Foersters Schwester Hulda Heckscher-Foerster: Erinnerungen an den jungen Friedrich Wilhelm Foerster (Berliner Zeit). - In: J. Antz / F. Pöggeler (Hrsg.): Friedrich Wilhelm Foerster und seine Bedeutung für die Pädagogik der Gegenwart. - Ratingen, 1955. - S. 209

7 F. W. Foerster: Erlebte Weltgeschichte. - ebd., S. 51

8 ebd., S. 114ff.

Universität des deutschen Reiches das Recht auf Habilitation verwehrt. Die Habilitation für Philosophie (bezeichnenderweise mit einer Arbeit über Kant) erfolgte in Zürich.

In Foersters frühen Büchern "Jugendlehre" (zuerst 1904) und "Schule und Charakter" (1908), die nach damaligen Maßstäben extrem stark verbreitet wurden, steht "sozusagen die Antwort auf die grundfalschen Methoden der Behandlung der Schuljugend, die ich in meiner eigenen Schulzeit kennengelernt hatte."[9]

Von Anfang an interpretierte Foerster die in der Schule praktizierten Methoden nicht rein pädagogisch und didaktisch, sondern vorrangig als Ausformungen einer bestimmten Politik und eines bestimmten Sozialverhaltens, dessen demokratisch-liberale Versionen er bei längeren Studienaufenthalten in Großbritannien und den USA näher beobachtet hatte. So wie sich zeitgleich Georg Kerschensteiner für John Deweys Prinzip des "learning by doing" begeisterte, faszinierte Foerster schon in den letzten neunziger Jahren der Deweysche Gedanke, man müsse Schule als "embryonic community life", als "Staat im Kleinen" auffassen, ein Motiv, das Foerster dann im Laufe seiner jahrzehntelangen pädagogischen Tätigkeit oft variiert hat.[10]

In der Weimarer Republik griff Romano Guardini diesen Gedanken wieder auf, und zwar unter Bezug auf Foerster, und postulierte als Basis politischer Bildung den "Staat in uns"[11]; Foerster verwandte schon kurz nach 1900 die Formel vom "Staat in der Seele": Der Staat, so meinte er, kann nur human sein, wenn er mit seinen Zielen und Werten eine Basis in den menschlichen Grundrechten und Grundtugenden hat, statt sich vom Menschen, dem er ja zu dienen hat, zu trennen und ein institutionelles Eigenleben mit eigenen Gesetzen zu führen. - Dieser Gedanke Foersters - so abstrakt er auch klingen mag - kontrastierte in den Jahren vor dem Ersten Weltkrieg zu der herrschenden preußischen Staatsauffassung: Der Staat, so lautete diese, ist über individuelle menschliche Bedürfnisse hoch erhaben, ist Ausdruck des "objektiven Geistes" und handelt nach einer eigenen Raison, eben der Staatsraison, die nicht an die Regeln der üblichen Moral gebunden sein darf. Eben dagegen stellte Foerster den Satz: Was moralisch schlecht ist, kann politisch nicht gut sein.[12]

9 ebd., S. 48

10 siehe hierzu: F. Pöggeler: Die Verwirklichung politischer Lebensformen in der Erziehungsgemeinschaft - Eine Interpretation moderner Schulversuche. - Ratingen, 1954

11 R. Guardini: Briefe über Selbstbildung. - Mainz, 1950. - 9. Brief

12 Foersters epochemachendes Werk "Politische Ethik und politische Pädagogik" (zuerst 1910 bei Reinhardt in München erschienen) diente vorrangig der Begründung dieser These.

So war Foerster von Anfang an ein politischer Pädagoge, zugleich auch ein pädagogischer Politiker, weil er daran glaubte, daß nicht nur Individuen, sondern auch Völker und andere Gruppen durch Erziehung und Bildung langfristig zum Guten verändert werden könnten, und zwar weil sie ja aus einer Summe von Individuen, von Menschen bestanden.

Diese Denkweise Foersters bedeutete für die preußische und deutsche Staatspädagogik schon vor 1914 eine Kampfansage, denn die in den Schulen und beim Militär praktizierte, vom Staat normierte Pädagogik hatte ja keine andere Aufgabe, als die nachwachsende Generation staatskonform zu machen und den Zielen der akuten Politik gefügig zu machen, so z.B. der geistigen Vorbereitung auf einen Krieg.

Foersters Werk "Politische Ethik und politische Pädagogik" kulminiert in der Forderung, Politik nach Regeln der allgemeinen Ethik zu betreiben und die Macht zu versittlichen, statt einer ethikfreien Eigengesetzlichkeit zu überlassen. Eine solche Politik darf nicht durch die einzelnen Nationalitäten ihre Maximen beziehen. Politische Ethik kann nur dann zum Frieden zwischen Staaten und Völkern inspirieren, wenn sie für die ganze Menschheit und nicht für nur einen einzelnen Staat gilt.

Vollends zum Weltbürger wurde Foerster durch seine ersten Schweizer Jahre (1898 bis 1912) sowie durch die zwar kurze, aber erfahrungsreiche Zeit auf dem Lehrstuhl Otto Willmanns in Wien (1913/14). Sowohl die Schweiz als auch Österreich-Ungarn hatten sich als multinationale, föderative Staaten zu Modellen für ganz Europa entwickelt. Das gilt auch für die Bildungssysteme der Staaten, in denen Mehrsprachigkeit längst selbstverständlich war, auch Toleranz. Politischer Zentralismus widerspricht nach Meinung Foersters dem Prinzip der geistigen, kulturellen und politischen Pluralität, was für eine moderne Demokratie konstitutiv sein muß. Alternative zum Zentralismus ist der Föderalismus, der jene Pluralität erst möglich macht.[13]

Foersters Plädoyer für den Föderalismus mag mit dazu beigetragen haben, daß Foerster 1914 auf den Lehrstuhl für Philosophie und Pädagogik nach München berufen wurde. Dort fand er jedoch nicht die politische Weltoffenheit vor, an die er sich in Zürich und Wien gewöhnt hatte. Sein Kampf gegen den Nationalismus wurde immer heftiger.

"Es ist wichtig, daß Foerster von einer pädagogischen Aufgabe her zur Politik gekommen ist. Er wollte eine bestimmte Methode des Leitens und Organisierens emp-

13 Foerster knüpfte an die Föderalismustheorie von Constantin Frantz an, auf die er sich in seinen Büchern oft bezieht, und aktualisierte sie für die Politik des 20. Jahrhunderts.

fehlen, in der zwei oft einander widersprechende Prinzipien zusammenwirken sollten: die Wahrung der Würde und Freiheit des Einzelnen und seine Eingliederung in die Gemeinschaft."[14] Die Balance zwischen beiden Prinzipien sah Foerster im Nationalismus und Nationalsozialismus zuungunsten des Individuums nicht gegeben. Dem Preußentum schob er die Schuld daran zu, weil es letzten Endes an dem Grundsatz hing: Du bist nichts, dein Volk ist alles. Der Nationalsozialismus übernahm das Prinzip und mußte Foersters Forderung nach "Entpreußung Deutschlands" als Affront empfinden.

II. Frühe Emigration

Im Zuge der historischen Durchleuchtung des Nationalsozialismus war festzustellen, daß manchmal den ins Exil gegangenen Gegnern des Hitlerismus vorgeworfen wurde, politische Fahnenflucht begangen und sich in Ruhe und Sicherheit begeben zu haben. Geradezu zynisch wurde dieser Vorwurf im Fall Foerster, als von einer Zeitlang juristisch unterstellt wurde, Foerster sei gar kein echter Emigrant gewesen, weil er seinen Wohnsitz schon lange vor dem 30. Januar 1933 ins Ausland verlegt habe. Was war wirklich geschehen?

Als sich Foerster in Nutzung seiner persönlichen Kontakte zu hohen Politikern zwischen 1916 und 1918 um Friedensverhandlungen zur Beendigung des Weltkrieges bemühte, entstand ein Konflikt mit der Philosophischen Fakultät der Universität München, der er als Ordinarius angehörte. Die Fakultät distanzierte sich von Äußerungen, die Foerster bei einer Münchener Tagung von Gymnasiallehrern zum Thema "Krieg und Frieden" getan hatte. Allein schon Foersters Hinweis, der Krieg werde für Deutschland in einer Katastrophe enden, falls nicht sofort Frieden hergestellt würde, galt als Vaterlandsverrat - und wurde z.B. von dem Historiker Erich Marcks, einem Münchener Fakultätskollegen Foersters, so aufgefaßt. Erschwerend kam hinzu, daß Foerster kritisiert hatte, hohe Militärs und selbst Mitglieder der kaiserlichen Familie hätten durch "Kriegstreiberei" den Weltkrieg bewußt herbeigeführt, um Deutschland Hegemonie zu verschaffen, "Deutschland zum Herrn Europas zu machen".[15] Kollegen

14 K. Buchheim: Friedrich Wilhelm Foerstes Bedeutung für die politische Erziehung in Deutschland. - In: J. Antz / F. Pöggeler (Hrsg.): Friedrich Wilhelm Foerster und seine Bedeutung für die Pädagogik der Gegenwart. - ebd., S. 110

15 F. W. Foerster: Erlebte Weltgeschichte. - ebd., S. 188. - s. dort auf S. 187ff. die näheren Umstände des Konfliktes, der zu Foersters früher Emigration führte

hielten Foerster entgegen, er falle der kämpfenden Truppe meuchlings in den Rükken. Ein Jurist der Universität wollte Foerster wegen Hochverrats verklagen. Dazu Foerster: "Mein nächster Kollege in der Pädagogik, Professor Ehm, fand es ungeheuerlich, daß ich gewagt hatte, Fichtes Reden an die deutsche Nation zu kritisieren und ihnen vorzuwerfen, daß in ihnen vom wahren deutschen Geiste ... nichts zu spüren sei."[16]

Scheinbare Beruhigung trat dadurch ein, daß Foerster von 1916 bis 1918 die Einladung des letzten österreichischen Kaisers Karl annahm, diesen in Wien in Sachen Frieden politisch zu beraten. Rektor und Minister hatten Foerster nahegelegt, sich für einige Zeit beurlauben zu lassen. Historiker von Rang (so z.B. Karl Buchheim, Fritz Fischer und vor allem Heinrich Lutz[17]) haben überzeugend dargelegt, daß sich Foerster im Ersten Weltkrieg in Verhandlungen mit maßgeblichen Politikern und Militärs um die Herstellung eines Friedens bemüht hat, der für ganz Europa Sicherheit versprach. Unter den Pädagogen des 20. Jahrhunderts war wohl niemand so konkret und kompetent in Politikberatung an höchsten Stellen eingeschaltet wie Friedrich Wilhelm Foerster. Das war freilich auch den nationalsozialistischen Machthabern bekannt - für diese ein Grund mehr, Foerster für einen besonders gefährlichen Systemfeind zu halten. Beim letzten Habsburger Kaiser Karl, bei der bayerischen Revolutionsregierung nach 1918, bei Berliner Spitzenpolitikern ebenso wie bei führenden Repräsentanten des Völkerbundes in Genf wurde Foersters Rat geschätzt.

Als Foerster im Oktober 1918 zurückkehrte und seine Vorlesungen im Auditorium Maximum der Universität wieder aufnahm, inszenierten nationalistische Studenten gegen Foerster einen systematischen Lärmboykott. "Ich ließ den Lärm", so berichtet Foerster, "einige Minuten ruhig durch das Auditorium gehen, bis ich mich daran erinnerte, daß man eine aufgeregte Masse nicht durch vernünftigen Zuspruch, sondern nur mit Mitteln beruhigen kann, die man einem schreienden Baby gegenüber anwendet. Das Mittel besteht darin, dem Baby eine Uhr vor das Gesicht zu halten."[18]

1918/19 wiederholten sich die Szenen. Die nationalistische Propaganda vieler deutscher Zeitungen wirkte sich in weiten Kreisen der Studentenschaft aus. Unter den Studenten waren - kurz nach Kriegsende - viele ehemalige Frontsoldaten, die Foerster

16 ebd., S. 190

17 vgl. z.B. H. Lutz: Deutscher Krieg und Weltgewissen - Friedrich Wilhelm Foersters politische Publizistik und die Zentralstelle des bayerischen Kriegsministeriums 1915-1916. - In: Zeitschrift für bayerische Landesgeschichte, Bd. 26, Heft 2, 1962. - S. 470 - 549

18 F. W. Foerster: Erlebte Weltgeschichte. - ebd., S. 210

entgegenhielten: "Weil wir verloren haben, sollen wir schuldig sein?" Foerster berichtet, seine Sicherheit im Auditorium Maximum sei nur dadurch garantiert gewesen, daß der Ministerpräsident am Saaleingang eine Gruppe Matrosen bereitgestellt hatte. Radikale Studenten drohten Foerster Mord an mit Sätzen wie diesem: "Sie sind an all unserem Unglück schuld - aber die Rache schläft nicht."[19] Der Terminus "Fememord" ging um, und politische Morde waren in den ersten Jahren der neuen Republik nicht selten.

Zunächst suchte Foerster, die Situation der jungen Generation besser verstehen zu lernen, vor allem dadurch, daß er zu Gruppen der Jugendbewegung Kontakt aufnahm. Dabei wurde ihm klar, daß es nicht nur nationalistische und chauvinistische Gruppen gab.[20]

Die Drohungen wiederholten sich in den nächsten Jahren. Foerster sieht deren Ernsthaftigkeit: "Rathenau, einer der intelligentesten Kenner der neudeutschen Gefahr für die Welt und nicht weniger für das deutsche Volk, wurde ermordet, Harden halb totgeschlagen, weil er gewagt hatte, nach dem Krieg das zu sagen, was jeder anständige Deutsche hätte sagen müssen."[21]

Ende Juli 1922 erhielt Foerster von einem Freunde, dem Obersten von Sonnenburg, der ihn schon 1916 an geheimen Friedensverhandlungen beteiligen wollte, den dringenden Rat, Deutschland zu verlassen, da die Morddrohungen (vermutlich aus nationalistischen Offiziers- oder Studentenkreisen) sich konkretisiert zu haben schienen. Foerster wohnte dann bis 1926 in der Schweiz, die er als freies Land allein schon deshalb schätzen gelernt hatte, weil sie ihm 1898 die Chance zur Habilitation bot, die ihm im Deutschen Reich nach der Verurteilung wegen angeblicher Majestätsbeleidigung verwehrt worden war.

1926 - nach Jahren in Zürich, Luzern und Genf, übersiedelte Foerster dann nach Paris, um dort seine "Aufklärungsarbeit inmitten der durch die deutsche Aufrüstung bedrohten Nachbarn zu beginnen."[22] Natürlich wurde Foerster auch weiterhin zu Vorträgen nach Deutschland eingeladen und behielt Kontakte zu politischen Freunden, vor allem denen aus der Friedensbewegung. Die Schweiz gilt Foerster als "Asyl des Friedens".[23]

19 ebd., S. 280

20 1922 reflektierte er die Erfahrung mit der damals "neuen" Jugend in seinem Buch: "Jugendseele, Jugendbewegung, Jugendziel". - Zürich, 1922

21 F. W. Foerster: Erlebte Weltgeschichte. - ebd., S. 280

22 ebd., S. 290

23 ebd., S. 193

Schon 1916, mitten im Ersten Weltkrieg, hatte sich Foerster bei einem Besuch in der Schweiz gefragt: "Bin ich ein Ausgestoßener?" Und: "Ein schweres Heimweh ergriff mich da."[24] Nicht nur die Aufenthalte in der Schweiz, sondern auch in Großbritannien, den USA und anderswo förderten in Foersters Denken ein dualistisches Bild zweier widersprüchlicher Deutschlands: desjenigen des Nationalismus und der Macht-vor-Recht-Politik einerseits und des geistig-kulturellen Deutschlands andererseits. Das Deutschland der Staatsraison nannte Foerster rigoros ein "undeutsches Deutschland" dem sich - so meinte er - das andere Deutschland gebeugt habe.[25] Übrigens teilte Foerster diese Resignation mit manchen Gelehrten und Politikern seiner Generation, so z.B. mit dem Reichskanzler Graf Hertling, der Foerster 1918 durch Vermittlung des Obersten von Sonnenburg zu einem Gespräch empfing, bei dem es um die "moralische Vorbereitung des Friedensschlusses" ging.[26]

Zu diesem Problem entwickelte Foerster Vorschläge, die Hertling so kommentierte: "Sie haben wohl recht, Sie haben leider recht, ich glaube Ihnen, aber was kann ich tun, was erwarten Sie von mir. Sie wissen doch, daß die Oberste Heeresleitung in dieser Frage ganz anders denkt als Sie ... "[27] Die Ohnmacht der zivilen Politik gegenüber der militärischen Macht war vermutlich die deprimierendste Erfahrung in Foersters langem Kampf. Gleichwohl war nicht Resignation das Motiv, ins Exil zu gehen, sondern elementare Sorge um Selbstschutz und zugleich die Hoffnung, im Ausland mehr für ein friedliches und gerechtes Deutschland tun zu können als in diesem Lande selbst.

III. Foersters Kritik am Nationalsozialismus

Kein deutscher Pädagoge hat den Nationalsozialismus und vor allem Adolf Hitler als dessen Exponenten so scharf kritisiert wie Fr. W. Foerster. Natürlich mußte sich Foerster den gleichen Vorwurf deutscher Kollegen gefallen lassen, aus dem Exil (und sei es auch aus der nahen Schweiz) lasse sich leicht und ungefährlich kritisieren. Foerster wäre schlimmsten Repressionen unterworfen worden, falls er nach Hitlers Machtübernahme in Deutschland geblieben wäre. Für wie gefährlich ihn die Nazis hielten, be-

24 ebd., S. 186
25 ebd.
26 ebd., S. 198
27 ebd.

wies bereits kurz nach Hitlers Machtübernahme die Tatsache, daß Foerster als dem einzigen deutschen Universitätspädagogen die deutsche Staatsbürgerschaft aberkannt wurde. Und der einzige ist er dann bis 1945 auch geblieben. Das Exil war für Foerster einfach eine Frage des Überlebens. Die Tatsache, daß das Konzentrat der Nationalsozialismus-Kritik Foersters erst 1937 - in seinem Buch "Europa und die deutsche Frage"[28] - publiziert wurde, darf nicht davon ablenken, daß Foerster schon lange vor 1933 vor den Gefahren der Hitler-Politik warnte. Eben dies machte ihn ja schon vor 1933 zu dem pädagogischen Erzfeind Hitlers. In Deutschland war das Buch bis 1945 verboten und ist auch nach dem Ende des NS-Regimes hierzulande fast überhaupt nicht bekannt geworden, während es im Ausland ausgiebig diskutiert wurde. Das gleichzeitige Erscheinen des Buches in drei Sprachen sollte dazu dienen, "das Ausland über das tiefere Wesen der deutschen Frage und über Sinn und Grenzen der deutschen Verantwortlichkeit für die Auflösung Europas aufzuklären".[29] Foerster fügte hinzu: "Es gehört zur Rettung der deutschen Ehre, daß die tiefschmerzliche Wahrheit" über den Nationalsozialismus und dessen Ursachen "endlich ... rücksichtslos ausgesprochen werde."[30]

Der Nationalismus, als dessen radikalste Steigerungsform sich der Nationalsozialismus entwickelte, ist nach Meinung Foersters nicht nur in Deutschland entstanden, sondern ging vom napoleonischen Imperialismus aus, von dem wahnwitzigen Versuch, die Rechts- und Kulturform eines einzigen Volkes, des französischen, möglichst ganz Europa aufzuzwingen.[31] Es lag Foerster fern, Deutschland zum Sündenbock der Weltkriege des 20. Jahrhunderts zu stempeln. Hinsichtlich der Einstellung Foersters zu seinem Vaterlande bemerkte Herman Nohl 1954[32]: "Sie kam aus der Tiefe der ethischen Konflikte als harte Entscheidung eines leidenschaftlichen Gewissens und kostete ihn sein Amt und sein Vaterland". Dem Vorwurf der Nazis, er sei ein Vaterlandsverräter, hielt Foerster schon vor 1933 entgegen: "Ein Patriot ist ein Mensch, der davor bangt, daß sein Volk den Weg der Wahrheit und des Rechts verliert."

Es lag Foerster fern, das Thema "Nationalsozialismus" zu personalisieren und Hitler eine Art Teufelsrolle zuzuschreiben; vielmehr muß der Nationalsozialismus als Konse-

28 F. W. Foerster: Europa und die deutsche Frage. - Luzern, 1937 (Das Buch erschien zugleich in Deutsch, Französisch und Englisch.)

29 ebd., S. 14

30 ebd.

31 s. hierzu J. Antz / F. Pöggeler (Hrsg.): Friedrich Wilhelm Foerster und seine Bedeutung für die Pädagogik der Gegenwart. - ebd., S. 213

32 In seiner Rezension der Neuausgabe von Foersters Buch "Schule und Charakter". - In: Die Sammlung, 9 (1954). - S. 111f.

quenz einer langen Geschichte des deutschen und europäischen Nationalismus erklärt werden. Foerster betrachtet sein Buch "Europa und die deutsche Frage" als eine "Philosophie der europäischen Krise".[33] Kern der Krise ist nach Foerster die Abkehr des "offiziellen" Deutschlands von der Aufgabe, für die Deutschland durch Geschichte und Lage prädestiniert ist: eine universale Rolle in der Vermittlung zwischen Kulturen, Völkern und Staaten zu spielen, diese miteinander friedlich in Verbindung zu bringen, den Reichtum kultureller und ethnischer Vielfalt in einem föderativen System friedlicher Herrschaftsteilung lebendig zu halten, statt durch politischen (und in dessen Gefolge militärischen) Zentralismus die Völker zu uniformieren und die politische Macht im eigenen Lande als dem Zentrum Europas zu kumulieren. Das Habsburger Reich hätte nach Ansicht Foersters ein Modell für eine europäische Neuordnung Deutschlands geben können; als politischer Berater Kaiser Karls (vor allem im Vorfeld der Friedensverhandlungen des Ersten Weltkrieges) wurde Foerster, der ja einige Jahre als Nachfolger Otto Willmanns an der Universität Wien wirkte, intim vertraut. Die theoretische Basis für ein föderatives deutsches Reich fand Foerster bei Konstantin Frantz, dem Gegenspieler Otto v. Bismarcks.[34] Foersters Satz "Die deutsche Frage ist nationalstaatlich nicht zu lösen"[35] bezieht sich gleichermaßen auf das Bismarck- wie auch auf das Hitlerreich: Beiden warf Foerster vor, das "deutsche Wesen" zum Maß aller Kultur und Politik zu machen, militärisches Denken und Tun zum Maß aller Bereiche der Gesellschaft - einschließlich einer Übertragung militärischer Denk- und Verhaltensweisen auf Erziehung und Bildung. Diese "Militarisierung des zivilen Geistes"[36] entspricht nicht nur einer Überschätzung von Macht und Krieg, sondern deklariert Frieden zu einem politischen Schwächezustand, statt zur Norm der Politik.

In der Logik von Foersters politischem Universalismus liegt die radikale Ablehnung jeglicher Staatsraison als des politischen Hauptgebotes des Nationalismus. Die Staatsraison war ja nicht erst von Bismarck und seinen beiden Kaisern, sondern auch vorher als die Basis zur Legitimation von Kriegen (vorwiegend zur Annexion fremdstaatlichen Gebietes) verwandt worden. Gegen die Staatsraison stellte Foerster bereits 1910 in seiner "Politischen Ethik und politischen Pädagogik"[37] den Satz: "Was

33 F. W. Foerster: Europa und die deutsche Frage. - ebd., S. 11

34 Auf dessen Schriften bezieht sich Foerster in vielen seiner Bücher. Siehe z.B. F. W. Foerster: Europa und die deutsche Frage. - ebd., S. 45ff., 60, 65ff., 81ff.

35 ebd., S. 49ff.

36 s. hierzu K. Buchheim: Leidensgeschichte des zivilen Geistes. - München, 1951

37 F. W. Foerster: Politische Ethik und politische Pädagogik. - München, 1910

moralisch schlecht ist, kann politisch nicht gut sein". Anders formuliert: Auch die Politik muß an die Regeln von Ethik und Moral gebunden sein, wenn sie human sein will.

Adolf Hitler und die nationalsozialistische Bewegung sind für Foerster die letzten Exekutoren eines deutschen Nationalismus, der lange Tradition hat und auf einen todbringenden Chauvinismus, auf einen zweiten Weltkrieg apokalyptischen Ausmaßes hinauslaufen muß. Eine "gerade Linie ... führt ... vom schwarzrotgoldenen Nationalismus zu Hitler. Und Hitler ist nur die logische Ergänzung des Bismarckschen Werkes, das seinem ... nationalstaatlichen Charakter gemäß das übernationale Österreich so lange beiseite stellen mußte, bis dasselbe von seiner Verknüpfung mit nichtdeutschen Elementen befreit sein würde".[38] Dies war - ein Jahr vor dem Einmarsch der Hitlerarmee in Österreich - eine geradezu prophetische Bemerkung.

Die wichtigsten Impulse für einen alldeutschen Nationalismus kommen nach Meinung Foersters aus dem Preußentum: Brandenburg-Preußen, so meint Foerster, galt, nachdem es die territorialen Stücke zu einem Gebietsganzen zusammengefügt hatte, in Deutschland als ein Vorbild für politische Einheit und betrachtete es dann als seine politische Sendung, diese Vereinheitlichung über sein eigenes Gebiet hinaus fortzusetzen, um ein großdeutsches Reich aufzurichten. Die philosophische Rechtfertigung dieses Prozesses der Vereinheitlichung lieferte nach Foersters Ansicht der Staatsphilosoph Hegel. Er sah im preußischen Staat "die Realisierung des objektiven Geistes". Den folgenden Satz Hegels hält Foerster für den Kernsatz dessen, was er (sicherlich mißverständlich) "preußische Pädagogik" nennt: "Das Erzittern der Einzelheit des Willens, das Gefühl der Nichtigkeit der Selbstsucht, die Notwendigkeit des Gehorsams ist ein notwendiges Element in der Bildung jedes Menschen". Foerster fügt hinzu: "In diesen Worten Hegels erkennt man deutlich, warum es gerade der deutsche Individualist und Subjektivist war, der sich aus allen Gefahren deutscher Zerfahrenheit in die objektive Welt der preußischen Staatlichkeit zu retten suchte".

Moeller van den Bruck schreibt in seinem Buch "Preußischer Stil": "Das Preußentum war der Geist, der in Zeiten, in denen wir in Deutschland an Romantik und ... an Deutschtum beinahe zugrunde gingen, die Schwärmerei durch den Willen, den Schein durch die Sache und Sachlichkeit ablöste und unter uns wieder die Wendung zur Tat übernahm ... "[39]

Und nun die Frage Foersters: "Was ist Hitler? Hitler ist der vollendete Sieg des Preußentums über die deutsche Seele. Hitler ist die nachgeholte Revolution von 1848,

38 F. W. Foerster: Europa und die deutsche Frage. - ebd., S. 136
39 zit. nach ebd., S. 135

nachgeholt mit den Mitteln der damaligen Sieger, aber mit den Mitteln des preußischen Militarismus. Das Preußentum mußte Hitler, dem Österreicher, weichen, weil Preußentum und Deutschtum, glühend in Eins geschmolzen, stärker sind als jede der beiden Kräfte, wenn sie für sich allein wirken. Goebbels sagt einmal: 'Wir sind Preußen, und selbst wo wir Bayern oder Württemberger sind, - wo wir sind, da ist Preußen.'"[40]

Eine ähnlich scharfe Kritik an Preußen und dem Militarismus ist dem Kenner der Geschichte der Reformpädagogik natürlich auch von Autoren bekannt, die gegen Ende des 19. und zu Beginn des 20. Jahrhunderts die "alte" Schule ins Visier nahmen und - ähnlich wie es Foerster zur gleichen Zeit zu tun begann - die anthropologischen Verengungen aufdeckten, die mit Preußentum und Militarismus bei dessen Anwendung auf Erziehung und Bildung entstehen. Foersters Kritik ist kein Sonderfall, erhält jedoch vor und nach Hitlers Machtübernahme dadurch politisches Gewicht, daß sie jetzt auf praktisches politisches Handeln gerichtet ist und zum Widerstand gegen den Nationalsozialismus aufruft.

Daß Foersters Kritik an Hitler und am Nationalsozialismus nicht dadurch entschärft wurde, daß sie einen historischen Kausalnexus sichtbar machte, läßt sich schon an der Tatsache ablesen, daß Hitler sich gern in diese Linie gestellt sah - sozusagen als Nachfolger Bismarcks, zu dem er sich gern aufgewertet wissen wollte.

Folgt man Foersters Argumentation, bedurfte es nach dem 30. Januar 1933 nicht allzu großer Umstellungen im deutschen Schulwesen, um dieses zu hitlerisieren. Die nationalsozialistische Propaganda hatte - so meint Foerster - schon lange vor 1933 weiten Bevölkerungsschichten in Deutschland die Ziele Hitlers so geschickt verinnerlicht, daß die Veränderungen nach der Machtübernahme vielen Bürgern nur logisch erscheinen konnten. "Es war das verwirklicht, was ein Franzose mit dem Worte bezeichnete: 'Hitler ist der Wilhelm II. der kleinen Leute.' Es war das freiwillige Bekenntnis zu einer Ideologie, die vorher nur die herrschenden Klassen erfüllte."[41]

Das, was Foerster ironisch "preußische Pädagogik" nennt, betrifft aber nicht nur die massenweise Popularisierung eines politischen Zielkonzepts (bis hin zur "Rückführung" angeblich alter deutscher Kulturgebiete in das neue Reich), sondern auch die Formung einer neuen politischen Elite. Foerster versucht nachzuweisen, daß Hitler sein Elitedenken am historischen Vorbild des deutschen Ritterordens geschult habe, der die "richtige Richtung" aller Zukunft Deutschlands, den Weg in den Osten, gewiesen

40 ebd., S. 136
41 ebd., S. 137

habe. "Hitler will diese Tradition auch in dem Sinne neu beleben, als er dessen nach Osten gerichtete Aktion für das ganze Deutschtum akzeptiert ... "[42]

Trotz offenkundiger demagogischer und propagandistischer Fähigkeiten Hitlers hält Foerster dessen Bemühen um die Umformung der Mentalität und des Verhaltens derer, die er für seine Ideologie gewonnen hat, für extrem schulmeisterlich und spießig. Einen Beleg hierfür glaubt Foerster in Hitlers "Kampf gegen die 'Novemberverbrecher'" sehen zu können, also in Hitlers pathologisch anmutendem Versuch, den auf Demokratie bedachten Gründern der Weimarer Republik eine "Schuldlüge" anzukreiden angesichts der Behauptung, der Weltkrieg habe mit einer militärischen Niederlage der deutschen Armee geendet, wogegen Hitler die These setzt, durch die "Novemberrevolution" von 1918 seien Verräter der Armee in den Rücken gefallen und hätten so die Niederlage herbeigeführt. In der Tat war selbst in Schulbüchern, die als seriös galten, während der zwanziger Jahre zu lesen, das Ende des Weltkrieges sei durch schicksalhafte Kräfte ausgelöst worden, und ein "Siegfrieden" sei durchaus in Aussicht gewesen, wenn bestimmte politische Kräfte in der Heimat der Armee nicht in den Rücken gefallen wären. Diese "Dolchstoßlegende" gehörte zum Repertoire mancher Bücher zur staatsbürgerlichen Unterweisung in der ersten deutschen Republik. "Hitler ist ... der verkörperte Affekt all jener kleinen Mitmacher des deutschen Krieges, die rauchende Wut all derer, die auf das falsche Pferd gesetzt hatten und nun all ihre wilden Hoffnungen zu Schanden gemacht sahen."[43]

Es braucht nicht weiter erklärt zu werden, weshalb solche Sätze Foersters den Haß seiner nationalsozialistischen Gegner hervorriefen. Aber im Ausland wurde dies eher verstanden als in Deutschland, weil es um schonungslose Aufklärung ging, um Enthüllung der wahren Absichten Hitlers und seiner Genossen.

Worum es Hitler "pädagogisch" ging, das fand Foerster in folgender Sentenz Hitlers erläutert: "Die Aufgabe der Propaganda ist nicht das Abwägen der verschiedenen Rechte, sondern das ausschließliche Betonen des einen, eben durch sie zu vertretenden ... Sie hat nicht objektiv auch die Wahrheit, soweit sie den anderen günstig ist, zu erforschen, um sie dann der Masse in doktrinärer Aufrichtigkeit vorzusetzen, sondern ununterbrochen der eigenen zu dienen."[44]

42 ebd., S. 447
43 ebd., S. 383
44 zit. nach ebd., S. 260

IV. Foerster 1933 und danach: Pädagogik auf dem Scheiterhaufen

Es ist historisch lehrreich, zu registrieren, wie deutsche Universitätspädagogen das Jahr 1933 reflektiert und was sie in diesem Jahr über das Zeitgeschehen geschrieben haben. In der von Foerster herausgegebenen Zeitschrift "Die Zeit", im Untertitel als "Organ für grundsätzliche Orientierung" bezeichnet, findet man 1933 bemerkenswerte politische Miszellen, die durchaus nicht nach dem Geschmack der neuen Machthaber formuliert waren. In Heft 1/2 des Jahrgangs 1933 (erschienen am 5. Januar in Berlin) schreibt Foerster: "Eine der wichtigsten Tugenden ist die Wachsamkeit. Ohne sie bleiben die höchsten Tugenden im Schlafe."[45]

In dem Beitrag "Zwei Todesmächte im deutschen Volk"[46] geht Foerster scharf mit nach seiner Meinung militaristischen Äußerungen der Zentrale der katholischen Jugend ins Gericht. Militarismus ist für Foerster "jene völlig unbelehrbare Unterwerfung unter den Kriegswahn, die sich bewußt und höhnisch außerhalb alles Strebens ... nach einer höheren Ordnung des Völkerlebens stelle."[47] Seine Kritik bezieht Foerster im Januar 1933 übrigens auch auf militaristische Tendenzen im Geschichtsunterricht, und er unterstellt, daß es schon jetzt (kurz vor dem 30. Januar 1933) manche Lehrerkollegien gibt, die "von nationalistischen Lehrern terrorisiert" werden.

Nach Hitlers Machtübernahme setzt Foerster seine Kritik unvermindert fort (in Heft 3/1933, erschienen am 5. Februar) und wird im Ton keineswegs zurückhaltender. Über das, was nun beginnt, macht er sich keinerlei Illusionen. Im genannten Heft beschwört Foerster (bezugnehmend auf einen Appell des Wiener Kardinals) die Notwendigkeit einer universalen gesamteuropäischen Politik als der unerläßlichen Voraussetzung für einen dauerhaften Frieden; aber Foerster ist sich einer Diskrepanz zwischem "universalem Traum und nationalistischer Wirklichkeit"[48] bewußt. Er sieht auch, daß der Nationalismus gegenwärtig in der Politik europäischer Staaten dominiert.

Es ist klar, daß solche Perspektiven den massiven Haß der nationalistischen Machthaber gegen Foerster steigern mußten. So war es dann nicht verwunderlich, daß Foerster als erster deutscher Universitätspädagoge die deutsche Staatsbürgerschaft aberkannt bekam und daß seine Bücher am 10. Mai 1933 vor den Toren deutscher

45 "Die Zeit", Heft 1/2 (1933). - S. 1
46 ebd., S. 5f.
47 ebd., S. 5
48 Titel seines Aufsatzes auf S. 111. - In: "Die Zeit", Heft 2 (1933)

Universitäten verbrannt, sein Denken damit symbolisch zunichte gemacht wurde. Zu den ganz Wenigen, die beim "Feuerspruch" als Erzfeinde des Nationalsozialismus genannt wurden, gehörte Foerster unmittelbar hinter Marx, Kautsky, Heinrich und Thomas Mann, Ernst Glaeser und Erich Kästner. Der dritte "Feuerspruch" hieß:

> *"Gegen Gesinnungslumperei und politischen Verrat*
> *- Für Hingabe an Volk und Staat*
> *- Friedrich Wilhelm Foerster".*[49]

Nach den Büchern Foersters wurden noch die der "Freudschen Schule", der Zeitschrift "Image" und die von Emil Ludwig, Werner Hegemann, Theodor Wolff, Georg Bernhard, Erich Maria Remarque, Alfred Kerr, Kurt Tucholsky und Carl von Ossietzky verbrannt. Auf dem Scheiterhaufen landeten am 10. Mai 1933 natürlich nur Bücher jener Denker, welche von den neuen Machthabern als besonders gefährlich erachtet wurden.

Auf jeden der "Systemfeinde", deren Bücher am 10. Mai 1933 verbrannt wurden, bezog sich ein "Feuerspruch". "Die Rufer waren junge Leute in braunen Uniformen. Es waren Studenten. Ort der Handlung: Berlin, Opernplatz ... Die Studenten waren nicht allein: Dozenten, Professoren, Rektoren hatten sich angeschlossen. ... sie, die Täter von oben herab, vom Katheder. In Berlin hieß der Mann der Stunde: Alfred Bäumler."[50] Ein Pädagoge also, historisch salviert durch seine Affinität zu Nietzsche. - Die Bücherverbrennung (übrigens nicht nur an der Universität Berlin, sondern auch an anderen Universitäten) wurde flankiert von Reden, die "in Hörsälen" gehalten und von den Hochschulleitungen organisiert wurden; es handelte sich also um mehr als nur eine studentische Aktion.[51]

Den Begriff "Scheiterhaufen" interpretiert Krockow als einen "Widerruf der Aufklärung"; der Begriff klinge "nach Hexenjagd und Ketzerverbrennung. Und genau das war gemeint. Erst brannten die Bücher, dann, 1938, die Gotteshäuser, die Synagogen. Dann die Feuer von Auschwitz. Als Folge, im Gegenfeuer, brannten von Hamburg bis Dresden die Städte ... Gemeint war die Zerstörung eines Geistes, wie er in Europa seit dem Ausgang des Mittelalters, seit Renaissance und Reformation, Humanismus und Aufklärung sich entwickelt hatte."[52]

49 Rundschreiben P Nr. 4 der "Deutschen Studentenschaft", Hauptamt für Aufklärung und Werbung. - In: G. Sauder (Hrsg.): Die Bücherverbrennung. - München, 1983. - S. 77f.

50 C. Graf von Krockow: Bücherverbrennung - Größe und Elend des deutschen Geistes. - Berlin, 1983. - S. 12

51 ebd., S. 12f.

52 ebd., S. 14

Bei der Berliner Bücherverbrennung erwies sich Joseph Goebbels, dessen Rede der Handlung eine große politische Bedeutung geben sollte, als ein Meister des Zynismus, indem er auf das, was da geschah, das bekannte Dictum von Ulrich von Hutten bezog: "O Jahrhundert, o Wissenschaft! Es ist eine Lust zu leben!"[53]

Nur zwei Stimmen des Protestes gegen die Bücherverbrennung wurden gehört: die von Ricarda Huch und Oskar Maria Graf. Zivilcourage: damals etwas Seltenes.

Die Verbrennung, die von der Reichsleitung der Studentenschaft betont als symbolischer Akt intendiert wurde[54], war nur ein Vorspiel des sofort folgenden Bücherverbots. Auf dem Index der verbotenen Bücher standen sämtliche Werke Foersters.

Mit unseren Fragen an ältere Kollegen, die 1933 bereits im Amt waren, sollte herausgefunden werden, wie die Fachvertreter der Pädagogik im Mai 1933 auf das, was mit Foerster geschah, reagierten. Von keinem der Befragten erhielten wir eine klare Antwort, wohl aber die Empfehlung, die "Geschichte ruhen" zu lassen.

Soweit wir feststellen konnten, setzte sich nach 1933 nur einer aus der ersten Reihe der deutschen Pädagogen dafür ein, daß Foerster Gerechtigkeit widerfuhr: "Als 1935 ... Herman Nohl in einem wissenschaftlichen Werk rein sachlich über den Inhalt eines der pädagogischen Bücher von Fr. W. Foerster berichtete, wurde ihm von einem besonders tüchtigen Manne (der heute, 1955, als erziehungswissenschaftlicher Berater der Evangelischen Kirche tätig ist) bedeutet, er habe sich mit dieser Anerkennung des Pädagogen Foerster aus der deutschen Volksgemeinschaft ausgeschlossen." Joseph Antz, der dies 1955 registrierte[55], gehörte zu jenen Pädagogen, die 1933 sofort ihre Professur verloren (Antz in Bonn). Der nazistische Nohl-Kritiker von 1935 hat nicht auf die Bemerkung von Joseph Antz reagiert.

Wir konnten nicht feststellen, daß außer Foerster noch ein anderer lebender deutscher Pädagoge zwischen 1933 und 1945 durch Indizierung der Bücher bestraft wurde. Etwa die Bücher Sprangers, Aloys Fischers und anderer, die bereits vor 1933 in der deutschen Pädagogik eine Rolle gespielt hatten, waren in den Bibliotheken auch nach dem 30. Januar 1933 zugänglich, und soweit wir wissen, wurde niemand mit einem Publikationsverbot belegt.

1936, als die Judenverfolgung, die Unterdrückung aller nichtnazistischen politischen Gruppen und die Vorbereitung des Krieges für das Hitler-Regime bereits beschlossene Sache war, mußte eine Sentenz Foersters wie die folgende bei den Macht-

53 so angegeben in dem Bericht von Krockow. - ebd., S. 14

54 ebd., S. 77: "Als Grundlage für die symbolische Handlung im Verbrennungsakt ist die im Folgenden gegebene Aufstellung zu bewerten und möglichst wörtlich der Rede des studentischen Vertreters zugrunde zu legen."

55 J. Antz: ebd., S. 217

habern wie eine Bankrotterklärung wirken: " ... letzten Endes lebt auch der Staat nur von den Kräften des persönlichen Gewissens; unter der Staatsallmacht zerbricht der Staat selber, der sich in diesen Wahn seiner Allmacht verirrt und dieselbe durch Terror und Gewissenszwang verteidigt."[56]

Für Foerster hatten Aberkennung der Staatsbürgerschaft sowie Bücherverbrennung die Folge, daß 1945 - nach dem Zusammenbruch des NS-Reiches Foersters Werk in Deutschland weitgehend unbekannt war. Dagegen erschienen die neuen Bücher Foersters zwischen 1933 und 1945 im Ausland in zahlreichen Sprachen und erreichten große Verbreitung. Trotzdem war 1945 unter Erziehungswissenschaftlern in Deutschland so gut wie unbekannt, daß Foerster derjenige deutsche Pädagoge des 20. Jahrhunderts war, dessen Bücher in der Welt stärker verbreitet worden waren als die irgendeines anderen Pädagogen.

Alles, was zwischen 1933 und 1945 in Deutschland geschah, erscheint Foerster - rückblickend im Jahre 1961 - als Weg in den Zweiten Weltkrieg. "Das deutsche Volk hatte die Folgen des ersten Weltkrieges nicht ertragen wollen, und obwohl diese mit der saisonbedingten Arbeitslosigkeit im Winter 1932 schon zurückgingen, gab es sich einem ... armseligen Hysteriker preis, der gemeinschaftsunfähig, seine Minderwertigkeitsgefühle zwangsneurotisch auf eine wehrlose Minderheit abreagierend, genau zu seiner Masse paßte. Zu ihrem Führer bestimmten ihn ... Niveaugleichheit mit ihr und das Fehlen jeder Belastung durch höhere Kulturtraditionen. Es war also durchaus nicht so, daß der zweite Weltkrieg nur dem Einbruch eines Geistesgestörten in das brave friedliche deutsche Volk zuzurechnen gewesen wäre."[57]

Foersters Kritik am Nationalsozialismus wird also keineswegs auf Adolf Hitler und seinen engsten Führungskader konzentriert, sonders auf das ganze deutsche Volk bezogen - bis hin zum Vorwurf der Kollektivschuld nach 1945, den Foerster in einem weltweit beachteten Beitrag in der "Neuen Zürcher Zeitung" formulierte und durch den er sich in Deutschland erneut eine breite Gegnerschaft schuf.

In der Kritik an Foerster konnte man nach 1945 gelegentlich hören, es sei für Foerster wenig riskant gewesen, Hitler und den Nationalsozialismus zu brandmarken. Dazu ist zu sagen: Foerster ist nicht ohne Not und Zwang ins Exil gegangen, und dieses gab ihm keineswegs "Sicherheit" oder gar Annehmlichkeit; beim Einmarsch der deutschen Truppen in Frankreich 1940 mußte er sein Pariser Domizil fluchtartig verlassen - unter Zurücklassung vieler Dokumente aus seiner Friedensarbeit zwischen 1910 und 1940.

56 Staat, Religion und Pädagogik. - In: Alte und neue Erziehung. - Luzern, 1936. - S. 11f.
57 F. W. Foerster: Deutsche Geschichte und politische Ethik. - Nürnberg, 1961. - S. 193

Vielleicht ist die Schärfe, mit der Foerster die Mitschuld des deutschen Volkes am Aufkommen des Nationalsozialismus wie auch am Zweiten Weltkrieg kritisierte, ein Grund dafür, weshalb sich seine Verhandlungen um Wiedergutmachung nach 1945 so unverständlich lange hinzogen; unter denen, die hierbei mitzuentscheiden hatten, mögen manche "131er" gewesen sein, die sich von Foersters Kritik getroffen fühlen und ihm dies durch lethargische Behandlung der Wiedergutmachungsansprüche quittierten. Nachweisen läßt sich das nicht, aber man hat Gründe, das zu vermuten.

VI. Rechenschaft über die nahe Vergangenheit

Nach 1945, als Foerster "das Gewissen einer Generation", "der geschmähte Prophet" oder "der getreue Eckart seines Volkes" genannt wurde[58], forderten Männer wie Albert Einstein, Martin Buber oder Edouard Herriot Wiedergutmachung für das Unrecht, das Foerster durch den deutschen Nationalismus - besonders durch die Nazis - widerfahren war.[59]

Wie andere Emigranten, mußte sich auch Foerster nach 1945 vorhalten lassen, er habe dadurch, daß er das "Dritte Reich" nicht in Deutschland verbrachte, den Problemen den Rücken gekehrt und sich in Sicherheit gewiegt; aus der Ferne lasse sich eine Diktatur leicht brandmarken. - Tatsache ist: Foerster mußte im Exil (zumindest nach der Flucht aus Frankreich 1940) mit anderen Emigranten bittere Armut und soziale Unsicherheit teilen, und noch im hohen Alter von 90 Jahren waren seine finanziellen Einkünfte kümmerlich, seine Lebensumstände bedrückend. Immer wieder erhielten seine deutschen Freunde und Helfer in der nach ihm benannten Gesellschaft förmliche Bettelbriefe, bei deren Lektüre man spürte, wieviel Überwindung es Foerster gekostet hatte, sie zu verfassen. Zuständige deutsche Behörden ließen sich durch solches Wissen nicht zu schnellerer Hilfe bewegen ... "Mittellosigkeit schafft Barrieren. Die Aufnahmeländer kamen eigentlich nur den Wohlhabenden freundlich entgegen."[60] Foerster bekam das vor allem in seiner New Yorker Zeit zu spüren.

Nach 1945 wirkte sich das Faktum "Exil" bei Foerster wie bei anderen emigrierten Gelehrten und Künstlern in einer Form aus, die die Exilanten vorher nicht voraussehen konnten: als Stigma des Vergessen- und Überholtseins, auch des Nicht-mehr-recht-verstanden-werdens. In Deutschland sprach man jetzt eine andere Sprache, ein

58 s. hierzu J. Antz: ebd., S. 218
59 ebd., S. 223
60 C. v. Krockow: ebd., S. 139f.

Neudeutsch des glücklichen, aber verdienten Davon-gekommen-seins. Auch in pädagogischen Publikationen machte es sich bemerkbar. In historischen Rückblicken wurde manchmal so getan, als habe es das Jahrzwölft der Diktatur gar nicht gegeben, und als sei dem Jahr 1933 direkt das Jahr 1945 nahtlos gefolgt. Jenes "Vergessen" geschah durchaus nicht in Hochachtung vor der großen Geschichte des "anderen Deutschland" der "Dichter, Denker und Demokraten", sondern zwecks Schuldverdrängung. Weil Foerster dies mehrmals in Publikationen zum Ausdruck brachte, wurde er bei den "Verschweigern" unbeliebt und von ihnen in das "Verschweigen" einbezogen.

Wie andere Gegner des Nationalsozialismus, knüpfte auch Foerster an den Aufbau einer neuen Staatlichkeit in Deutschland nach 1945 große Hoffnungen, forderte zugleich aber von allen, die Verantwortung für diesen politischen und geistigen Neuaufbau übernahmen, eine politische Legitimation. Foerster und andere Exilpädagogen setzten selbstverständlich voraus, daß beim Wiederaufbau eines republikanischen deutschen Bildungswesens ehemaligen NS-Pädagogen jegliche Einflußnahme versagt sein müsse. Um so größer war Foersters Verbitterung, als er erfuhr, daß nach und nach wieder Pädagogen das Sagen bekamen, die sich zum Nationalsozialismus bekannt und damit ein brutales Unrechtssystem mitgetragen hatten.

Entsprechende Informationen wurden zahlreich, als am 29. Juli 1951 die "Friedrich-Wilhelm-Foerster-Gesellschaft" gegründet wurde, die sich sowohl für geistige als auch materielle Wiedergutmachung für Foerster einzusetzen begann und deren erster Vorsitzender, der Bonner Pädagoge Joseph Antz, 1933 u.a. deshalb von den Nazis aus dem Amt gewiesen worden war, weil er sich als Christ und Pazifist offen zu Foerster bekannt hatte.

Die Frage nach neuer politischer Legitimation der jetzt tätig werdenden Pädagogen wurde - je weiter das Jahr des Umbruchs in die Vergangenheit rückte, umso mehr mit politischer Hexenjagd verwechselt, ja nach und nach sogar für illegitim, unchristlich oder undemokratisch gehalten. Foerster sah darin eine Wiederkunft jenes politischen Opportunismus, bei dem die Anpasser stets auf der Seite der stärkeren Bataillone stehen.

Was deutsche Pädagogen, die nach 1945 in führenden Rollen beim Wiederaufbau eines demokratischen Bildungssystems mitwirkten, zwischen 1933 und 1945 publizierten, ist heute in Fachkreisen viel zu wenig bekannt. So macht der Psychiater Horst Eberhard Richter 1986 auf ein Buch über "Wesen und Bedeutung des Schmerzes" (Berlin 1936)[61] aufmerksam, in dem der "'heroische Schmerz' über alles geprie-

61 Wenke gab es zusammen mit dem Chirurgen Ferdinand Sauerbruch heraus.

sen" wurde: "Die heroische Einstellung gehörte zum aktiven Lebensgefühl unverbrauchter Völker. Hierbei begegnete der einzelne dem Schmerz 'nur um vor sich selbst seine Kraft zu messen und der Welt den Beweis seiner Stärke zu geben', und diese Haltung spielte deshalb in der Erziehung des preußischen Soldatentums ... eine hervorragende Rolle."[62] Richter läßt nicht unerwähnt, daß Wenke später "Gründungsrektor der Universität Bochum" wurde.

Daß nach 1945 Pädagogen, die während der NS-Zeit genehm gewesen waren, bald wieder eine wichtige Rolle spielten, war kein singulär pädagogisches Phänomen, sondern fand seine Parallelen in anderen Wissenschaften und Sachbereichen. So registriert Karl Jaspers, ein Gegner des Nationalsozialismus, 1966[63]: "Der Tatbestand ist nicht zu leugnen, wenn auch schwer statistisch und in voller Anschaulichkeit zu fassen: Einst prominente Nationalsozialisten wurden wieder wirksam und maßgebend. Sie haben sich nicht begnügt, unöffentliche Berufe redlich zu erfüllen. Sie haben vielmehr mit der ihnen eigenen Rücksichtslosigkeit und ihrem unbekümmerten Selbstbewußtsein Ansprüche erhoben und diese ständig gesteigert. Es gab ein unausgesprochenes Zusammenhalten, das sich auch gegen unbelastete, gegen freie Menschen wandte, deren Dasein als solches ihnen ein Vorwurf war."

In der bundesdeutschen Bildungspolitik und -wissenschaft ist bislang stets über das hinweggesehen worden, was Fr. W. Foerster 1961[64] zur Kenntnis gegeben, von den Verbrechen in den Konzentrationslagern erst durch die Nürnberger Prozesse erfahren zu haben. Foerster hält für unmöglich, daß ein Historiker von Rang so etwas zu glauben anbietet. "Daß es Millionen ... Menschen waren", die in den Konzentrationslagern gemordet wurden, weiß der Hochschulhistoriker Karl Dietrich Erdemann, heute noch nicht. Oder stellt er sich nur so?[65]

Daß dieses Verhalten kein Einzelfall war, belegt Foerster mit Hinweis auf Fakten, die Alfred Grosser offengelegt hat.[66]

Weder Jaspers noch Foerster noch Richter und Grosser haben je gefordert, daß diejenigen, die auf Grund ihrer nationalsozialistischen Gesinnung nach 1945 zur Disposition gestellt wurden, ihre Schuld bis zum letzten Rest abtragen sollten. Das Problem liegt hier vielmehr darin, daß wichtige öffentliche Ämter - oft Schlüsselpositionen in Politik, Wirtschaft und Bildung - diesen Männern und nicht jenen anvertraut

62 H. E. Richter: Die Chance des Gewissens - Erinnerungen und Assoziationen. - Hamburg, 1986. - S. 65
63 In: Aspekte der Bundesrepublik. - München, 1972. - S. 67
64 In seinem Buch: Deutsche Geschichte und politische Ethik. - Nürnberg, 1961. - S. 191f.
65 ebd.
66 In seinem Buch: Die Bonner Republik. - o.O., 1960. - S. 392

wurden, die mit Diktatur und Gewalt nicht paktiert, ja gegen sie mutig gekämpft hatten - und nun erfahren mußten, daß ihre Existenz von den "neuen Herren" als mißliebig erachtet wurde. Lag das daran, daß sie integer, redlich und mutig gehandelt hatten? Denen, die Fehler begangen hatten, wünschten ihre Kritiker nicht Böses, wohl aber, daß die sich nun in "nichtöffentlichen Berufen" betätigten, wie es Jaspers ironisch formuliert.

In Bezug auf den Beginn einer neuen Staatlichkeit nach 1945 bemerkt Richter: "Nur selten wurden Vaterfiguren aus dem Kreis derjenigen sichtbar, die Hitlers Ideen nicht erlegen waren."[67]

Echte Vaterfiguren - im Sinne von nun sehr gefragten demokratischen Vorbildern - gab es nach dem Zusammenbruch des nationalsozialistischen Regimes in der deutschen Pädagogik nur wenige, darunter einige, die aus der äußeren oder inneren Emigration zurückgekehrt waren - wie z.B. Adolf Grimme in Hannover, Friedrich Schneider in München, Joseph Antz in Bonn, Wilhelm Flitner in Hamburg, Fritz Borinski in Berlin. Sicherlich wurden auch Herman Nohl in Göttingen, Eduard Spranger in Tübingen und Theodor Litt in Bonn bald die Funktionen von Vaterfiguren zugeschrieben, aber es gab auch manche Einwände gegen ihre Einschätzung von Staat und Politik in der Vergangenheit, obgleich sie durchaus keine Nazis waren.

Eine Perspektive wie die folgende ist rein hypothetisch, aber sie kam in den Jahren des Aufbaus einer neuen Demokratie in unserm Lande doch manchen Angehörigen der jüngeren Generation, die aus dem Krieg zurückgekehrt waren, in den Sinn: Wäre Martin Buber aus Jerusalem nach Frankfurt und Friedrich Wilhelm Foerster aus New York nach München zurückgekehrt, so hätte ihre politische Pädagogik und pädagogische Politik Schule gemacht. Aber sie kamen nicht, - beide eindeutig aus Angst davor, daß die neue deutsche Demokratie nach ihrer Meinung zu unsicher war und die Belastungen der Vergangenheit in Generationen nicht abgetragen werden könnten. - Foerster hat, auch als er wieder in sein Kilchberger Heim zurückgekehrt war, nie wieder deutschen Boden betreten, und Martin Buber tat es, als ihm der Hansische Goethepreis zugedacht worden war, 1951 erst nach langem Bedenken und nur für sehr kurze Zeit. Beiden ist dies damals als Altersstarrsinn ausgelegt worden - mit der Formel: "Old men never forget." Das klang so, als seien die beiden weltbekannten "grand old men" der deutschen Pädagogik nicht mehr voll denk- und urteilsfähig.

Wenn nach 1945 der Nationalsozialismus zunächst überwunden zu sein schien, so gab es doch bald neuen Grund zu fragen, ob - nachdem einstige Nazis sich wie-

67 H. E. Richter: ebd., S. 100

der in publizistischen Positionen sicher fühlten - nicht zumindest nationalistische Töne riskiert wurden, als Foerster in der 1953 noch stark rechtsorientierten Wochenzeitung "Die Zeit" mit dem Etikett "einst radikaler Pazifist, jetzt blinder Hasser" (Deutschlands - F.P.) versehen wurde.[68]

Wer Foerster 1954 als "blinden Hasser" seines Vaterlandes bezeichnet, handelt in Unkenntnis von Foersters Haltung gegenüber Deutschland - oder er betreibt Irreführung und (gegenüber Foerster) Rufschädigung. Er muß sich dann freilich auch fragen lassen, weshalb sich nach 1945 jene absolut integren Demokraten zu Foerster bekannten, die - wie Foerster - Opfer des Nationalsozialismus geworden waren, sei es durch Zwang zur Emigration oder durch Verfolgung bis zur Verbringung in ein KZ. Stellvertretend für sie sei hier der Komparatist Anton Hilckman genannt, der 1961 bewußt machte, daß Forderungen zur Methode demokratischer Erziehung, die Foerster schon vor langen Jahren als Erster publik gemacht habe, inzwischen selbstverständlicher Bestandteil der politischen Bildung geworden seien.[69]

Darüber, daß es in den ersten Jahrzehnten nach dem 8. Mai 1945 eher zu einer formalen als zu einer in Lebensformen praktizierten Demokratisierung Deutschlands kam, hat die ältere Generation, die das "Dritte Reich" noch bewußt miterlebt und z.T. mitgestaltet hat, hinweggesehen und diese Entwicklung nicht für mangelhaft gehalten. Umso mehr wurde der neue Staat gegen Ende der sechziger Jahre dadurch, daß die APO-Jugend die unaufgearbeiteten Desiderate der jüngsten Vergangenheit wieder vergegenwärtigte, und zwar in radikaler Offenheit ohne jegliche Schonung von betroffenen Personen. Die jungen Kritiker, die eine Basisdemokratie forderten, gaben sich nicht damit zufrieden, daß in allen gesellschaftlichen Bereichen - auch im Bildungswesen - "nicht Hitlers Gegner, sondern eher Kräfte aus seinem angepaßten Gefolge allmählich die gesellschaftliche Macht zurückgewonnen hatten."[70]

In intensiven, mitunter kriminologisch geschickten Recherchen deckten die kritischen Studenten Texte auf, die für nun in Amt und Würden Stehende peinlich wurden. Die erneute Veröffentlichung kam einer Enthüllung gleich. Der Schleier des Vergessens war offenbar nicht dicht genug gewebt worden, um die Vergangenheit ins Tabu absinken zu lassen. Unter den älteren Pädagogen war es vor allem Hans Wenke, auf den sich die Kritik der APO-Generation richtete. Die Kritik setzte ihm heftig zu und trug vermutlich dazu bei, daß er bald starb.

68 s. hierzu: Friedrich Wilhelm Foerster - das Gewissen seiner Generation. - Friedrich-Wilhelm-Foerster-Gesellschaft (Hrsg.); Bonn, 1954. - S. 7f.

69 s. hierzu: A. Hilckman: Über politische Bildung und politische Mündigkeit. Mit einem Geleitwort von Franz Pöggeler. - Bonn, 1961. - vor allem S. 27: F. W. Foerster als politischer Erzieher

70 so H. E. Richter: ebd., S. 160

VI. Zur Foerster-Rezeption in Deutschland nach 1945

Ein wichtiger Teilaspekt der Vergangenheitsbewältigung der deutschen Pädagogik seit 1945 ist die erneute Rezeption des Denkens jener deutscher Pädagogen, die auf Grund ihrer Gegnerschaft zum Nationalsozialismus in die äußere oder in engere Emigration gezwungen wurden. Berühmte Exilpädagogen wie Buber, Foerster, Kurt Hahn u.a. lebten ja noch, als das NS-Regime kollabierte, und hatten die Absicht, sich zum Aufbau eines demokratischen Bildungswesens in ihrem Vaterland zurückzumelden. So hoffte auch Foerster, daß seine Gedanken nun in Deutschland wieder weithin publik, seine Bücher viele neue Leser finden und sein Konzept einer europäischen Friedenspädagogik für die neue politische Bildung maßgebend würde. - Foerster erkannte schon nach wenigen Jahren, daß seine Erwartungen nur sehr partiell in Erfüllung gingen.

Daß die Foerster-Rezeption seit 1945 nicht so erfolgreich verlief wie etwa die Buber-Rezeption, lag großenteils daran, daß Foerster sich in seinen neuen Publikationen sofort wieder in die politische Diskussion einschaltete. Buber dagegen nicht. Die Massivität, mit der Foerster einst und jetzt Nationalismus und damit auch Nationalsozialismus kritisierte, ließ auch nach 1945 manche Rezensenten seiner Bücher den alten Vorwurf aufwärmen, er sei ein moralischer Rigorist, der sich das unverdiente Recht nimmt, sein Vaterland als ganzes in die Schranken des Gerichts der Geschichte zu weisen. Der Schuldbegriff, den Foerster für unverzichtbar in Politik und Pädagogik hielt, wurde von seinen Kritikern als "unpädagogisch" und "unpolitisch" abgewiesen, wobei temporär verständliche Verdrängungsmechanismen eine Rolle spielten.

Behindert wurde die neue Foerster-Rezeption nach 1945 vor allem durch folgende Fakten:

1. Nach Foersters Kollektivschuld-Vorwurf in der NZZ erschien 1947 eine Schrift mit Exzerpten aus "Europa und die deutsche Frage", und zwar jetzt unter dem Titel "Die deutsche Frage - von draußen und drinnen gesehen" und dem Untertitel "Friedrich Wilhelm Foersters Stellungnahme und Antworten des In- und Auslandes". Anstößig wurde die kleine Schrift für führende Kreise der deutschen Pädagogik deshalb, weil als Herausgeber der Verlag "Das Andere Deutschland" (Hannover) und dessen Inhaber Fritz Köster firmierten, die als "links" und pazifistisch etikettiert wurden und dem Terminus vom "Anderen Deutschland" eine Version gegeben hatten, die diesem Begriff viel von der hohen Geltung nahmen, welche ihm nach 1933 im Ausland zugeschrieben wurde.

"The riddle of the 'other Germany' has baffled and intrigued foreign observers and German Thinkers alike for more than a century, Goethe, Heine, Hölderlin, Schopenhauer and Nietzsche, were plagued by the uneasy feeling that Germany's irrational romanticism and militaristic barbarism would one day lead to a revolt against the Western civilization."[71]

Foerster galt in den USA nach 1933 und nach 1945 als einer von denen, "who foresaw the coming explosion." "It was Friedrich Wilhelm Foerster who ... denounced Prussia's militaristic 'blood and iron' policy ... During the first world war this fearless fighter spoke to tightly packed audiences at the University of Munich denouncing the spirit of aggression."[72] Die dann folgende Beschreibung von Foersters Kampf für eine friedliche Weltordnung läßt keinen Zweifel daran, daß just das, was Foerster in der Welt zu einem glaubwürdigen Repräsentanten des "anderen Deutschland" machte, im Landesinneren zum Anlaß für eine direkte oder indirekte Ablehnung des Gedanken Foersters wurde. Der Begriff vom "anderen Deutschland" wurde zur Zeit des "kalten Krieges" auch bei offiziellen Stellen in Westdeutschland in den Verdacht gerückt, dem Kommen des Kommunismus Vorschub zu leisten.

Vielleicht war das psychologisch als Reaktion darauf zurückzuführen, daß im Ausland (auch in den USA) in den fünfziger Jahren zunehmend die Rückkehr ehemaliger Nazis auf wichtige Posten des öffentlichen Lebens scharf verurteilt wurde, so z.B. in dem Buch von T. H. Tetens, aus dem soeben zitiert wurde. Immerhin lieferte Tetens eine Liste von Namen "alter Nazis", die das "neue Deutschland" inzwischen wieder engagiert hatte.

2. Auf Initiative seines Schülers Alfred Dedo Müller, der nach 1945 Dekan der Theologischen Fakultät der Universität Leipzig geworden war, erhielt Foerster die Würde des Ehrendoktors dieser Universität verliehen. Weil diese altehrwürdige Universität nach 1949 mit dem Namen Karl Marx belegt wurde, geriet auch die Auszeichnung Foersters in ein schiefes Licht, - völlig zu Unrecht. Als obendrein eine Koinzidenz mit dem Plan der DDR-Regierung eintrat, Foerster den Nationalpreis zu verleihen, den er freilich ablehnte, reihten undifferenzierte Kritiker Foerster in die Gruppe pazifistischer Fellow Travellers ein.

3. Eine Ablehnungsfront ganz anderer Observanz entstand, weil Foerster hohe Auszeichnungen von christlichen Institutionen erhielt, so von Papst Pius XII., anderen hohen Kirchenführern und katholischen Universitäten. Das brachte Foerster, der sich zeitle-

71 T. H. Tetens: The new Germany and the old Nazis. - New York, 1961. - S. 153
72 ebd., S. 154

bens für eine weltoffene christliche Erziehung eingesetzt hatte, den Ruf ein, überholte konservative Positionen der religiösen Erziehung zu behaupten.
4. Das politische Bonn der Heuß- und Adenauer-Ära enthielt sich jeglicher Bemühung um Ausführung der Wiedergutmachung oder zugleich einer Ehrenerklärung für den Emigranten Foerster. Adenauer wurde offensichtlich mit jenen Vorurteilen konfrontiert, die voraufgehend skizziert worden sind; Heuß mag Foerster nie verziehen haben, daß er schon kurz vor dem Ersten Weltkrieg den Heuß-Lehrer Friedrich Naumann des Nationalismus bezichtigt hatte.

Im Jahre 1945 war Foerster bereits 76 Jahre alt. Trotzdem ging er mit Energie an die Neuherausgabe seiner Bücher, sofern diese nach seiner Meinung (und auch der seiner Freunde hierzulande) geeignet schienen, Orientierungshilfen beim Aufbau eines demokratischen Bildungssystems in Deutschland zu bieten. Es ging Foerster nicht so sehr um ein Eingreifen in die spezifisch erziehungswissenschaftliche Neubesinnung als vielmehr darum, den Deutschen eine "message" zu verkünden und ihnen authentisch zu sagen, was demokratisches Verhalten ist. Nicht erst in der Emigration nach 1933, sondern schon seit 1900 hatte Foerster seine Maßstäbe in der angelsächsischen Version von Demokratie zu finden gesucht, weil man auf deutsche Erfahrung fast gar nicht zurückgreifen konnte.

Entsprechend dieser Grundintention favorisierte Foerster bei der Neuherausgabe seiner Werke vor allem diejenigen mit stark politischem Einschlag: "Politische Ethik" (1956)[73], "Politische Erziehung" (1958)[74], "Deutsche Geschichte und politische Ethik" (1961)[75], "Schuld und Sühne" (1961).[76]

Selbst in Foersters Buch "Schule und Charakter", das wir 1951 in einer total überarbeiteten 15. Auflage herausgeben konnten[77] und das in deutscher Sprache am stärksten verbreitete Buch Foersters wurde, spielt Politik eine zentrale Rolle, weil darin die politischen Lebensformen in der Schule diskutiert werden, was der von Foerster gewählte Untertitel "Moralpädagogische Probleme des Schullebens" nicht vermuten läßt.

Selbst die schärfsten Gegner Foersters, von denen sich nach 1945 wieder einige zu Wort meldeten, gaben zu, daß man Foerster damals bereits zu den Klassikern der politischen Bildung und einer politisch motivierten Pädagogik rechnen muß. Die Ak-

73 4., stark überarbeitete Auflage, Paulus-Verlag Georg Bitter, Recklinghausen
74 ein weitgehend neuer Text; Herder Verlag. - Freiburg; Basel; Wien, 1958 (mit einem Nachwort von Franz Pöggeler)
75 Verlag Block und Lutz
76 Paulinus-Verlag, Trier. Durchgesehene Auflage mit einem Geleitwort von Friedrich Hackauf und einem Nachwort von Franz Pöggeler
77 Paulus-Verlag Georg Bitter, Recklinghausen

tualität der politischen Auffassungen Foersters wurde dann in den vier Jahrzehnten nach 1956 in Auswahlbänden artikuliert, vor allem durch die Sammelbände von Kurt Gerhard Fischer[78] und Bruno Hipler[79].

Zu einer Aktualisierung des 1937 in zweiter Auflage erschienenen Werkes "Europa und die deutsche Frage" fand Foerster nicht mehr die Kraft. Eine politisch brisante Novität wurde aber sein in mehrere Sprachen übersetztes Buch über "Die jüdische Frage", in dem er das furchtbare Schicksal der Juden, das bis zum Holocaust geführt hatte, religions- und politikhistorisch erklärte. Obgleich dieses wichtige Werk in einer vielgelesenen deutschen Taschenbuchreihe erschien[80], ist es von der deutschen Pädagogik wie manches andere Buch zur "Judenfrage" schlicht "übersehen" worden. Man kann nachträglich nur Mutmaßungen hierüber anstellen und der Frage nachgehen, weshalb z.B. Oetingers Partnerschaftsbuch sehr ausführlich (und meist mehr positiv als negativ) rezensiert wurde, Foersters Bücher zur politischen Pädagogik aber nur wenig - und dann mehr in den Lehrerzeitschriften als in den erziehungswissenschaftlichen Periodica. Lediglich Herman Nohl und Erich Weniger plädierten für eine neue Beachtung Foersters und schätzten sein Oeuvre kritisch, aber nobel ein, um Bewußtsein um die säkulare Bedeutung dieses Werkes.

In Hinsicht auf die Entschiedenheit und Aufrichtigkeit von Foersters Leben und Persönlichkeit spricht Herman Nohl vom "Metall des Geistes" und betont, daß Foerster sich "nicht scheute, einsam seinem Gewissen zu folgen ... Musik und Lyrik möchten diesem Manne fremd sein, wie denn auch in seinen Büchern kein gefühliger Satz steht, nur ein strenger Moralismus, der aber pädagogisch so reich und praktisch lebendig ist, daß er Seelen bewegen kann."[81]

Was Nohl hier "Moralismus" nennt, war nach 1945 bei nicht wenigen älteren Pädagogen insofern unerwünscht, als es dabei um die Frage nach Charakter und Gewissen, Mut oder Versagen in jüngster Vergangenheit ging. Es wäre aber nicht korrekt gewesen, hätte man Foerster in jenen Jahren des Umbruchs und Überganges nur als den großen Ankläger des Nationalsozialismus und dessen pädagogischer Gefolgschaft gesehen. Foerster dachte eher prospektiv - an die pädagogische Mithilfe bei der Schaffung eines Weltfriedens und einer Politik der Gerechtigkeit.

78 F. W. Foerster: Schriften zur politischen Bildung (Hrsg. K. G. Fischer). - Paderborn, 1964
79 F. W. Foerster: Manifest für den Frieden. - Paderborn, 1986
80 in der Herder-Bücherei. - Freiburg; Basel; Wien, 1959
81 H. Nohl: ebd., S. 111f.

Foersters Erwartung, der Quintessenz seiner Pädagogik in seinem Buch "Die Hauptaufgaben der Erziehung" (1959)[82] zu neuer Aktualität verhelfen zu können, erfüllte sich nicht. Selbst seine Neuerscheinungen zum Themenfeld "Religion und Erziehung", in dem er früher als Klassiker angesehen wurde, fanden nur kurzfristige Resonanz, so sein einstiger Bestseller "Christus und das menschliche Leben" (neu erschienen 1953)[83] der nicht, wie es der Autor gewünscht hatte, zu einer "modernen Nachfolge Christi" wurde. Ähnliches ergab sich bei der 2. Auflage von "Angewandte Religion" (1961)[84], übrigens vielleicht auch deshalb, weil Foerster manche christliche Auffassungen nicht kirchenkonform interpretierte; er war ja an keine der Kirchen gebunden, obgleich er der katholischen zugerechnet wurde. Ein Hindernis gegen die Akzeptanz von Foersters Neuausgaben mag die Sprache des Autors gewesen sein: Natürlich hat jeder Autor seinen "Generationsdialekt", und nicht jedermann gelingt es, diesen in die Gegenwartssprache adäquat zu übersetzen. Grundsätzlich hätte ein Buch wie "Moderne Jugend und christliche Religion" (1960)[85] zumindest den Religionspädagogen und Katecheten viel sagen können, aber 1960 herrschten Strömungen der Religionspädagogik vor, in die Foersters Konzept nicht hineinpaßte. - Das gilt auch wohl für jenes Buch, mit dem Foerster bei seinem ersten Erscheinen (1907) geradezu Furore gemacht hatte und das 1962, wenn auch völlig überarbeitet, neu herauskam: "Sexualethik und Sexualpädagogik"[86]. Die Aussagen dieses Buches paßten zwar exakt in den Kontext der Sexualauffassungen des Lehramts der katholischen Kirche, lagen aber "nicht im Trend" und fanden daher bei Pädagogen nur wenig Gehör.

Die Erfahrung Foersters, von 1933 bis 1945 in Deutschland "abgemeldet" gewesen zu sein und nicht publizieren zu dürfen, weckte in ihm eine Art Nachholbedarf, als der Nationalsozialismus zusammengebrochen war, aber die Zeit war nicht stehengeblieben, und in der amerikanischen Emigration vermochte Foerster nicht präzise genug abzuschätzen, was nunmehr in Deutschland sagbar war. Immerhin erlebten zwei seiner ältesten Bücher, die schon am Anfang des Jahrhunderts starke Beachtung erreicht hatten, auch jetzt wieder ansehnlichen Absatz: "Jugendlehre" (1959 im 116. und 117. Tausend)[87] und "Lebensführung" (1954 sogar im 152. bis 154. Tausend), ebenfalls im Paulusverlag.

82 Verlag Herder. - Freiburg; Basel; Wien, 1959
83 Paulus-Verlag Georg Bitter, Recklinghausen
84 Verlag Herder. - Freiburg; Basel; Wien, 1961
85 Verlag Herder. - Freiburg; Basel; Wien, 1960
86 Paulus-Verlag Georg Bitter, Recklinghausen
87 Paulus-Verlag Georg Bitter, Recklinghausen

Habent sua fata libelli: Während Foersters Memoiren "Erlebte Weltgeschichte 1869 - 1953"[88] von Pädagogen nur wenig beachtet wurden (und dies, obgleich es wohl keine andere Pädagogenbiographie des 20. Jahrhunderts in Deutschland gibt, die so spannend zu lesen ist), ist dieses voluminöse Werk (719 Seiten) in der politischen Publizistik ausführlich rezensiert worden, verständlicherweise mit Pro und Contra. In seinen Memoiren liefert Foerster zahlreiche historische Fakten, die für die Entstehungsgeschichte des pädagogischen Nationalismus und des Hitlerismus belangreich sind. Vermutlich ist es die von Foerster gezeichnete "preußische Linie", der deutschen Bildungsgeschichte seit Beginn des Kaiserreichs 1871, die viele Experten für pädagogische Historiographie in Reserve zu Foerster gebracht hat; denn diese "preußische Linie" liegt auch manchen Darstellungen der deutschen Bildungsgeschichte seit 1871 zugrunde, freilich nicht ablehnend wie in Foersters Memoiren. An deutschen Universitäten war der Nationalismus in weiten Studenten- und Professorenkreisen bereits in den zwanziger Jahren eine so dominante Potenz, daß für einen pädagogischen und politischen Gegner des Nationalismus wie Foerster auf die Dauer keine Bleibe war und Emigration die Voraussetzung dafür schaffen konnte, ungehindert von Druck und Bedrohung für den Frieden zu wirken.

Die Kritik an Foersters "Erlebter Weltgeschichte" grenzte dort an Zynismus, wo dem Autor unterstellt wurde, die gegenüber der Weimarer Republik veränderte politische Situation Deutschlands nicht begriffen zu haben. So meinte Otto B. Roegele, in den Jahrzehnten seit 1945 einer der einflußreichsten Publizisten im CDU-orientierten Katholizismus, Foersters Memoiren zeigten mit "erschreckender Deutlichkeit, daß Foerster den Rückweg in die zweite Republik nicht gefunden hat, daß da nicht nur eine geographische Entfernung zwischen New York und Deutschland besteht"; Foerster habe "durch den freiwilligen Verbleib in der unfreiwilligen Verbannung dieses für beide Partner tragische Schicksal mitverschuldet."[89]

Hier fehlt offenbar der Scharfblick dafür, daß der, dem so viel Ungemach durch Deutsche angetan wurde wie Foerster, nicht in wenigen Jahren wieder so viel Vertrauen zum Land seiner Todfeinde aufgebaut hat, um wieder in sein Geburtsland zurückzukehren.[90]

88 Verlag Glock und Lutz. - Nürnberg, 1953

89 Roegeles Rezension erschien in: Die Besinnung, Heft April/Mai, 1954

90 s. andere Stellungnahmen zu Foersters Memoiren in der Schrift: Die Wahrheit über Friedrich Wilhelm Foersters "Erlebte Weltgeschichte". - Verlag Glock und Lutz, Nürnberg, 1954

VII. Ein kurzes Nachwort

Gewicht und Wirkung des Lebenswerkes Foersters sind bislang in vielen Überblicken zur Pädagogik des 20. Jahrhunderts unterschätzt worden. Bei Berücksichtigung der internationalen Literatur erkennt man, daß Foerster in der Pädagogik zu säkularen Persönlichkeiten wie John Dewey oder Martin Buber, Rabindranath Tagore oder Maria Montessori gestellt wird. In Darstellungen zur Geschichte der christlichen Verkündigung sieht man Foerster neben William Booth, Christoph Blumhardt, Carl Gustav Jung, Leonhard Ragaz oder Emanuel Swedenborg gestellt.[91]

Daß man Foerster in der Geschichte der Friedenstheorien einen Platz neben Dante Alighieri und Erasmus von Rotterdam zuweist[92], mag auf einer Überschätzung beruhen, aber in der Friedensbewegung des 20. Jahrhunderts - das haben bereits die NS-Kritiker sorgfältig beachtet - muß er in der vordersten Reihe genannt werden - neben Walther Schücking, Hans Wehberg, Albert Schweitzer, Mahatma Gandhi und Anderen.

Um dessen voll bewußt zu werden, wurde es Zeit, daß Foersters Werke von deutschen Pädagogen (vor allem vom Nachwuchs) intensiv gelesen werden. Zu den Stichwörtern "Hitler"[93] und "Nationalsozialismus" werden sie bei Foerster ungleich mehr Kritisches erfahren können als bei jenen pädagogischen Großfürsten, die seine Zeitgenossen waren, ihn manchmal still beneideten oder bewunderten, aber ihn in dunklen Zeiten allein seinem Schicksal überließen.

91 so in dem Sammelband von Margarete Fritzsche: Rutengänger in Gottes Welt. - Gütersloh, 1977. - S. 69ff.

92 vgl. z.B. Adolf Grote: Unangenehme Geschichtstatsachen - Zur Revision des neuen deutschen Geschichtsbildes. - Nürnberg, 1960. - S. 101

93 Das Stichwort "Hitler" kommt z.B. in Foersters Memoiren nicht weniger als an 69 Stellen vor.

Karl Foerster, 1893 (Sammlung Foerster)

Karl Foerster

1874	Carl August Foerster wird am 9. März in Berlin geboren
1880	Eintritt in das Friedrich-Wilhelm-Gymnasium, Berlin
1889 - 1891	Gärtnerlehre in der Schloßgärtnerei Schwerin
1892 - 1903	Besuch der Gärtnerlehranstalt Wildpark bei Potsdam
1899	Beginn der fotografischen Arbeit
1903 - 1907	Aufbau der ersten Gärtnerei hinter dem Wohnhaus der Eltern in Berlin-Westend
1906	Erste Veröffentlichung in der Presse: vierteilige Artikelserie "Pan und Psyche"
1907	Die Westender Gärtnerei stellt sich mit dem ersten Foerster-Katalog vor.
1910/11	Verlegung der Gärtnerei nach Bornim bei Potsdam
1916	Einberufung zum Militärdienst; Foerster wird wegen seiner Schwerhörigkeit in Plaue/H. stationiert und mit gärtnerischen Arbeiten betraut
1920	erster Erfolg der züchterischen Arbeiten am Rittersporn
1920 - 1941	Herausgabe der Zeitschrift "Gartenschönheit" (mit Oskar Kühl und Camillo Schneider)
1928	Gründung der Arbeitsgemeinschaft Gartengestaltung in Bornim zusammen mit Herta Hammerbacher und Hermann Mattern
1929	Beginn der Vortragstätigkeit im Rundfunk
1932	Foerstersche Phlox-paniculata-Züchtungen kommen in den Handel
1939	Auf Anregung Foersters entsteht ein öffentlicher Schaugarten auf der Freundschaftsinsel in Potsdam.
1945	Die Sowjetische Militär-Administration nimmt die Gärtnerei als "Züchtungs- und Forschungsbetrieb winterharter Blütenstauden" unter Schutz.
1949	Der Staudenversand wird wieder aufgenommen.
1950	Foerster erhält die Ehrendoktorwürde der Humboldt-Universität zu Berlin. In den letzten zwei Lebensjahrzehnten hat er neue Zuchterfolge.
1959	anläßlich des 85. Geburtstages Verleihung der Ehrenbürgerschaft der Stadt Potsdam
1963	Die letzte Reise führt ihn zu dem schwer erkrankten Bruder Friedrich Wilhelm nach Zürich
1964	anläßlich des 90. Gebutstages Ernennung zum Professor
1966	Wahl zum ersten Ehrenmitglied der Internationalen Staudenunion
1967	Außerordentliches Mitglied der Berliner Akademie der Künste
1970	Am 27. November stirbt Foerster in seinem Haus in Potsdam-Bornim.

Ausgewählte Veröffentlichungen

1911	"Winterharte Blütenstauden und Sträucher der Neuzeit"
1917	"Vom Blütengarten der Zukunft"
1925	"Unendliche Heimat"
1928	"Gärten der Erde"
1929	"Der neue Rittersporn"
1934	"Garten als Zauberschlüssel"
1935	"Staudenbilderbuch"
1936	"Der Steingarten der sieben Jahreszeiten"
1937	"Glücklich durchbrochenes Schweigen"
1940	"Lebende Gartentabellen"
	"Blauer Schatz der Gärten"
1941	"Kleines Bilderlexikon der Gartenpflanzen"
	"Von Landschaft, Garten, Mensch"
1950	"Vom großen Welt- und Gartenspiel"
1952	"Neuer Glanz des Gartenjahres"
1953	"Reise doch - Bleibe doch!"
1954	"Tröste mich - ich bin so glücklich"
1959	"Warnung und Ermutigung"
1962	"Ferien vom Ach"
1968	"Es wird durchgeblüht"

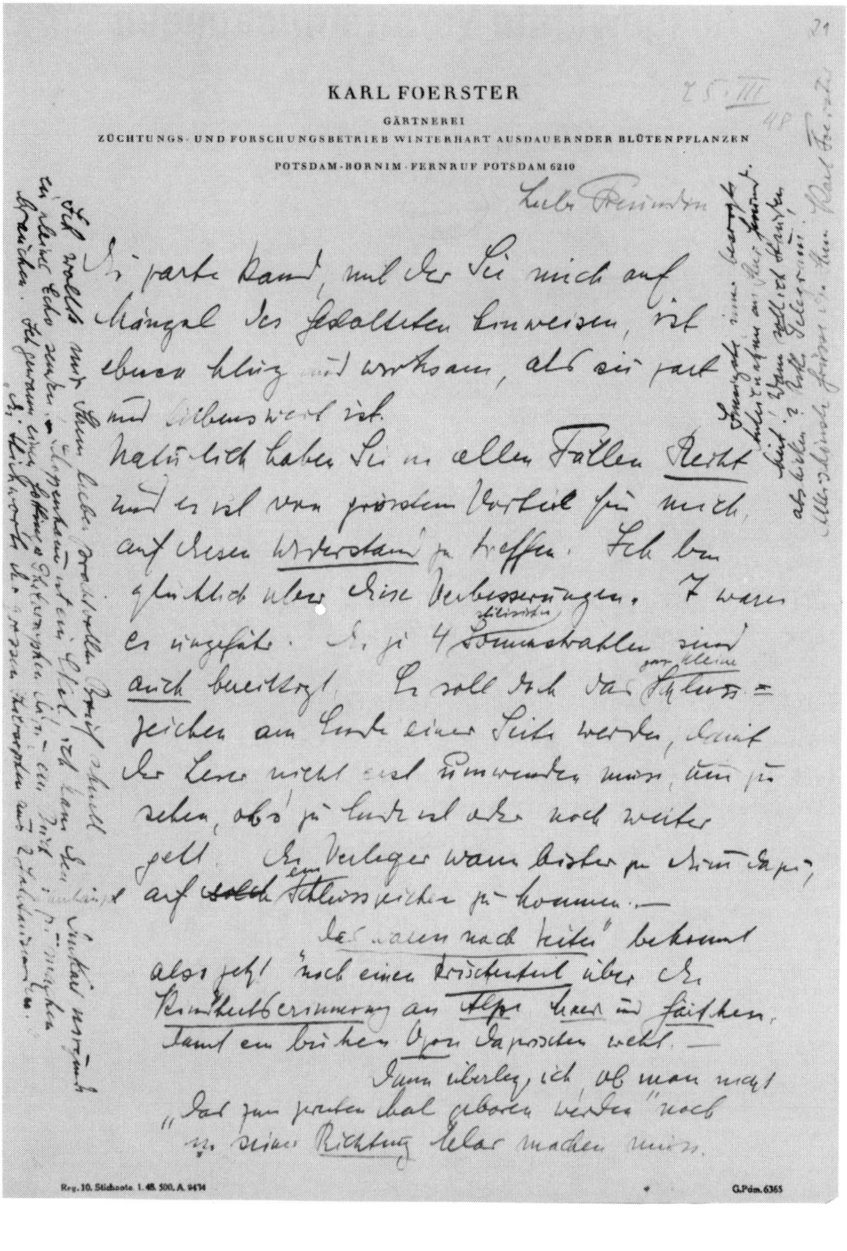

KARL FOERSTER

GÄRTNEREI

ZÜCHTUNGS- UND FORSCHUNGSBETRIEB WINTERHART AUSDAUERNDER BLÜTENPFLANZEN

POTSDAM-BORNIM · FERNRUF POTSDAM 6210

25. III 48

Liebe Freundin

Die zarte Hand, mit der Sie mich auf Mängel des Gedachten hinweisen, ist ebenso klug und wirksam, als sie zart und liebenswert ist.

Natürlich haben Sie in allen Fällen Recht und es ist vom größten Vorteil für mich, auf diesen Widerstand zu treffen. Ich bin glücklich über diese Verbesserungen. 7 waren es insgesamt. Die zu 4 zeiligen Sonnenstrahlen sind auch beseitigt. Es soll doch das ganz kleine Schluss=zeichen am Ende einer Seite werden, damit der Leser nicht erst umwenden muss, um zu sehen, ob's zu Ende ist oder noch weiter geht. Die Verleger waren bisher zu dumm dazu, auf ein Schlusszeichen zu kommen. —

„Das Wasser nach Seiten" bekommt also jetzt noch einen Zwischentitel über die Kindheitserinnerung an Alpen Seen und Teichen. Damit ein bißchen Ozon dazwischen weht. —

Dann überlege ich, ob man nicht „Das zum zweiten Mal geboren werden" noch in seiner Richtung klar machen muss.

Karl Foerster an Elisabeth Koch

(Potsdam-Bornim) 25.III.1948

Liebe Freundin!

Die zarte Hand, mit der Sie mich auf Mängel des Gestalteten hinweisen, ist ebenso klug und wirksam, als sie zart und liebenswert ist.
Natürlich haben Sie in allen Fällen Recht und es ist von grösstem Vorteil für mich, auf diesen Widerstand zu treffen. Ich bin glücklich über diese Verbesserungen. 7 waren es ungefähr. Die je 4 stilisierten Sonnenstrahlen sind auch berechtigt. Es soll doch das ganz kleine Schlusszeichen am Ende einer Seite werden, damit der Leser nicht erst umwenden muss, um zu sehen, obs' zu Ende ist oder noch weiter geht. Die Verleger waren bisher zu dumm dazu, überhaupt ~~solch~~ auf ein Schlusszeichen zu kommen. -

"Das waren noch Zeiten" bekommt also jetzt noch einen Zwischenteil über die Kindheitserinnerung an Alpe, Meer und Gärtchen, damit ein bisschen Ozon dazwischen weht. -

Dann überlege ich, ob man nicht "das zum zweiten Mal geboren werden" noch in seiner Richtung klar machen muss. Gemeint ist nicht der Gärtner, sondern der Mensch. "Und ich war sein und es war mein". Ich bin im Hauptberuf Mystiker und konnte einen Teil davon durch m. Beruf ausdrücken. Das steht hinter allem. Aber man kann nicht darüber reden. Ich suchte die Weltliteratur ab, ob Spuren jenes Ungeheuersten sich zeigten, - fand keine, als nur einmal bei einem kleinen Dichter obige Worte, - und bei Goethe das Wort: "Glück über alles Bedürfnis hinaus." - Das Geheimnis ist unsere Amme. Geheimnis bedeutet Fürsorge und Verheissung.

Es wird also doch vielleicht nötig sein, anzudeuten, was da erlebt wurde, - ein Gefühl des Getragen werdens ohne Gleichen. Lächelnd entwindet es sich dem Worte. Mitten im Unglück vor Seeligkeit nicht einschlafen können, das war dabei. Und in jenen Zuständen Musik? Goethe spricht vom "Doppelglück der Töne wie der Liebe". Es giebt aber auch noch ganz anderes Doppelglück des Musikhörenden. -

Neulich sagte ein Leser, der viel i. m. neuen Buch gelesen hatte: Alle Kapitel sind ja so kurz! Man möchte mehr von jeder Sache hören, schon ist es zu Ende. Ich sagte ihm, ich bezwecke ein Mitgehen des Gelesenen mit dem Leser, eine Einprägung tiefster Lebensformeln u. Erlebnisformeln. Wenn es zu lang wäre, würde das Gedächtnis streiken. -

"Die Lücke ist das Schicksal" muss natürlich deutlicher ausgedrückt werden in dem Sinne: das Schicksal lauert auf die Lücke. Verbaue ihm die Lücke.

Das geringste fühlbare Bemühen u.s.w.! Sie haben Recht: Man müsste es so ausdrücken: verdirbt leicht Alles, - kann aber, wenn die Persönlichkeit danach ist, auch die entgegengesetzte, die erwünschte Wirkung tun. -

Ich wollte nur Ihrem lieben prachtvollen Brief schnell ein kleines Echo senden! - Schopenhauer ist ein Ekel, ich kann diese Denkart nirgends brauchen. Ich gewann einen Göttinger Philosophen dazu, ein Buch zu machen "Die Stichworte der grossen Philosophen aus 2 Jahrtausenden."

Innigste, immer besorgte Anteilnahme an Ihrer Gesundheit! Wann soll ich Stauden abschicken? Bitte Telegramm! Allerschönste Grüsse von Ihrem Karl Foerster

(Der Brief befindet sich im Besitz der Staatsbibliothek zu Berlin, Preußischer Kulturbesitz, Handschriftenabteilung.)

Karl Foerster als Bräutigam, 1927 (Sammlung Foerster)

"Die Natur und den Menschen 'zu Wort bringen'"
Vom großen Welt- und Gartenspiel in Bornim

Günter Wirth

Im Oktober 1943 schrieb Karl Foerster dem Dichter Reinhold Schneider, dem er während dessen Potsdamer Zeit von 1932 bis 1937 begegnet und dem er immer nahe war: *"Heute muß ich Ihre Aufmerksamkeit auf ein geistiges Abenteuer lenken. Otto Bartning (der Baumeister) arbeitet an seinem Lebensbuch, einer Weltumseglung von ungewöhnlicher Art. Der erste Teil ist vollendet. Der Insel-Verlag hat ihn übernommen, die Drucklegung hat begonnen, dauert aber aus Kriegsgründen geraume Zeit. Das Manuskript dieser seltsamen Reisedichtung kam in meine Hände. Es gehört für mich zu den grossen Büchern, von denen unser Welt- und Lebensgefühl wie neu erschaffen wird."*

1936 war in einer Rezension zu Karl Foersters Buch "Der Steingarten der sieben Jahreszeiten" aus der Feder von Julie Schlosser, einer damals im protestantischen Milieu nicht unbekannten Autorin, in der "Christlichen Welt", der renommierten Zeitschrift des liberalen Protestantismus, zu lesen: *"Das Buch ist bis ins Winzige hinein der Ertrag von Jahrzehnten allerfleißigster Arbeit und hat dabei überall Schwung und großen Zug. Jedes Idyll kleiner Steingärten hat zum Hintergrund die Erde, sogar den Kosmos - wie in der Natur selbst ... andere Augen etwas von dem sehen zu lehren, was er sieht, der in der Natur wirklich 'wie in den Busen eines Freundes' schaut(:) Das ist im tiefsten Sinne frommes Tun."*

1930 hatte Helene von Nostitz, die Frau des früheren königlich sächsischen Staatsministers, die Freundin Rodins und vieler anderer Künstler, selber eine sensible Schriftstellerin, bei Wolfgang Jess in Dresden ein Buch über Potsdam veröffentlicht. In ihm ist Karl Foersters Staudengarten (sie schreibt übrigens Karl mit "C") ein Kapitel gewidmet. Dort liest man:

"Wir können die harte, sorgsame Arbeit nur ahnen, die hinter dieser leuchtenden, bunten, duftenden Welt steht. Der Kampf mit dem sandigen Boden der Mark erzeugt eine fortwährende Spannung und Beschwingtheit. Die Pflanzen werden hier nicht gemästet und gepflegt, sondern groß gehungert und groß gedürstet. Solche Blumenpflege ist ein Spiegelbild des altpreußisch-spartanischen Ideals, das nur im Verzicht sein Äußerstes zu leisten vermag und dann zu seinem eigenen Erstaunen bunte und herrliche Gebilde hervorbringt, wie auch das Fridericianische Barock. 'Wenn ich nicht in Potsdam lebte', meint Foerster, 'wär ich vielleicht nie auf den Gedanken verfallen, diese neue, mit Kompressor arbeitende Pflanzenwelt aus der Natur herauszuholen. Die große Gartenanregung Sanssoucis lebt hier weiter ... Den Eingeweihten erscheint diese unsere Gartenwelt hier als Einfallstor für eine noch erst kommende nordisch-tropische Flora.'" Soweit Karl Foerster und Helene von Nostitz ...

Schließlich sei einleitend Diedrich Wattenberg zitiert. In seinem Erinnerungsbuch "Gestirnter Himmel über mir" hat der frühere Direktor der Berliner Archenhold-Sternwarte Karl Foerster gleichsam im Lichte seines Vaters gesehen: *"Das 'Sternenhaus', wie er jenen Tempel der Urania (die Sternwarte am Berliner Enckeplatz - G.W.) zu nennen pflegte, sowie die ausgedehnte parkähnliche Gartenanlage, von der die Stätte umgeben war, belebte seine Erinnerungen bis in die späten Lebensjahre ... Mit großem Respekt und in einer sich immer gleichbleibenden Verehrung und Liebe pflegte er von seinem Vater zu sprechen, der 'mit den himmlischen Mächten unter einer Decke' zu stecken schien ... "*

Welt, Kosmos, Gartenwelt - wir haben die Stichworte aus dem "großen Welt- und Gartenspiel", wie Karl Foerster eines seiner wichtigsten Bücher überschrieben hat. Im Garten Welt und Kosmos - Kosmos als Weltall wie als Ordnungsprinzip der Welt - aufnehmen und als homo ludens, freilich auch mit altpreußischer Disziplin, die Gartenwelt gestalten. Oder anders gesagt: Aus dieser Gartenwelt den Kosmos schauen, die weltlichen Spiele kritisch betrachten, und aus ihr - Karl Foerster tat es nur zu gern - in die Welt aufbrechen, um doch alsbald ebenso gern wieder in die Gartenspiele zurückzukehren.

In die Welt aufbrechen - das aber hieß für Karl Foerster, die Welt in ihrer Poesie aufzunehmen, wie er Reinhold Schneider gegenüber Bartnings Beschreibung seiner Weltreise gerühmt hatte (und wenn dieses Buch, es wäre dies ja auch anachronistisch genug gewesen, 1943/44 bei Insel in Leipzig nicht mehr herauskam - der Insel Verlag in Wiesbaden brachte es 1947, aber da war es auch noch, allerdings auf andere Weise, unzeitgemäß). Freilich hieß dies, die Welt in ihrer Poesie aufzunehmen, nicht, die Probleme der Welt zu ignorieren, im Gegenteil: Es ging Karl Foerster immer auch darum, sich diesen Problemen, ihren Herausforderungen und Verheißungen, zu stellen. Wir wissen dies etwa aus einem Brief Eva Foersters an Barbara Faensen, die im Union Verlag, dem Verlag von Karl Foersters philosophischen Schriften, lange einen jährlich erschienenen Almanach herausgab, "Ernte und Saat". Am 14. Dezember 1979 schrieb Eva Foerster:

"Liebe Frau Faensen,

es soll noch mein Dank zu Ihnen kommen für 'Ernte und Saat', - wieder ein großes Geschenk für Ihre Lesergemeinde. Mich traf diesmal Günter Wirths Arbeit besonders ..., reiste doch mein Mann 1935 mit Distelbarths wundervollem Buch 'Lebendiges Frankreich' durch sein geliebtes Herzensland Frankreich. ..."

Paul Distelbarth, nach dem zweiten Weltkrieg Eigentümer und Herausgeber der "Heilbronner Stimme", war gleichsam eine Art altbundesdeutscher Karl Foerster: In den 30er Jahren als Vorkämpfer der deutsch-französischen Verständigung bekannt geworden (und verdächtig bei den damals Regierenden), setzte er sich in den fünfziger und sechziger Jahren für die Verständigung der BRD mit der UdSSR und mit China ein, und er, der Journalist und Schriftsteller, der aber vor allem zwar nicht Gärtner, wohl aber Landwirt war - auf dem Rittelhof unweit von Heilbronn -, vertrat immer von neuem die Auffassung, es seien die Bauernvölker, denen im Gegensatz zu den Kriegervölkern die Zukunft gehöre.

Wie Karl Foerster bereit war, aus der "unendlichen Heimat" der Gärten in die Welt aufzubrechen und sich den Problemen der Welt zu stellen, so blieb er ihr - unter dem Motto "Reise doch - Bleibe doch!" (so der Buchtitel von 1953) - treu und kehrte nicht nur in sie zurück, war vielmehr in der Lage, auch die kompliziertesten Weltprobleme in der Perspektive der Gartenwelt zu sehen, ohne daß dies in seinem Falle als Anachronismus, als Flucht in eine weltfremde Idylle hätte gedeutet werden können. Versuchen wir es zu begründen:

1917 konnte Karl Foerster in der "Vorbemerkung" zu dem Buch "Vom Blütengarten der Zukunft" schreiben, die "Stahlgewitter" des Weltkrieges nicht negierend, aber transzendierend:

"Die Menschen in den Lazaretten und Gefangenenlagern, denen dieses Buch zugeeignet ist, werden nicht lächeln über seinen allzu friedlichen, allzu beschaulichen Inhalt, sondern sie werden daran denken, daß sie nach der Rückkehr aus diesem letzten europäischen Kriege die feierliche Tiefe und seelische Nährkraft stiller, weltweiter Freuden andächtiger erleben werden, als es jemals auf Erden geschehen ist."

Und 1944 (der erste Weltkrieg war doch nicht der letzte gewesen, und nach diesem ersten Weltkrieg war zu wenig auf Foersters Einsicht von 1917 gehört worden, wonach "Civilkurage" dem "heutigen militärischen Heroismus ebenbürtig" werden müsse) - 1944 also konnte Karl Foerster in "Stahlgewittern" ganz anderer Dimensionen dennoch neuerlich solche Töne anschlagen:

"Die Herkunft und Tonart des großen deutschen Gartengesprächs", heißt es im Dankbrief an die Gratulanten zum 70. Geburtstag, *"welches in diesen mir bereiteten Festtagen zu mir gedrungen ist, greift aber weiter in die Welt hinaus und gibt mir das feste Vorgefühl, daß wir einem europäischen Gartengespräch entgegengehen werden ... : Es werden hierdurch allen Nachbarschafts- und Grenzgefühlen rings umher neue Stromnetze errichtet werden, auf denen sich auch Ströme nichtgeahnter menschlicher Annäherung und Anteilnahme bewegen können."*

Auch eine solche Vision war alles andere denn idyllisch, wenn man zur Kenntnis nimmt, was Karl Foerster gleichzeitig in Briefen und anderen Texten skeptisch niedergeschrieben und wie er seinen Ruf nach "Civilkurage" von 1917 im zweiten Weltkrieg wieder aufgenommen hat, in einem Brief an Paul Alverdes, den Herausgeber des "Inneren Reichs", eines Organs der inneren Emigration, in dem er im Juli 1941 seine Prosa "Ungefeierte Einmaligkeiten" publiziert hatte. Am 10. Februar 1942 schrieb Foerster:

"Ich lese Ihre neue Nummer des Januar. Eigentümlich bedrückt mich in dem großen Anfangsgedicht [Ludwig Friedrich Barthel: 'Dem Schwert die Rühmung des Schwertes'] das fehlende Bedürfnis des Dichters, nun zu bedichten, daß der Sinn dieser Kriege doch der ist, nun endlich den Totentanz Europa zu beenden. Das kann auf die Dauer nur dadurch geschehen, daß aus der Civilkurage der gleiche Kultus gemacht wird, wie aus dem Kriegsheroismus. Die Herren Dichter, die da in auswegloser Romantik des Krieges herumdichten, sind doch gar zu primitive Leute! Kling Klang gloria! Ewige Nibelungen-Blutmanscherei, Nibelungenlied-Idiotie. ... Der Name 'Das innere Reich' bedeutet doch, daß hier das Tiefste unseres Innern in 'Einklang' mit den furchtbarsten Bedrohungen seiner 'Stille' gebracht werden soll."

Schließlich die Zeit des Kalten Krieges nach 1945: Als in der Berliner Humboldt-Universität erwogen wurde, Karl Foerster den Ehrendoktor zu verleihen, entwarf Prof. Georg Pniower, einer der genauesten wissenschaftlichen Kenner des Lebenswerkes von Karl Foerster und einer seiner beredtesten Propagandisten, einen Text zur Begründung dieser Ehrung, und es war wohl - eben in der Zeit des Kalten Krieges, die beiden deutschen Staaten waren, Ausdruck der Spaltung der "One World" und Europas, gerade gegründet und standen sich feindlich gegenüber - nicht selbstverständlich, daß er auf 1917 zurückgriff. Wenn ich es richtig sehe, wird hiermit erstmalig öffentlich aus Pniowers Votum, dem sich ausdrücklich kein Geringerer als Prof. Eilhard Mitscherlich anschloß, zitiert (nach den Akten zu Ehrenpromotionen im Archiv der Humboldt-Universität zu Berlin):

"Foerster's (!) schriftstellerische Arbeit", so heißt es dort, *"blieb nicht auf fachliche Probleme beschränkt, sondern bezog sich auch auf philosophische Fragen, die er mit seltener Gedankentiefe und mit dichterischer Kraft zu behandeln wußte. Unter seinen zahlreichen Werken ... verdient sein 'Blütengarten der Zukunft' besondere Erwähnung. Dieses Buch erschien während des ersten Weltkrieges und gehörte damals wie auch in der darauffolgenden Nachkriegszeit zu den bekanntesten Werken der gartenbaulichen und schöngeistigen Literatur ... Die von ihm stammenden ... Vorschläge zur Herbeiführung eines 'Europäischen Gartengesprächs' sind auch im Ausland aufgegriffen worden und machen verständlich, dass der deutsche Gartenbau Herrn Karl Foerster zu seinen verdienstvollsten Vertretern zählt."*

Poesie der Welt, Probleme der Welt, Weltall und Kosmos - es könnte manchem erscheinen, es werde in der Deutung des Foersterschen Werks allzu schnell und ohne Zwischenglieder von der Welt des Gartens auf die Welt geschlossen, und vice versa. Das wäre zweifellos nicht im Sinne des Bornimer "Blumenkönigs", wie Helene von Nostitz ihn genannt hatte, denn dieser war ein Feind des Globalistischen wie des Partikularen, des Provinziellen.

Es wäre dies vor allem auch deshalb nicht im Sinne Karl Foersters, weil es diese Zwischenglieder in dessen Denken und Leben, in seinem Lebenswerk tatsächlich und ausgeprägt gibt. Insonderheit ist es die Welt der Kunst, die die Brücke von der Gartenwelt des "Menschengärtners" (so eine Charakteristik Foersters durch den Maler Siegward Sprotte) zur Welt schlägt, und im Grunde ist es die Welt aller Künste, die hier in Betracht gezogen werden muß - bis hin zu der des "Licht-Bildes", der Fotografie, und bis zum Radio: Karl Foerster war auch ein Radiopionier, und er hat nicht erst seit 1930 Radiovorträge gehalten: Im Programm der Berliner Funkstunde habe ich gefunden, daß er am 1. Mai 1929 (an einem Donnerstag, 15 Uhr) gesprochen hat über das Thema: "Der Steingarten in den sieben Jahreszeiten".

Vor allem aber wissen wir natürlich um Karl Foersters Sensibilität gegenüber der Musik, und sie war es denn auch, die in Gestalt einer aus kirchenmusikalischer Umwelt in Pommern stammenden Sängerin am unmittelbarsten in sein Leben trat: Eva Foerster geborene Hildebrandt, die - mit Michael Raucheisen am Klavier - früh öffentlich aufgetreten war und der offensichtlich eine Karriere in der musikalischen Welt bevorstand ... Nach ihrer Heirat 1927 waren es "nur" Hauskonzerte, in denen sie singen konnte, aber es waren die berühmten Foersterschen Hauskonzerte, mit Edwin Fischer etwa und vor allem mit dem alten Potsdamer Wilhelm Kempff, der zum ersten

Karl und Eva Foerster, 1928 (Sammlung Foerster)

Male schon 1917 im "Zaubergarten" (sein Wort!) gewesen war - und 50 Jahre später, im September 1967, macht der berühmte Pianist und Komponist seinen Jubiläumsbesuch in Bornim und schreibt ein Bachsches Notenzitat "in unwandelbarer Freundschaft" ins Gästebuch.

Die literarische Welt und die des philosophischen Denkens ist Karl Foerster erst recht nicht fremd, gehört er doch mit seinem Werk - und dies nicht nur am Rande - zu ihr, und auch hier gibt es zusätzliche familiäre Bande in Gestalt seines Bruders Friedrich Wilhelm, von dem man in der DDR außerhalb des theologischen Diskurses und der christlich-demokratischen Publizistik kaum Notiz nahm. Es wäre der hier nicht zu leistenden Untersuchung wert, welche literarischen Werke bzw. Strömungen insonderheit auf Karl Foersters Denken, auf seinen Lebensstil einwirkten. An dieser Stelle sollen nur Namen von Schriftstellern genannt werden, mit denen er - oft genug bzw. in erster Linie - als Gärtner in Beziehung getreten war: mit Zuckmayers aus dem Land der Emigration seines Bruders und mit Leonid Leonow, dem Beschwörer des russischen Waldes und Einzelgänger in der Sowjetliteratur, mit Erwin Strittmatter, der sich aus der Hauptstadt des Realsozialismus in die märkische Provinz zurückgezogen hatte und der wie der Bornimer "Merlin" (Karla Höcker) das Große im Kleinen zu entdecken suchte, und mit Rudolf Borchardt, dem subtilen Sprachkünstler, der vor der Verfolgung durch die rassistischen Nazis in Italien ein immer fragiler werdendes Refugium gefunden hatte und kurz vor der Befreiung (wieder auf der Flucht) starb, mit Walter von Molo und Manfred Hausmann, mit Reinhold Schneider und Paul Alverdes, also mit inneren Emigranten unterschiedlichen Profils, mit Wilhelm von Scholz, dem Jugendfreund, und mit Hans Carossa. Und als Paul Zech, Emigrant in Lateinamerika, das Deutschland zu Beginn der dreißiger Jahre in einem Roman beschrieb, ließ er den Garten eines Großbürgers wie selbstverständlich von Karl Foerster gestaltet sein. Schließlich noch diese Beobachtung: Als ich vor Jahren in der Ostberliner Akademie der Künste die Liste der dort archivierten Bibliothek von Wolfgang Goetz, dem lange Jahre in Stahnsdorf wohnhaft gewesenen Schriftsteller und Publizisten, durchsah, fand ich Foerster-Titel, darunter das 1934 bei Rowohlt erschienene Buch "Garten als Zauberschlüssel".

Umgekehrt findet sich in Foersters Bibliothek Eduard Engels "Geschichte der deutschen Literatur", und der wenige Tage nach der "Kristallnacht" im November 1938 in Bornim verstorbene jüdische Universalgelehrte und Patriot schrieb 1921 in das Buch: "Herrn Karl Foerster. Unserem hochverehrten Nachbarn und liebreichen Gönner in Dankbarkeit. Seine Blumen-A, B und C-Schüler Anna und Eduard Engel."

Nicht zuletzt sei darauf verwiesen, daß am 28. Mai 1949 in der damals noch in Potsdam von Franz Steiner, einem aus der "Königsberger Hartungschen Zeitung" bekannten Journalisten, herausgegebenen überparteilichen Zeitung "Tagespost", in der ich zwischen 1946 und 1949 16 Aufsätze Karl Foersters nachgewiesen habe, ein H.B. gezeichneter Bericht erschien, in dem das Bornimer „Blumenreich" lebendig beschrieben wird. H.B. - so zeichnete damals der Volontär H. H. Bienek, der dann zu Bertolt Brecht ging, 1951 verhaftet und mehrere Jahre nach Workuta verbracht wurde. In der Bundesrepublik wurde er ein bekannter Schriftsteller, insbesondere durch seine Gleiwitz-Romane. Und wenn an weitere schöne Aufsätze über Karl Foerster erinnert werden soll, dann an den des seiner Zeit in Potsdam wohnhaft gewesenen Feuilletonredakteurs der "Neuen Zeit", Hans-Werner Gyßling, zum 80. Geburtstag. In der NZ habe ich übrigens zwischen 1947 und 1959 35 Texte von Karl Foerster gefunden.

Natürlich - wir hatten es schon bei Paul Zech angedeutet gesehen - lag es nahe, daß Karl Foerster als "Gartenarchitekt" mit professionellen Architekten in engste Zusammenhänge, Arbeits- und Gestaltungszusammenhänge, geriet. Da in diesen Tagen der Name Julius Posener uns in besonderer Weise nahegekommen ist, sei zuerst Hans Poelzigs gedacht, dem Posener gerade erst wieder ein Buch gewidmet hat, und Poelzig ist ja auch eng mit Potsdam verbunden: Er war Schüler des Viktoria-Gymnasiums und saß dort (Abiturientenjahrgang 1888) in einer Klasse mit Richard Kasack, dem späteren Potsdamer Arzt und Stadtverordneten, dem Vater des Dichters und Gartenfreundes Hermann Kasack.

Zu einer direkten Zusammenarbeit zwischen Poelzig und Karl Foerster ist es vor allem bei einer Gelegenheit gekommen, bei dem Entwurf und der Ausführung der von Hermann Mattern gestalteten Staudenanlage im Umfeld des von Poelzig errichteten Verwaltungsgebäudes der IG Farben in Frankfurt am Main, einer der größten Anlagen dieser Art (ich folge hier "Garten der Erinnerung, S. 246). Peter Behrens, Hermann Muthesius, Hans Scharoun, Richard Neutra, der von Karl Foerster nach seinem eigenen Zeugnis "Charakter und Physiognomie der Pflanzen und der Menschen" als "bereicherte Einsicht" entdeckt hat, und nicht zuletzt Otto Bartning sind andere Architektenpersönlichkeiten, die wir in Karl Foersters Nähe orten können. Beide, Bartning und Foerster, sehen wir übrigens nach dem zweiten Weltkrieg - Foerster allerdings alsbald eingeschränkt - beim Wiederaufbau des Deutschen Werkbunds.

Jedenfalls hat der Bornimer keine Gelegenheit ausgelassen, seine Visionen wo auch immer zur Wirkung zu bringen, so auch 1948 bei der "2. Ostrüste" für Künstler und Kunsthandwerker des Centralausschusses der Inneren Mission, auf der u.a. der Kirchenmusiker Gerhard Schwarz (bekannt als Vertoner von Klepper-Liedern), der für künstlerische Fragen kompetente Theologe Klaus Wessel und eben auch Karl Foerster (er über den Garten) sprachen.

Und nun und erst recht - wir sind schon bei ihr angelangt - die bildende Kunst. Auch hier wird wiederum die Zusammenschau von Bildkünstlerischem und Gartengestalterischem in Betracht zu ziehen sein, und tatsächlich kommt nach allem, was wir bisher zusammengetragen haben (und es ist dies ohnehin pars pro toto), so etwas wie ein "Gesamtkunstwerk" in Sicht. Einer der bedeutendsten Künstler unseres Jahrhunderts, der überdies zu jenen gehört, die die Grenzen ihrer "Disziplin" zu überschreiten und ins Gespräch mit Philosophie und Dichtung einzutreten bereit sind, der aus Bornstedt stammende, immer wieder hierher zurückgekehrte Siegward Sprotte, ein Freund Hermann Kasacks, hat die Nähe Karl Foersters zur bildenden Kunst sehr schön beschrieben, wenn er sich 1979 eines Vortrages von Karl Foerster über Wildnisgarten, Natur und Kultur vom Ende der zwanziger Jahre so erinnerte: *"Wie mußte das die Phantasie eines jungen Mannes treffen! Gab es eine Gartenkunst? - war eine Kunst möglich, die den Gärtner und Gartengestalter befähigt, die Natur in ihrer Unberührtheit durch Berührung und Gestaltung zu steigern? Kultur nicht im Gegensatz zur Natur?"*

Über ähnliche Erfahrungen mit Karl Foerster berichtete Otto Niemeyer-Holstein, der norddeutsche Maler: *"1968 besuchte ich Karl Foerster, den greisen Garten-Professor, in Bornim bei Potsdam. Eigentlich erhoffte ich mir von ihm vor allem botanische Auskünfte - und natürlich ein paar schöne Stauden für Lüttenort, auf Stauden ist Foerster spezialisiert. Kurzum, ich wollte etwas von dem Mann. Aber es verlief anders. Ehe ich überhaupt zu Wort kam, war's der alte Herr, der mich ausfragte, ohne Punkt und Komma. Er wollte wissen, wie's ein Maler mit der Flora hält. ... Dann wechselte er das Thema und beschrieb den Garten von Lüttenort, dabei hatte er ihn noch nie gesehen! Nur auf Bildern von mir, und nun merkte man, es war ihm ein Vergnügen, mich zu verblüffen, denn er ging in Einzelheiten, flocht sogar auch kritische Hinweise ein."*

Daß freilich nicht allein der spezifische Aspekt der Gartenkunst, einmal mehr ästhetisch, ein andermal ganz praktisch, das Verhältnis des Bornimer Gärtners zur Kunst bestimmte, wissen wiederum beide zu erzählen. Niemeyer-Holstein tat es charmant, anekdotisch: *"'Nicht wahr', sagte er einmal unvermittelt, 'von Böcklin halten auch Sie nichts.' Ich sagte, daß Böcklin natürlich ein großer Maler gewesen ist, aber was habe er aus seinem Talent gemacht? Sich völlig dem Zeitgeschmack unterworfen! Doch der Alte ließ nicht locker: 'Nein, nein, ich seh's Ihnen an, Sie halten von Böcklin nichts. Aber ich sage Ihnen, wer Böcklin zum Alteisen wirft, der versteht nichts von Metall.'"*

Sprotte hatte schließlich zu bekennen - übrigens nicht nur in diesem Text -, daß es eigentlich Karl Foerster gewesen sei, der ihn als Maler entdeckt und auf den richtigen Weg gebracht habe. Zugleich machte er eindrucksvoll deutlich, über welch Depositum kunsthistorischer Kenntnisse und ästhetischer Maßstäbe Karl Foerster verfügt habe: *"Hagemeister - von dem Foerster einmal sagte, er habe an ihm jeden Strich geliebt - spaltete seine Arbeitsweise nicht in Atelierarbeit und Naturstudium auf. Sein Atelier war die Natur selber. Ein Goethisches Erbe, das sich für die Malerei und über die Malerei auch für die Gartenkunst in unserem Jahrhundert auswirkt. ... 'Det wächst!' rief Hagemeister. 'Det wächst nich!' war ein vernichtendes Urteil aus seinem Munde über gewisse Kunstströmungen. Der Obstzüchtersohn in Werder hatte im Anblick des Wachstums malen und zeichnen gelernt. Die Besuche des großen Gärtners aus Bornim waren ihm eine besondere Bestätigung. Hagemeister studierte William Turner. Karl Foerster wußte seit seiner Jugend um die Bedeutung der Turnerschen Kunst. Als ich einmal im Winter in Bornstedt Rosenkohl im Schnee malte - Foerster taufte das Bild 'Winterernte' -, schrieb er mir: 'Ich möchte hinter Dir her sein, wie Ruskin hinter Turner!'"*

Der Gärtner in seiner Welt und die Welt der Fotografie, und des Radios, und die Welt der Literatur, und die der Musik, und die der Architektur, und die der bildenden Kunst - es ist dies keine inadäquate Addition, die durch die vielen "und" vorgenommen wird. Es ist die Einheit in Leben, Werk und Denken Karl Foersters, die hier in Erscheinung tritt, das echte "Gesamtkunstwerk", ein Element von authentisch Goetheschem, wie denn nach einem Zeugnis Sprottes die Potsdamer ihren "Stauden-Foerster" einen "Blumen-Goethe" genannt hätten: Wie im Garten, wie in der Natur das ganze Jahr "durchgeblüht" wird, so geschieht es gleichsam auch in den Künsten, deren je Eigenes - von solchem Garten her gesehen - aufeinander und vor allem auf das Insgesamt der Schöpfung, der Welt des Kosmos zu beziehen ist (der Babelsberger Schüler Wilhelm Foersters, Bruno H. Bürgel, hat nicht zufällig eins seiner Bücher "Im Garten Gottes" betitelt).

Wir sind damit einerseits wieder am Ausgangspunkt, beim Kosmos im Sinne Wilhelm Foersters, und es waren der Optimismus und der Positivismus einer naturwissenschaftlich geprägten Weltanschauung und Ethik, in deren Atmosphäre Karl Foerster groß geworden war. Andererseits sind wir (nicht zuletzt durch die Brechung der Probleme der Welt des 20. Jahrhunderts und mit Blick auf das, was ich die "Zwischenglieder" zwischen Gartenwelt und Welt genannt hatte) bei der Welt im Sinne der Schöpfung - diesen Begriff jetzt in der Fassung des christlichen Glaubens genommen, dem sich Karl Foerster im Laufe seines langen Lebens in zunehmenden Maße öffnete. Hans

Scharoun hat dies anläßlich des 90. Geburtstages Karl Foersters anschaulich so beschrieben: *"Gott machte das Land, Foerster die Blume. In der Blume stieg Gott auf die Erde hinab, so unser frommes Gefühl mit dem Alltäglichen zu vereinen. Durch das Rätsel der Blume wird offenbart, was innerlichst das Du und das Ich verbindet."*

Von Karl Foerster selber gibt es ein Dokument von schlichter, ja naiver Frömmigkeit, die plötzlich weite theologische Perspektiven eröffnet, und es ist dieser Brief am Einsegnungstage seiner Tochter vor Ostern 1947, der nach meiner Kenntnis in diesem Jahrhundert seinesgleichen nur noch in dem bekannten Patenbrief Dietrich Bonhoeffers aus dem Gefängnis hat. Es heißt da:

"Bloß weltliche irdische Gedanken sind ein zu kurzes Hebelzeug, um die Dinge so zu lenken, wie sie gelenkt werden können. Wir brauchen nicht nur geistige, sondern geistliche Gedanken, um die Dinge an langen Hebeln zu regieren. Es ist fast unmöglich, an 'Gott' zu denken, ohne auch dabei mit an Christus zu denken. Warum dies so ist, kann mit Menschenworten kaum gesagt werden, - es ist ein Geheimnis so tief wie die Welt. - Christus redet das Vornehmste in der Seele an. Keine andere Anrede ist ihr vergleichbar. - Er redet auch den Alltag an. Der Alltag mit seinen angeblich kleinen Dingen ist das Wichtigste im Leben. Diese kleinen Dinge sind erfüllt von Größe. -"

Tatsächlich ist es überdies der diskursiv geprägte und geführte Dialog Karl Foersters mit Theologen, der hier aufgerufen werden muß, zumal mit Theologen, die ihrerseits den Blick über konfessionelle und dogmatische Grenzen hinaus zu werfen bereit und in der Lage waren - Klaus Wessel hatte ich genannt, Helmut Gollwitzer wäre ebenfalls zu nennen (übrigens zusammen mit seiner Schwester, die Gartenarchitektin war). Vor allem aber ist hier die Lebensfreundschaft mit Alfred Dedo Müller zu würdigen, mit einem Leipziger Theologen, der zu den wenigen gehörte, die in der DDR - wo sie nur konnten - für Friedrich Wilhelm Foerster, übrigens auch für dessen Ehrendoktorat in Leipzig, eintraten. Allerdings konnte sein Buch "Dämonische Wirklichkeit und Trinität", in dem er im Sinne Friedrich Wilhelm Foersters gegen die atomare Rüstung Stellung bezog, Anfang der 60er Jahre nicht in der DDR erscheinen. Alfred Dedo Müller hatte sich vor 70 Jahren einen Namen mit seinem Buch über Religion und Alltag gemacht, und es ist daher kein Zufall, daß er in seinem Aufsatz zum 90. Geburtstag Karl Foersters in der "Neuen Zeit" auf solche Gesichtspunkte zurückkam: Dort hat Alfred Dedo Müller festgehalten, Karl Foerster habe immer die christliche Haltung seines Bruders bejaht, und von ihr aus habe er seine "besondere Leistung" vollbringen können, nämlich die "vom Mysterium der Menschwerdung Gottes" geprägte Interpretation der Natur. Dabei sei Karl Foerster zurückhaltend vorgegangen. Geradezu scheu und ehrfurchtsvoll. Gerade deshalb habe sich Karl Foersters eigenes Bekennen "als die

Chiffre enthüllt, unter der ein ganzes Leben gelebt wird, ein Leben der Hoffnung und der Verantwortung für eine neue Verbindung von 'Religion und Alltag' ... " Hierzu zitierte der Leipziger Theologe aus Karl Foersters "Ferien vom Ach" die bekennerischen Sätze: *"Wir glauben an eine unausdenkbare, heilvolle Zukunft der Menschheit, und zwar für Äonen ... Was auch der göttliche Heilsplan jetzt oder dereinst mit den Erdendingen vorhaben mag, - es dient unserer Bestimmung, uns in ihm geborgen zu wissen ... "*

Alfred Dedo Müller war protestantischer, war lutherischer Theologe. Es gab indes auch einen katholischen Theologen und Seelsorger, dem wir ähnliche tiefe Einblicke in die Welt Karl Foersters verdanken: Ich meine Carl Sonnenschein, jenen aus dem Rheinland stammenden, legendären Berliner Großstadtpfarrer, der nach dem ersten Weltkrieg durch seine vielgestaltigen volksmissionarischen und caritativen Aktionen im protestantisch-säkularen Berlin dem Katholizismus Respekt und Raum verschaffte, im Verhältnis von "Religion und Alltag" das zur Wirkung bringend, was damals kirchenrechtlich Gestalt annahm: die Herausformung des Bistums Berlin, das preußische Konkordat.

Carl Sonnenschein bezog in seine volksmissionarisch-seelsorgerischen Aktionen auch die Publizistik ein, und so veröffentlichte er zwischen 1924 und 1928 (er starb am 23. Februar 1929) im Berliner katholischen Kirchenblatt in regelmäßiger Abfolge eine persönliche Kolumne, in der er Zeitfragen, religiöse Probleme, Beobachtungen in der Natur sowie Kulturgeschichtliches und Künstlerisches behandelte - dies übrigens in einem ihm eigenen, von Stakkato charakterisierten Stil -, und er nahm mit dieser schlicht "Notizen" überschriebenen Kolumne auf die zeitgenössischen Diskussionen Einfluß, wie er diese im Sinne seines Auftrages transzendierte. In zwei dieser "Notizen" finden wir den Namen Karl Foersters, in einer "Hinter dem Obelisken" betitelten (vom 20. November 1927) eher beiläufig. Dort, "hinter dem Obelisken", nach einer kurzen Fahrt ("Die Weltstadt hat Tempo! Die Natur hat Stil!") entdeckt er "das Schild an der Türe: 'Karl Foersters Züchterei und Versand'. Hinter den Hecken steht verbleichende Farbe. Im Versuchsgarten! Im Rosengang! Im Steingarten! Im Vorfürhlingsweg! Im Heidegarten! ... "

Haben wir hier mehr eine Impression des Naturfreundes Carl Sonnenschein, der die Mark lieben gelernt hatte, so enthält seine Notiz vom 14. März 1926 eine der bemerkenswertesten frühen Würdigungen Karl Foersters, des Bornimer Garten- und Weltspiels, seiner Weltschau, seiner Natur- und Weltanschauung, von Religion, Natur und Alltag. Ihr auch haben wir die womöglich überraschende Überschrift über unsere Erwägungen zu Karl Foerster entnommen.

"Hinter Bornstedt liegt Bornim. Wir sind dort am Frühnachmittag, den schmalen Pfad von der Heerstraße zur Gärtnerei gegangen. 'Gärtnerei!' ist ein schwaches Wort für diese insulare Wunderwelt Karl Foersters. Für seinen 'Senkgarten' mit Seerose, Schwertlilie, Goldranunkel. Kletterrose. Aster. Tulpe. Rittersporn. ... Zuerst führte uns einer seiner Gehilfen. Dann kam er selbst, der Vielbeschäftigte, und ließ es sich nicht nehmen, eine halbe Stunde mit uns zu plaudern. Uns in seiner Welt Wege zu zeigen. ... Wie dieser Mann von seinen Pflanzen redet! Von ihren Gesetzen. Von ihrer Seele. Die Gartenarchitekten sollten nicht 'unmöblierte Räume' schaffen und dann die Pflanzen hineinsetzen. Wie man Möbel in das Zimmer setzt. Sondern sollen die Pflanzen nach ihrem Willen fragen. Der Mensch muß die Pflanze 'erlösen'. Muß sie zu Wort bringen. Zur Selbstoffenbarung. Das ist unser Dienst an der Natur. Die weiße Lilie setze ich zwischen schwerdunkle Rosen und neben tiefblauen Rittersporn. Aus dem langweiligen Staatswald lassen sich unglaubliche Wunder schaffen. Eine Fülle, eine tropische Glut, eine Abwechslung, ein Reichtum, den wir nicht kennen. Diese Pflanzen lassen sich aufzüchten. ... Die Pflanzen lernen auch. Den Rittersporn brauch ich nicht mehr mühsam an den Stab zu binden. Wieviel Arbeit machte das einst. Ein kleines Knie genügt. Er hilft sich dann selbst. So wollen die Pflanzen 'trainiert' werden. Ihr Temperament muß entfaltet werden. Dieses Temperament ist die Begabung des Bastards. Von uralter Zeit her. Es gilt die richtige Vermählung. Die richtige Kräftebindung. Jedes Land hat dem anderen zu geben. Man muß zufassen. Muß 'verwegen' sein. Sonst antworten sie nicht. Lilien setzt man nicht irgendwohin. Sonst sind sie Schwäne auf trockenem Land. Zu allem sucht man den Genossen. Den Hintergrund. Die Apsis. So und ähnlich sprach er zu uns eine halbe Stunde und schloß das Bekenntnis in den schlichten Satz: Je mehr er in die Natur hineinlausche, sie frage, um so mehr wisse er, daß er 'Lehrling' sei."

Aus der Wiedergabe dieses Gesprächs ("so oder ähnlich") klingt uns an nicht wenigen Stellen Bekanntes und Vertrautes von den "neuen Gärten" entgegen - vor allem jene Dimension des "Kosmischen", die in ihrer Tiefe den Gartengestalter und Menschenfreund mit dem Theologen, in diesem Falle mit dem römisch-katholischen, verbindet - freilich nicht nur mit ihm. Solche Bezüge - des Erlösens und Erweckens - finden wir, allerdings eher unbestimmt, mit dem Blick auf Karl Foerster so auch bei Rudolf Borchardt:

"Erweckung und Bildung liebevoller Seelen, getreuer Gesinnungen, empfänglicher Sinne, frommer und scharfer Augen, neuer Bedürfnisse, ja eines heftigen und unersättlichen Verlangens nach dem echten und ganzen Reichtume dieser Welt zarter Herrlichkeiten - dies ist sein Geschäft."

Wir kommen damit an das Ende unserer Überlegungen - und zugleich wieder an ihren Ausgangspunkt - zurück, und wir haben hoffentlich an Belegen unterschiedlichster Art deutlich machen können, wie Gartenwelt in Bornim, Bornimer Gartenspiel in vielfältiger und vielgestaltiger Weise auf die Welt und auf den Kosmos, auf das Weltspiel bezogen war und in ihrer Nachwirkung bezogen geblieben ist. In der Tat liefen, wie ich meine, in Bornim als geographischem Ort und als geistigem Topos jene Strömungen und Unterströmungen zusammen, die wir zu orten suchten, und sie gingen dort, vom Senkgarten und vom Schreibtisch Karl Foersters - auf seine Art verändert, inokuliert -, wieder in die Welt hinaus.

Wenn wir denn, wann und wo auch immer in der Welt und in der Zeit, Probleme haben, die schier unlösbar erscheinen - wir sollten dann an den augustinischen Rat Peter Suhrkamps, des großen Verlegers, denken, der einem seinerzeit jungen Mann in einer schwierigen persönlichen Lage zurief: "Gehen Sie doch mal nach Bornim zu Karl Foerster." - "Wer ist denn das?" fragte der junge Mann zurück. "Und was soll ich bei ihm?" Die Antwort Suhrkamps bestand nur aus einem Wort: "Hingehen!"

Literatur

Archiv / Bibliothek Karl Foerster (Widmung des Buches von Eduard Engel)
Archiv der Humboldt-Universität zu Berlin. - Aktenstück Ehrendoktoren ab 1945, Bl. 150
Badische Landesbibliothek Karlsruhe. - Reinhold-Schneider-Archiv (Brief K. Foerster an R. Schneider). - Ich danke Gunnar Porikys für die Überlassung.
Otto Bartning: Erdball. Spätes Tagebuch einer frühen Reise. - Wiesbaden, 1947
Berliner Akademie der Künste - Stiftung Archiv (Bibliothek Wolfgang Goetz)
Bruno H. Bürgel: Im Garten Gottes. - Berlin, 1922
Paul Distelbarth: Lebendiges Frankreich. - Berlin, 1936 (1935) - Berlin (DDR), 1955
Brief Eva Foerster an Barbara Faensen. - Ich danke Frau B. Faensen, Kleinmachnow, für die Überlassung.
Eva Foerster und Gerhard Rostin (Hrsg.): Ein Garten der Erinnerung. Sieben Kapitel von und über Karl Foerster, mit einer Einleitung von Günter Wirth. - Berlin, 1982 (1. Auflage)
Karl Foerster: Vom Blütengarten der Zukunft. - Berlin, 1930 (71. - 74. Tausend)
Karla Höcker: Ein Kind von damals. - Berlin, 1977 (S. 109 - 119)
Die Kirche (Wochenzeitung). - Berlin, Nr. 48, Jg. 1947/48
Lüttenort. Das Bilder-Leben und Bild-Erleben des Malers Otto Niemeyer-Holstein nach seinem Erzählen wiedergegeben von Achim Roscher. - Berlin, 1989 (S. 174 - 176)
Marbacher Magazin, 26/83. - S. 46/47 (K. Foerster an P. Alverdes)

Alfred Dedo Müller: Religion und Alltag. Gott und Götze im Zeitalter des Realismus. - Berlin, 1927
Alfred Dedo Müller: Der Atomkrieg als theologisches Problem. Meditation und Strukturanalyse. - Gütersloh, 1963
Helene von Nostitz. - Potsdam. - Dresden, 1930 (S. 51 - 63)
Neue Zeit. - Berlin, 9. März 1954 (Artikel von Hans-Werner Gyßling zum 80. Geburtstag)
Rezension von Julie Schlosser. - In: Christliche Welt, 23 (1936)
Carl Sonnenschein: Notizen - Weltstadtbetrachtungen, Hefte 1 bis 10. - Berlin 1926 bis 1929
Siegward Sprotte. Ausstellungen zum 80. Geburtstag, u. a. Schloß Glienicke, Berlin, im Rahmen der Tausendjahrfeier von Potsdam. Katalog. - Herausgegeben von der Siegward Sprotte Stiftung Potsdam
Tagespost. - Potsdam, 12. April 1947 (Meldung über Wiederentstehen des Deutschen Werkbundes)
Diedrich Wattenberg: Gestirnter Himmel über mir. Unverlierbares aus meinem Leben. - Berlin, 1984 (S. 403f.)
Günter Wirth: Potsdam - auch ein Ort für "Innere Emigration"? - Potsdam, 1991
Günter Wirth: Hermann Kasacks Wirken in Potsdam. - In: Helmut John, Lonny Neumann (Hrsg.): Hermann Kasack - Leben und Werk. - Frankfurt am Main, 1994
Paul Zech: Deutschland, dein Tänzer ist der Tod. - Rudolstadt, 1982

Anhang

In den ersten Nachkriegsjahren publizierte Karl Foerster in Potsdam in der überparteilichen "Tagespost", die von dem bekannten antinazistischen "bürgerlichen" Publizisten Franz Steiner herausgegeben wurde; dessen Name war vor 1933 mit der "Königsberger Hartungschen Zeitung" verbunden gewesen, in der u.a. Ernst Wiechert geschrieben hatte. Franz Steiners Frau Paula war eine angesehene Journalistin und Mitarbeiterin der Frauenbewegung, die vor 1933 oft auch in der "Berliner Funkstunde" sprach, wo sie ostpreußische Dichter - u.a. Wiechert und Alfred Brust, Bobrowskis frühen Mentor - vorstellte.

In der "Tagespost" konnten bisher folgende Aufsätze Karl Foersters nachgewiesen werden:

3. November 1946	"Wir verwunschenen Wetterwesen"
2. März 1947	"Zwischenmusik März"
1. Mai 1947	"Wundersame Wende / Landschaft und Garten"

25. Mai 1947	"Warnung und Ermutigung. Aphorismen"
15. Juni 1947	"Wir verwunschenen Wetterwesen"
20. Juli 1947	"Kleine Flachspredigt"
2. November 1947	"Spätherbstgezeiten"
11. Januar 1948	"Winter vom Fels zum Meer"
14. März 1948	"Kurz gedrängter Vorfühlingsbericht"
27. Juni 1948	"Mittsommernacht und -morgen"
26. August 1948	"Das Gewitter"
5. September 1948	"Mond über Haus und Garten"
8. Oktober 1948	"Das waren noch Zeiten"
6. März 1949	"Hausapotheke des Seelengartens" (mit faksimilierter Unterschrift)
20. März 1949	(Zum Pariser Weltfriedenskongreß - mit u.a. Ludwig Justi)
5. Juni 1949	"Schwertlilien und Rittersporn. Pfingstliche Blumenfreuden"

Als Karl Foerster am 3. November 1946 erstmalig in der "Tagespost" veröffentlichte, wurde er redaktionell so eingeführt: "Der bekannte Potsdamer Blumenzüchter - richtiger: 'Blumendichter' - zeichnet hier ein entzückendes Herbstbild."

Am 7. Dezember 1947 ist eine Porträtskizze (von dem Zeichner Grunwald) wiedergegeben, und unter ihr wird zu seiner Charakterisierung angeführt, er sei "wie Antäus". "Er gehört zu den Großen des unzerstörbaren Naturreiches."

Schon zuvor war, am 18. September 1947, eine Würdigung Foersters erschienen.

Zum 75. Geburtstag erschien am 6. März 1949 ein Aufsatz von Hans Hupfeld, "Optimist der Gartenfreundschaft", und am 28. Mai 1949 findet sich in der "Tagespost" ein H.B. gezeichneter Aufsatz: "In Karl Foersters Blumenreich". H.B. ist das damalige Kürzel des später bekannt gewordenen Schriftstellers H. H. Bienek (es wurde in dem vorstehenden Aufsatz bereits darauf hingewiesen).

Am 31. Juli 1949 wurde in der "Tagespost" Karl Foersters Bruder Friedrich Wilhelm, der bekannte Pazifist, zitiert, was damals in der SBZ selten geschah.

Ehe Karl Foerster seine Bücher philosophischen Gehalts im Union Verlag publizieren konnte, war er schon lange Mitarbeiter der "Neuen Zeit". Sowohl in der "Neuen Zeit" wie im Union Verlag war es der im Juni 1991 früh verstorbene Gerhard Rostin, der Foersters Arbeiten betreute. Bisher habe ich folgende Artikel von Karl Foerster gefunden:

16. Januar 1947	"Schöpferische Gefahr"
9. November 1947	"Novembergartenstunde"
9. März 1949	"Selbstbespiegelung"
28. Februar 1952	(Aus einem Brief)
1. Januar 1953	"'Wintergefühl' macht froh"
27. März 1953	"Vorfrühling"
22. November 1953	"Das Maß der Liebe: der Verlust"
17. Januar 1954	"Kurzer blauer Wintertag"
9. Februar 1954	"Die anderen lesen im D-Zug-Abteil"
18. April 1954	"Von der Fühlingsneugier beobachtet"
20. August 1954	"Auf der Gondel im Vineta-Traum"
11. November 1954	"November-Gezeiten"
28. November 1954	"Dankgefühl und Freude"
30. November 1954	"Spätherbst unter marmorweißen Firnen"
12. Dezember 1954	"Unser Weihnachtsbaum"
15. Januar 1955	"Enthüllte Winterbäume"
8. März 1955	"Märzheide blüht in der Alpenwildnis"
17. April 1955	(Aphorismen)
19. Mai 1955	"Kleiner Sang an den Mai"
21. Juni 1955	"Schiffsstunden auf dem Lago Maggiore"
12. Juli 1955	"Momentaufnahme im Juli"
22. Juli 1955	"Der Gruß der Blumen"
29. Januar 1956	"Winter vom Fels zum Meer"
22. März 1956	"Einzug der Farben in unser Leben"
1. April 1956	"Südliche Frühlingswelt (Florenz)"
29. April 1956	"Der Raum bringt Rosen"
1. Juli 1956	"Der Rittersporn blüht"
22. Juni 1958	"Falterschwirren um bunte Blüten"
1. Januar 1959	(Neujahrsumfrage)

Weitere Texte am 2. April 1953, 22. März 1955, 22. April 1955, 3. Januar 1956 sowie zwei am Datum nicht festzumachende.

Nachbemerkung: Da die Entdeckung von Karl Foersters Aufsätzen in diesen beiden Zeitungen jeweils im Zusammenhang anderer und nunterschiedlicher Nachforschungen, manchmal also gleichsam zufällig erfolgte. Könnte es sein, daß deren Titel nicht immer ganz genau aufgezeichnet worden sind. Dort, wo Klammern angegeben sind, liegt dieser Tatbestand auf jeden Fall vor.

Der Bornimer Senkgarten, Foto Karl Foerster, ca. 1920 (Sammlung Foerster)

Bornstedt

Carl Sonnenschein

Vorbemerkung

1987 erschien im St. Benno-Verlag Leipzig ein Buch unter dem schlichten Titel "Sonntagswanderungen". Der Name des Verfassers, Carl Sonnenschein, und der Untertitel, "Erlebnisse und Entdeckungen in der Diaspora 1924 - 1928", deuteten, jedenfalls für den Kenner, an, daß Verlag und Herausgeber (Ursula Creutz und Klaus Weyers) das Berlin-Jubiläum zum Anlaß nahmen, an jenen legendären katholischen Priester zu erinnern, der in den zwanziger Jahren Inbegriff des "Katholischen Berlin" war und der, auf vielfältigste Weise, Berlin "katholisch" werden lassen wollte: Carl Sonnenschein.

Im Berliner katholischen Kirchenblatt hatte Sonnenschein zwischen 1924 und 1928 (er starb am 23. Februar 1929) in regelmäßiger Abfolge eine persönliche Kolumne, in der er Zeitfragen, religiöse Probleme, Beobachtungen in der Natur und Kulturgeschichtliches wie Künstlerisches in einem charakteristischen Stil behandelte und damit auf zeitgenössische Diskussionen ebenso Einfluß nahm, wie er diese sub specie aeternitatis weiterführte.

Sonnenschein gab diese "Notizen" jeweils zusätzlich separat heraus - insgesamt zehn Hefte sind seinerzeit erschienen, und zwei für die Erhellung der Biographie Sonnenscheins und für die Vermittlung seines Werkes bekannte Persönlichkeiten, die Journalistin Maria Grothe, die mit und unter Sonnenschein in der Redaktion des Berliner katholischen Kirchenblattes arbeitete, und der Schriftsteller Ernst Thrasolt haben Buchausgaben dieser Notizen (in Auswahl) vorgelegt: Thrasolt 1934 (sicherlich nicht unter Absehung der Situation des Kirchenkampfes) und Maria Grothe (in zwei Bänden 1951 und 1952) unter mehr religiösen und kulturgeschichtlichen Aspekten.

In dem Sonnenschein-Band des St. Benno-Verlages geht es um Berlin und um das Märkische, das der gebürtige Düsseldorfer lieben gelernt hatte: "Erst sind wir gewandert, links und rechts des Sees [des Liepnitzsees - G.W.]. Durch diesen wunderbaren Hochwald! Alles Buchen! Moosweich die Erde! Feierlich der Durchblick! Man wandelt durch gotische Hallen! Am Rande Kiefernwald! ... Wunderbar dieses Land! ... "

In der Umgebung Berlins, im Märkischen hat der Naturfreund Sonnenschein "Hinter dem Obelisken" und unweit von "Bornstedt" (so der Titel dieser beiden Notizen) Karl Foerster entdeckt. Vor allem die "Bornstedt" überschriebene Notiz vom 14. März 1926 (leider fehlen solche bibliographischen Angaben in der Leipziger Ausgabe) enthält eine der bemerkenswertesten Würdigungen Karl Foersters, in diesem Falle die seiner Auffassung zur Schöpfung, seiner Natur- und Weltanschauung. In der Thrasolt-Ausgabe ist weder dieser Text noch der "Hinter dem Obelisken" vom 20. November 1927 enthalten; Maria Grothe bringt Auszüge aus diesen Texten, aber ohne Karl Foerster zu erwähnen, womit dessen Anschauungen unmittelbar Sonnenschein zugeschrieben werden. (Die Nichterwähnung Foersters ist um so merkwürdiger, als in dem 1951 und 1952 bei Knecht in Frankfurt/M. erschienenen Werk in einer anderen Notiz Sonnenscheins der Name des bekannten Berliner Gartengestalters Späth ausdrücklich stehengeblieben ist.)

Nachfolgend bringen wir "Notizen" Sonnenscheins, die Karl Foerster betreffen, in der Fassung des St. Benno-Verlages, die im wesentlichen mit den Vorlagen des Heftes 4 übereinstimmen, mit allerdings drei charakteristischen Lücken, die offenbar der damaligen Zensur geschuldet waren (freilich aber wenigstens durch Auslassungszeichen - ... - hätten angedeutet werden müssen). In dem Satz: "Man soll daran denken, wie klein der Schritt vom trostlosen Kiefernwald zur Katastrophe ist" fehlt das Adjektiv bei Katastrophe: "bolschewistisch" ... Ein paar Zeilen weiter ist ein aus einem Wort bestehender Satz entfallen hinter: "So wollen die Pflanzen trainiert werden", nämlich: "Militarisiert." Schließlich sind die beiden letzten, auf Potsdam bezogenen Sätze weggefallen: "In diesem Mittelalter rinnen letzte Quellen deutscher Art. Über alle Jahrhunderte."

Günter Wirth

Wie stellt sich die Silhouette breit und nachdenklich in den stillen Abend. Friedrich Wilhelm IV. hat die Bornstedter Kirche gebaut. Aus märkischen Ziegelsteinen. Aber nach italienischen Maßen. Im Sinne der Basiliken Roms und Ravennas. Das alte Paradies, mit dem Portikus, vorgelagert. Daneben den wuchtigen dunklen Turm gesetzt. Den Campanile. Wie er in den Abend hineinragt! Wie wenn er Dinge zu verbergen, zu schützen, zu betreuen hätte. Die Luken festgeschlossen. Wie ein blinder Leuchtturm, der auf andere Zeiten wartet. Um sich dann wieder zu offenbaren. Um dann wieder zu blinken. Um dann weit über das Land hinaus zu leuchten. Er steht nun verträumt und gesammelt da. Nicht verschlafen. Wach. Aber mit geschlossenem Visier. Mit übergehängter Kapuze. Wie der vermummte Kerzenträger in einer spanischen Prozession. Neben ihm lispelt es durch die Büsche. Es ist, wie wenn im Quadrum des Paradieses die Fontäne plätschert. Alte Erinnerungen an den Taufbrunnen. In den einst die Katechumenen niederstiegen. Alte Erinnerungen an das geweihte Wasser. In dem sich die Wiedergeburt vom Heidentum vollzog. Wiedergeburt auch des märkischen Heidentums in bonifatianisches Christentum. Alte Erinnerung an das "Weihwasser" am Eingang katholischer Kirchen. So ist diese Sitte über die Jahrhunderte hinaus sinnvoll. Sich wieder mit dem Wasser der Taufe besprengen. Wieder sich besinnen, daß du und ich und wir Christen sind. Gundeling, der Gelehrte, den der Soldatenkönig als Hofnarr behandelte, liegt drüben in der Kirche begraben. Statt des Sarges steckte man ihn in ein Faß. Ich weiß nicht, ob das Faß noch im Sarkophag ruht. Auch die Fährmüller sind dort begraben. Die die große Havelfähre nach Redlich bedienten. Und Sellos, die

Hofgärtner von Potsdam. Auf den Gräbern ringsum alte, würdige Namen aus der ersten Gesellschaft der Residenzstadt.

Wir wandern den abendlichen Weg noch eine Viertelstunde. An der Fontäne machen wir Halt. Setzen uns auf die Brüstung. Hinter uns im Dunkel der Poseidonkopf. Mit dem geringelten Haar. Aus dem er die perlenden Tropfen schüttelt. Heut ist das Becken leer, Vergangenheit verflogen. Die Welt des Barock, des Rokoko, des Empire von der Bühne geräumt. Eine stille Lache auf dem flachen Boden des Beckens! Beschauliche, raunende Stille ringsher. Hinter uns der Ruinenberg. Den Friedrich II. mit dem Getrümmer Italiens verziert hat. Mit Imitationen. Aus Tivoli stellte er den Sibyllentempel hierher. Die drei Vespasianssäulen vom römischen Forum. Einen zerbrochenen Bogen der Aqua Claudia aus der Campagna. Seltsamer Import in die märkische Landschaft. Aber von der Natur nun in hundertjähriger Mütterlichkeit mit dem Boden und mit der Atmosphäre verbunden. Jenseits der Straße liegt Sanssouci. Die Vorderseite! An der Rückseite sind wir so oft schon vorbeigewandert und stehengeblieben. Dort, wo die Götter stehen. Dort, wo die feinen Linien Knobelsdorffs zu uns sprechen. Dort, wo des Königs Hunde begraben sind. Dort, wo er im Eckzimmer saß und mit seinen Maßen Welt und Menschen, gelegentlich auch Gott, zu messen versuchte. Die eigentliche Fassade steht hier. Vor ihr, in der Rundung, die Säulenhallen. Mit dem kühnen Architrav. Ein römisch Bild! Ein Stück Frascati. Irgendeine Villa aus den Sabinern. Aus den Albaniern. Von den Schwefelquellen Latiums. Zwischen den Bogen das verschlossene Tor. Als man die Leiche des Alten Fritz heruntertrug, standen die Flügel hellauf. Dann schlossen sie sich. Für immer. Keine Auffahrt, keine Ausfahrt mehr. Nur einmal wurden sie geöffnet. Als Elisabeth, die bayerische Prinzessin, Friedrich Wilhelms IV. Gattin, ihren letzten Weg antrat. Die ihren süddeutschen Katholizismus in den Schlössern der preußischen Könige der Konvention, der Politik, der Atmosphäre opferte. Seither hängen diese Tore verschlossen in den Angeln.

Hinter Bornstedt liegt Bornim. Wir sind dort am Frühnachmittag, den schmalen Pfad von der Heerstraße zur Gärtnerei gegangen. "Gärtnerei!" ist ein schwaches Wort für diese insulare Wunderwelt Karl Foersters. Für seinen "Senkgarten" mit Seerose, Schwertlilie, Goldranunkel. Kletterrose. Aster. Tulpe. Rittersporn. Für den "Frühlingsweg" mit Schneeglöckchen und Primel. Für den "Naturgarten" mit der Vegetation der Bergflur, des Buchenwaldes und der Heide. Mit Wacholder, Wildrose, Ginster, Thymian. Mit Buche, Eibe, Hasenfuß, Veilchen, Vergißmeinnicht, Waldmeister. Mit Schneeheide, Glockenblume, Hirschzunge, Eisenhut, Storchschnabel, Königskerze. Ehrenpreis. Für den "Steingarten" der Vorfrühling, Frühling. Fruchtsommer und Herbst zusammenfaßt. Für den "Versuchsgarten". Der alle die Steingartengewächse ausbildet, die von hier in neue Gärten wandern. Für die "Gärtnerei" selbst. Die nach Süden und Westen das Ganze abschließt. Zuerst führte uns einer seiner Gehilfen. Dann kam er selbst, der Vielbeschäftigte, und ließ es sich nicht nehmen, eine halbe Stunde mit uns zu plaudern. Uns in seiner Welt Wege zu zeigen. Er stand auf dem schmalen Weg, zwischen Waldmeister und Krokus. Vor uns Stechpalmen und Buchenstrauch. Am Boden Primel. Drüben neben dem Haus schneeweiße Tauben. Über uns in langen Kreisen ein spähender Habicht.

Wie dieser Mann von seinen Pflanzen redet! Von ihren Gesetzen. Von ihrer Seele. Die Gartenarchitekten sollten nicht "unmöblierte Räume" schaffen und dann die Pflanzen hineinsetzen. Wie man Möbel in das Zimmer setzt. Sondern sollen die Pflanzen nach ihrem Willen fragen. Der Mensch muß die Pflanze "erlösen". Muß sie zu Wort bringen. Zur Selbstoffenbarung. Das ist unser Dienst an der Natur. Die weiße Lilie setze ich zwischen schwerdunkle Rosen und neben tiefblauen Rittersporn. Aus dem langweiligen Staatswald lassen sich unglaubliche Wunder schaffen. Eine Fülle, eine tropische Glut, eine Abwechslung, ein Reichtum, den wir nicht kennen. Diese Pflanzen lassen sich aufzüchten. Skandinavisches Geschlecht mit sizilischem kreuzen. Das ergibt, an Stelle der fingerdicken Rebe, die kaum bis zum nächsten Fenster wächst, den armdicken Stamm, der im nächsten Jahr schon bis über das Dach und rückwärts herunter klettert. Die "Seele" dieser Pflanze will verstanden sein. Was heißt "Kenner" sein? Den "Kenner" überrascht immer wieder ein neues Geheimnis, das sich enthüllt. Ach! Daß das Leben so kurz ist. Daß wir so vieles nun beginnen und werden die Lösung mit irdischen Augen nicht mehr schauen. So müssen wir uns wohl begnügen, sie von oben her zu sehen. Japan weist uns den Weg zum wirklichen Garten. Dort ist ganz alte Kultur. Diese Ostasiaten sind Erwachsene und wir sind Kinder. Welche Arbeit haben diese Pflanzen getan, deren Blüte ein Laboratorium ist. In dem sie die neuen Wege der Welt vorbereiten. Mit den Blüten schreitet die Natur vorwärts. Die Atmosphäre der Erde haben diese Pflanzen erst durchgereift. Bis feinere Wesen in ihr atmen konnten. Größte Kraft im kleinsten Punkt entwickelt. Wir sind so seltsam genügsam in unseren Ansprüchen an die Gartenkultur. Lassen die Orgel unbenutzt und begnügen uns mit der Mundpfeife. Andere spielen die Orgel nur mit einem Finger. Oder legen sich ganz auf die Klaviatur. Man muß sie ausprobieren und die Sinfonien finden. Wir werden den "neuen" Garten bekommen. Nach fünfzig Jahren. Dann ist die Umformung geschehen. Keine Spielerei ist das. Schönheit hat ihren kosmischen Sinn. Man soll daran denken, wie klein der Schritt vom trostlosen Kiefernwald zur Katastrophe ist. Die Pflanzen lernen auch. Den Rittersporn brauch ich nicht mehr mühsam an den Stab zu binden. Wieviel Arbeit machte das einst. Ein kleines Knie genügt. Er hilft sich dann selbst. So wollen die Pflanzen "trainiert" werden. Ihr Temperament muß entfaltet werden. Dieses Temperament ist die Begabung des Bastards. Von uralter Zeit her. Es gilt die richtige Vermählung. Die richtige Kräftebindung. Jedes Land hat dem anderen zu geben. Man muß zufassen. Muß "verwegen" sein. Sonst antworten sie nicht. Lilien setzt man nicht irgendwohin. Sonst sind sie Schwäne auf trockenem Land. Zu allem sucht man den Genossen. Den Hintergrund. Die Apsis. So und ähnlich sprach er zu uns eine halbe Stunde und schloß das Bekenntnis in den schlichten Satz: Je mehr er in die Natur hineinlausche, sie frage, um so mehr wisse er, daß er "Lehrling" sei. Der Habicht hatte sich unterdessen gen Potsdam verzogen. Die Tauben flogen mit sanftem Schlag über die erwachten Primeln. Wir wanderten durch Kiefernwald, an bellenden schwarzen Hunden vorbei, die Landstraße westwärts. Wenn die "neuen" Gärten Europas solche Wunderbarlichkeiten sind, wie unaussprechlich müssen die Gärten des Jenseits sein.

Wir saßen abends irgendwo in kleinem Kreise in Potsdam und blätterten im "Tagebuch" des Pfarrers Raimundus Bruns. Des Gründers der Potsdamer Gemeinde. Den lateinischen Text hat neulich Willibald Herrmann in guter Übersetzung herausgebracht. Bruns gehört zu den großen Figuren der nachreformatorischen märkischen Kirchengeschichte. Dieser halberstädtische Dominikaner, den der Alte Fritz zwei Jahre in Spandau einsperrte. Sonst aber estimierte. Auch der Soldatenkönig gab ihm Gehör. Dem Seelsorger der "langen Kerle", die der König in katholischen Landen "anwerben" ließ. Die trugen einst die neue Monstranz, die der König geschenkt, in feierlichem Aufmarsch durch die Stadt. Die Monstranz ist heute noch, wie die Ampel des Herzogs von Lothringen, in Gebrauch. So war Bruns der erste entscheidende Auftakt des Katholizismus. In Potsdam, in Spandau, in Berlin ist so das gregorianische Tedeum in der ersten Hälfte des achtzehnten Jahrhunderts mit preußischer Regimentsmusik einmarschiert. Eine andere große Figur des kirchlichen Lebens der Havelstadt, zweite Hälfte des neunzehnten Jahrhunderts, ist Karl Beyer. Er sicherte über Potsdam hinaus, in Ketzin und Nowawes, den Boden für künftige Bauten. Daß aus Potsdam die große Gründerin der Karmelitinnen, die in Norddeutschland und in Nordamerika prachtvolle innere Missionsarbeit tun uns musterhafte "Heime für heimatlose Kinder" aufbauen, des Oberhofprediger Tauschers Tochter stammt, sei nebenher erwähnt. Aber das bewegte durch Jahrhunderte den Stil dieser Atmosphäre nicht. Nicht die französischen Geistlichen, die der friderizianische Hof spielerisch zuzog. Nicht die südwärtsgerichtete Romantik Friedrich Wilhelms IV. Keine Konversion! Die Luft stand stahlblau bis in die Wipfel. Der Katholizismus ist "zugelassen".

In diese Wetterlage haben erst die letzten sieben Jahre Bewegung gebracht. Die Dinge werden labiler. Der Katholizismus wächst über die Statik zur Dynamik herauf. Ein paar Sonntage früher hat uns Hermann Schmitz vom Berliner Schloßmuseum die Gemächer des Stadtschlosses gezeigt. Ihr feines Rokoko. Das aparte Silber auf dem grünen Unterton. Das lichte Gold an den Wänden und auf den Sesseln. Den brokatnen Purpur. Das Paradebett. Den Thronhimmel. Die Glockenuhr. Das spiegelnde Parkett. Den Stuck der Decken. Die symbolischen Bilder. Die Kurfürstenstatuen. Die holländische Kunst. Die Grandseigneurpracht des siebzehnten Jahrhunderts. Die gepflegten Frauen. Die steifen, geschnittenen Männerköpfe. Eine Welt der Könige. Damastne Kissen. Schwere Pokale. Chinesisches Porzellan. Goldene Kronen. Tönende Posaunen. Die Kultur des Settencento. Eine feine. Eine klassische, eine differenzierte Herrenkultur. Weit in der Ferne steht Gott. Wird er auch, gelegentlich oder häufig, nach dem Geschmack des Dynasten im Munde geführt. Eine Zeit, die das Mittelalter völlig vergessen hat. Die es gar nicht begreift. Wir sind an jenem Sonntag in dunkelnder Stunde mit Kerzenlicht in die Ziegelsteinkirche der katholischen Gemeinde geschlichen. An der brennenden ewigen Lampe vorbei. In den stillen Winkel der Sakristei. In dem das kürzlich vom Speicher geholte Kreuz mit dem Kruzifixus steht. Mit dem herben, schmerzvollen, blutüberronnenen Gekreuzigten des fünfzehnten Jahrhunderts. Ach! Wie er schaut. Wie dieser Mund spricht. Wie die Arme sich recken. Wie wahrhaftig, wie volkstümlich! Dieses Kreuz reckt sich über alle Putten und alle Genien und alle Götter von Stadtschloß, Orangerie und Sanssouci. Dieses Kreuz ist größer, erdhafter, geschichtlicher auf märkischem Boden als alle enzyklopädische Weisheit der "Aufklärung". Dieses schmerzhafte Antlitz des Galiläers stärker, wuchtiger, wahrer als der feine großäugige Kopf des Preußenkönigs.

Karl Foerster, Berlin-Westend, ca. 1907 (Sammlung Foerster)

Botschaften des Lichtes
Karl Foerster als Photograph und Visualpädagoge

Gunnar Porikys

Die erste Photographie, die Karl Foerster in seinem Leben anfertigte, entstand 1893 in der Nähe von Schwerin am oder genauer im Wasser, denn um die blühenden Wasserrosen lichtbildnerisch einzufangen, stand er im Wasser und Blutigel hatten sich an seinen Waden festgebissen. So lustig-dramatisch setzte er die photographische Leidenschaft fort, von der schon sein Großvater, der Tuchfabrikant Friedrich Foerster, ergriffen wurde. Sein Vater Wilhelm Foerster beschreibt in seinen Lebenserinnerungen den gemeinsamen Besuch eines Daguerrotyp-Ateliers im Schlesischen Gebirge. Friedrich Foerster war von der neuen Technik so begeistert, daß er sich einen solchen Apparat anschaffte, "*mit welchem einer seiner technisch bewanderten Freunde in den nächsten Jahrzehnten alljährlich ein Familienphoto*"[1] herstellte. Aus dieser Serie sind zwei Daguerrotypien erhalten.

Um 1899 begann die intensive photographische Tätigkeit Karl Foersters, erst im Garten der Sternwarte, dann ab 1903 in seiner ersten Gärtnerei in Berlin-Westend und seit 1910 in Potsdam-Bornim. Das Photographieren war so kostspielig, daß selbst sein technikbegeisterter Vater, bei aller Mitfreude, es für eine nicht notwendige "*noble Passion*" hielt. In einem rückblickenden Arbeitsbild schreibt Karl Foerster über seine Zeit in Westend: "*1907 baute ich meine erste kleine Blütenstaudengärtnerei aus, photographierte unsinnig viel, schrieb an Büchern, bediente abwechselnd Kunden oder Glasbeete, schnitt Stecklinge, zeichnete Pflanzpläne und karrte noch im Mondschein Frühbeete aus*".[2]

1 W. Foerster: Lebenserinnerungen und Lebenshoffnungen. - Berlin, 1911. - S. 11
2 K. Foerster: Glücklich durchbrochenes Schweigen. - Berlin, 1937. - S. 103

Die ersten Kataloge seines Gartenbetriebes und die ersten beiden Bücher sind beinahe ausschließlich mit eigenen Photographien illustriert. Auch in der ab 1920 gemeinsam mit Oskar Kühl und Camillo Schneider herausgegebenen Zeitschrift "*Gartenschönheit*" sind nicht nur seine Textbeiträge mit eigenen Photographien betreut. Manchmal ging er sogar im Text auf beigestellte Lichtbilder ein. So schildert er im "*Blütengarten der Zukunft*" mit einer geradezu drolligen Theatralik das schwierige Entstehen eines Staudenmargueritenbildes: "*Fast ein ganzer Tag meines Lebens ging darüber hin, den Schmelz dieses blendenden Blütenblickes photographisch einzufangen, nachdem mich Windunruhe oder Überbelichtungen stundenlang genarrt hatten*".[3]

Besonders die frühen Photographien Karl Foersters zeigen deutlich eine eigenwillige licht- und schattenbildende visuelle Handschrift, waren doch diese, seine nonverbalen "*Botschaften des Lichtes*", gezielt programmatisch: "*Ich führte neue Arten des Photographierens herauf, mit dem Ziel, die edle Pflanze im Vordergrund des Bildes herrschend und doch gleichzeitig in ihrer Gartenrolle darzustellen*".[4]

Mit unverbesserlichem Optimismus suggerierte Karl Foerster die Hoffnung: "*Langsam wird auch von der Nachbildung die wunderbare Rolle der veredelten Pflanzenwelt eingefangen werden, das Licht und seine namenlosen Botschaften zu feiern und sich von ihnen feiern zu lassen*".[5] Der Lichtbotschafter Karl Foerster lichtete selbst die düsteren Prognosen der Zivilisationskritik, auch die seines Freundes Eugen Diesel[6], der die Menschheit in kataraktartige Entwicklungstendenzen verschicksalt sah.

Auf den ersten Blick könnte man Karl Foersters Fortschrittsgläubigkeit als einen unverantwortlichen Optimismus verdächtigen, hätte er sich nicht mit folgender Äußerung abgesichert: "*Es ist dem Menschen eingeboren, daß er sich die Weltordnung nicht ohne eine ordnende Macht über ihr denken kann. Ohne das Wachstum und die Pflege des magischen Gebundenheitsgefühls an diese ordnende, unsichtbare Macht stürzt das Menschenreich durch die Entfesselung des Ultrasatanischen ins Chaos, - und aller Weltfortschritt wird doppelsinnig, - weil er dem Sturze noch die Mittel zur Beschleunigung des Sturzes liefert. -* "[7]

Ob seines Hinter(ab)grundwissens erlaubt sich Karl Foerster schon 1917 zu bemerken: "*Große Fortschritte, Entdeckungen oder Erfindungen, die fest in der Wirklich-*

3 K. Foerster: Vom Blütengarten der Zukunft. - Berlin, 1917. - S. 95
4 K. Foerster: Glücklich durchbrochenes Schweigen. - ebd., S. 104
5 K. Foerster: Kleines Bilder-Lexikon der Gartenpflanze. - Berlin, 1940. - S. 2
6 E. Diesel: Menschheit im Katarakt. - Griesbach, 1963
7 K. Foerster: Vom großen Welt- und Gartenspiel. - Darmstadt, 1950

Karl Foersters erste Photographie (1893): Weiße Wasserrosen in der Wildnis (Sammlung Foerster)

Gärtnerei in Berlin-Westend, Foto Karl Foerster, ca. 1908 (Sammlung Foerster)

keit wurzeln und den jeweiligen Fachkreisen schon in Fleisch und Blut überzugehen beginnen, schweben für die Mehrzahl der Menschen immer noch lange über der Wirklichkeit, sie werden bezweifelt, für verfrühte, gefärbte Nachrichten von ungenügend orientierter oder von interessierter Seite, für Aprilscherze, Legenden oder Schaumschlägerei gehalten. Man denke an die ersten Flugerfolge, an Telegraphie ohne Draht, Radium und Farbenphotographie."[8]

Spätestens seine Äußerungen zum Thema "Maschine" in einem Essay mit dem bemerkenswerten Titel "*Schiffe-Frauen-Autos-Berge*" beweisen, daß Karl Foerster kein weltflüchtiger Natur-Idylliker war. *"Die Menschen sollten die Maschinen auch als eine Art kosmischer Kraftblume ansehen, - diesen göttlichen unermüdbar ergebenen Dämon aus Tausendundeiner Nacht. ... Wenn Goethe sagt, daß Blumen Hieroglyphen sind, mit denen die Natur uns andeutet, wie lieb sie uns hat, so könnte von Maschinen gesagt werden, daß hier die Natur bereit scheint, nicht mehr und nicht weniger als alles für uns zu tun".*[9]

Dergestalt mit Goethe nun auch die lichtaufzeichnende Maschine "Photo-Apparat" ins Kosmische metamorphosierend, gelingt es einem Karl Foerster sogar, sein im doppelten Sinne blumiges Sprachmilieu nicht zu verlassen, wenn er 1917 die Technologie des Autochromverfahrens schildert, um nicht zu sagen blumt: *"Die Platte 9x12 besteht aus 150000 mikroskopischen Farbenpünktchen, aus denen dann ein Proportionalmosaik entsteht. Im Mikroskope gewähren sie einen ganz ähnlichen Anblick, wie die mikroskopische Struktur eines Blumenblattes. Die Blume ist also die geistige Mutter dieses großen Weltfortschrittes. Es hat die Natur wieder einmal dem Techniker etwas zugeflüstert, was dem Laien zunächst wie eine ganz aus der Menschenwerkstatt kommende umschreibende Naturnachbildung erscheint."*[10]

Karl Foersters Ästhetik, nicht nur seines lichtbildnerischen Schaffens, ist geradezu eine Verschwörung des Schönen. Prentice Mulford, Maurice Maeterlinck und Peter Behrens, den er sogar persönlich kannte, waren seine geistigen Mitverschwörer. Prentice Mulford, dessen Essays Karl Foerster besonders schätzte, lehrte ihn: *"Wir müssen ohne Unterlaß das Ideal unser selbst aufbauen; damit ziehen wir Elemente an uns, die immer helfend mitwirken, das ideale Gedankenbild zur Realität zu verdichten. Wer es liebt, der starken Dinge zu gedenken, der Berge und Ströme und Bäume, zieht Elemente solcher Kraft an sich."*[11]

8 K. Foerster: Vom Blütengarten der Zukunft. - ebd., S. 10
9 K. Foerster: Glücklich durchbrochenes Schweigen. - ebd., S. 213
10 K. Foerster: Vom Blütengarten der Zukunft. - Berlin, 1917. - S. 9
11 P. Mulford: Der Unfug des Sterbens. - München, o.J.. - S. 25

Für Maurice Maeterlinck ist *"die Schönheit, die einzige Nahrung unserer Seele"*[12], und Peter Behrens verkündet: *"Alles, was zum Leben gehört, soll Schönheit empfangen. So wird uns Schönheit wieder zum Inbegriff der höchsten Macht."*[13] *"Schönheit ist mehr als Schönheit"*[14] für Karl Foerster: *"Schönheit ist wie ein glänzendes Siegel der Zugehörigkeit, mit dem sichtbare Welt zum Dienste an der unsichtbaren gestempelt ist; wie ein Schmelz der Gottesdienstbereitschaft, die über Dingen und Wesen liegt ... Nur der Schönheitskultus, welcher die Gefahren des Ästhetentums und der menschlichen Schönheitsvergötterung meidet, rückt weltliche und himmlische Dinge in ihre wahren Zusammenhänge."*[15]

Karl Foersters Schönheits-Kultus war kein feiges Sich-Abwenden vom ästhetisch Häßlichen und ethisch Bösen, sondern magischer Beschwörungsversuch: ein Trotz-Dem. Sein trotz des Krieges 1942 niedergeschriebenes Bekenntnis offenbart hintergründiges Vorauswissen: *"Noch ist die Welt eine Hölle mit Paradiesesdekoration. - Aber die Schönheit wird die Welt unwiderstehlich enthöllen; sie nimmt hohe holde Zukunft und verklärte Reife dieses Sterns schon voraus und läßt uns inmitten dieser verworrenen Anfangszeiten der Menschheit schon einen seligen Voranteil nehmen an der kommenden Erfüllung der Erde."*[16]

Angesichts dieser seiner Ur-Intention nimmt es nicht Wunder, daß Karl Foerster ein gebrochenes Verhältnis zur sogenannten Moderne hatte, obwohl er einen Bruno Cassierer und Karl Scheffler persönlich kannte. *"Die Grundlage der modernen Kunst ist Faulheit"*[17], argwöhnte er und schlug als *"Schriftversteller"*[18], so nannte er sich einmal scherzhaft, 1948 in einem Brief[19] für den *"unreif bleibenden Expressionismus"* die Schreibweise *"Äxpressionismus"* vor, mit der begleitenden Einschätzung: *"Es versuchen dort Maler, mit kunstgewerblichen Kräften 'Kunst' hervorzubringen und tarnen sich in eine halbsomnambule Hülle: (Still still stör mich nicht ich bin im Halbschlummer) Der Endeffekt ist eine schmuddelige Mystik. Das geht schon seit 1898! Es griff auch auf die Baukunst und Musik über, brachte Gebäude, Villen, die aussehen, als*

12 E. Foerster / G. Rostin (Hrsg.): Ein Garten der Erinnerung. - Berlin, 1982. - S. 514
13 ebd., S. 516
14 K. Foerster: Garten als Zauberschlüssel. - Berlin, 1934. - S. 9
15 ebd.
16 E. Foerster / G. Rostin (Hrsg.): Ein Garten der Erinnerung. - ebd., S. 516
17 K. Foerster: mündliche Äußerung gegenüber G. Porikys
18 ebd.
19 K. Foerster: Brief an Elisabeth Koch (Bornim, Ende 1948). - Staatsbibliothek zu Berlin, Preußischer Kulturbesitz, Handschriftenabteilung, Nachlaß Karl Foerster

wenn ein Oceandampfer in einem Kohlbeet strandet, - in der Musik ist es das Gleiche: Tänzelnde Flucht vor der Schwierigkeit. Die jetzige Entflammung ist Konjunkturmacht, um die Ladenhüter von 1918 u.s.w. loszuwerden. Was sehr verständlich und einträglich. Wie Leute auf diese nicht genügend vornehme Deutung der Natur hereinfallen können, ist mir verschleiert. Das Ganze ist eine Auflösungsform, sehr verwandt und ausgeschöpft den Auflösungsformen i. d. Politik und diesen die Placate machend. Cassirer war mir übrigens persönlich sehr lieb und angenehm, - Scheffler auch und zwar durchaus."[20]

Selbstverständlich waren Karl Foersters Abneigungen keine verbissenen Verdikte; konnte er doch in einem Brief mitteilen: *"Karl Scheffler ist gestorben, nach einem unermeßlich reichen Leben. Er war ein Schrittmacher von Kunstrichtungen, die mir persönlich* ***völlig*** *fremd und verschlossen waren, sonst hätte sich persönlich doch vielerlei anbahnen können. In Gottes Hause sind viele Wohnungen."*[21]

Karl Foerster richtete seine "Wohnung" nach Maßgabe der Schönheitsgesetze ein, schon um seinem zeitökonomischen Philosophem gerecht zu werden: *"Das Leben ist leider zeitraubend, und zwar auf solche Weise, daß dem Allerschönsten und Wichtigsten meist wenig Zeit und Kraft und Raum wird."*[22]

So geriet der Zielromantiker Karl Foerster photographiegeschichtlich in den Bereich der "Sachlichkeit", die in dem programmatischen Photobuchtitel *"Die Welt ist schön"* eines Albert Renger-Patzsch ihren wohl reinsten Ausdruck fand. In diese Traditionslinie gehören auch Max Baur und Albert Steiner. Max Baur war als Potsdamer selbstverständlich im Kontakt mit Karl Foerster, und mit dem Photographen Albert Steiner gab er gemeinsam das Wort- und Bildbuch *"Blumen auf Europas Zinnen"*[23] *heraus.*

Neben seiner Konspiration mit den die-Welt-ist-schön-Verschwörern pflegte Karl Foerster aber auch Kontakte mit zwei Photographen, die immerhin zur Avantgarde der zwanziger Jahre gehören: Marta Astfalck-Vietz[24] und Sascha Stone[25]. In der vierten Auflage seines ersten Gartenbuches sind allein fünf Lichtbilder vom Berliner "Atelier

20 ebd.
21 K. Foerster: Brief an Elisabeth Koch (Bornim, 12.11.1951). - Staatsbibliothek zu Berlin, Preußischer Kulturbesitz, ebd.
22 K. Foerster: Kleines Bilder-Lexikon der Gartenpflanze. - ebd., S. 3
23 K. Foerster / A. Steiner: Blumen auf Europas Zinnen. - Erlenbach-Zürich; Leipzig, 1936
24 M. Astfalck-Vietz: Marta Astfalck-Vietz - Photographien 1922 - 1935. - Berlin, 1991
25 S. Stone: Sascha Stone - Photographien 1925 - 39. - Berlin, 1990

Iris germanica „Clio“, Foto Karl Foerster, ca. 1907 (Sammlung Foerster)

Stone". Marta Astfalck-Vietz kannte Karl Foerster nur in ihrer Eigenschaft als Blumenmalerin, da der ihr gebührende Platz in der Photokunstgeschichte erst 1991 von Janos Frecot (Leiter der photographischen Sammlung in der Berlinischen Galerie) entdeckt wurde.[26] Janos Frecot hat in einer Gesprächsnotiz die Begegnung der Marta Astfalck-Vietz mit Karl Foerster festgehalten, die ein bezeichnendes Licht auf dessen die-Welt-ist-schön-Ästhetik wirft: *"Manche ihrer Aquarelle entstanden in Bornim, wo Foerster ihre Arbeit bewunderte - er nannte sie eine 'gottgesegnete Malerin' - und förderte, indem er ihr im Gespräch seine Sicht auf das Wesen der Pflanze erschloß. Auch in Geltow und Werder hatte Marta Astfalck-Vietz Freunde, in deren Havelgärten sie malte, und sie kann heute noch, im hohen Alter von 91 Jahren, Geschichten erzählen zum Entstehen vieler Blätter und zum Umfeld ihrer Modelle. Eine der charakteristischen Erinnerungen, bezeichnend für das züchterische Ideal eines Karl Foersters, aber auch für das soziale Empfinden und Tätig-sein der Marta Astfalck-Vietz knüpft sich an das Aquarell 'Rittersporn mit dem abgewinkelten Blütenschaft'. Foerster, der der Malerin über die Schulter schaute, monierte den krummen Abweichler und überreichte einen Strauß geradegewachsener Exemplare: 'So muß Rittersporn aussehen'. Die Antwort der Malerin: 'Aber auch das Krumme hat ein Recht auf Leben und Beachtung'."*[27]

Das oben schon behandelte Thema der glücklich umschifften Zivilisationskritik zeitigt ähnliche Ergebnisse, beleuchtet man sein indirektes Verhältnis zur Medienkritik[28] eines Walter Benjamin, Neil Postman, Paul Virillio, Heinz Buddemeier und Anton Kimpfler, die er wohl alle nicht kannte, aber um Jahrzehnte vorwegnehmend, wenn nicht widerlegte so doch neutralisierte. Ein gewichtiges medienkritisches Argument von Anton Kimpfler sei hier stellvertretend für alle anderen hervorgehoben: *"Durch die Medien trifft das Unverwandelte der Menschen aufeinander, nicht das Weiterführende. Ein Anfang ist bereits das Foto. Unser echtes Gesicht bewegt sich stets voran. Jedes fixierte sinnliche Abbild hat in bezug auf das wirkliche Wesen etwas Sich-Entfernendes an sich. Unser Gesicht ist schon Bild. Das Foto verläßt, was dahinter lebt. Eine Spiegelung bleibt festgehalten. Am heikelsten ist dies, wenn es ungefragt geschieht, gar mit Blitzlicht. Fotos verhärten den Ätherleib des Betrachters. Deshalb erinnert man sich an sie eher als an die ihnen entsprechenden Ereignisse. Hinsichtlich der eigentlichen Vorgänge bedeutet dies eine Beraubung. Wie das Mikroskop im Sinnlichen etwas ausgliedert, so die Fotografie gegenüber dem Lebendigen. Es ereignet*

26 G. Porikys: Arbeiten an der Gestalt. - In: Brandenburgische Neueste Nachrichten, 27.6.1991
27 J. Frecot: Gestalten im Lebendigen. - In: Brandenburgische Neueste Nachrichten, 4.7.1992
28 G. Porikys: Die DEFA UF(A)ert aus. - In: Unsere Zeitung, Nr. 3, 3.5.1990

sich eine Ablenkung von ihm. Im fotografischen Spiegel verklärt sich der Materialismus."[29]

Dem 1982 so Formulierten könnte man Karl Foersters Äußerung von 1940 entgegenhalten: *"Es geht die Kraft des Bildes so weit, und zwar sowohl des mechanisch gewonnenen als des Kunstwerkes, uns immer neue Organe der Ausschöpfung der Natur zu erschließen, also wieder andere magische Seiten der Erscheinung erfassen zu helfen. Schon ein bloßes gutes Lichtbild lehrt uns vertrauten Menschenerscheinung zu entdecken. Wir können uns der Schönheit der Natur nicht von genug Seiten nähern, um immer tiefer zu fühlen, daß wir nie mit ihr fertig werden können."*[30]

Den recht schwerwiegenden rein rezeptionspsychologischen Argumenten der Medienkritik, besonders kultiviert von Heinz Buddemeier[31], widerspricht Karl Foerster, gleichfalls Jahrzehnte vorwegnehmend: *"Schon lange können wir nicht mehr überblikken, welche Erziehung unser Auge dem Lichtbilde verdankt, dem farbigen und dem schwarzweißen. Auch richtet es neue Maßstäbe für die Kräfte und Schwächen unseres Gedächtnisvermögens auf und schenkt uns ganz neue Grundlagen der Gemeinsamkeit ... "*[32]

Dem medienkritisch eingeklagten Wirklichkeitsverlust kann man mit Karl Foerster entgegnen: *"Erstaunlich prägen sich uns manche kleinen Pflanzenbildchen für Jahrzehnte ein. Das Lichtbild einer Pflanze, die wir noch nicht sahen, läßt uns zuerst einmal ganz an ihre Wirklichkeit glauben."*[33]

Karl Foerster erhöht die Photographie sogar zum Anwalt der Natur: *"Reproduktionen von Farbenaufnahmen haben wegen ihrer beweiskräftigen, naturdokumentarischen Anschaulichkeit auf dem Garten- und Blumengebiete eine ganz besondere Bedeutung, weil der Laie bekanntlich hier der Phantasie des Malers mehr zutraut, als der 'Phantasie der Natur'".*[34]

Was Karl Foerster der Natur an Phantasiekraft zutraut, bringt er indirekt zum Ausdruck, wenn er den Maler Hunt zitiert: *"Keine Übertreibungen sind so stark wie die der Natur".*[35] Selbst Karl Foerster gesteht, daß er die Darstellung der Lilie in einem Bild Botticellis anfangs für idealisiert hielt, bis er anhand ausgerechnet dieser Abbil-

29 A. Kimpfler: Okkulte Umweltfragen. - Wies, 1982. - S. 43
30 K. Foerster: Kleines Bilder-Lexikon der Gartenpflanze. - ebd., S. 2
31 H. Buddemeier: Illusion und Manipulation. - Stuttgart, 1987
32 K. Foerster: Kleines Bilder-Lexikon der Gartenpflanze. - ebd., S. 2
33 ebd.
34 K. Foerster: Vom Blütengarten der Zukunft. - ebd., S. 10
35 K. Foerster: Winterharte Blütenstauden und Sträucher der Neuzeit. - Leipzig, 1929. - S. 38

dung, eine falsche Sorte entlarvend, der echten auf die Spur kam.[36] So bestätigte sich für ihn die Feststellung Adolf von Hildebrands, die er aus dessen Form-Problem-Buch zitiert: "*Die Kunst setzt uns in ein engeres Verhältnis zur Natur*".[37] Photographie war Karl Foerster ein gleichberechtigtes Kunstmedium, was ihm einige Medienkritiker bestreiten würden.

Karl Foerster war ganz und gar Auge: *"Sind wir doch wohl hauptsächlich optische Wesen und blicken ununterbrochen in die Welt, sogar noch im nächtlichen Traum, - kein Sinn ist so pausenlos tätig"*.[38] Die Erziehung des Auges durch das Lichtbild, verfolgte Karl Foerster geradezu mit einer visualpädagogischen Didaktik, unter Anwendung der goetheanistischen Beobachtungsmethode: *"Von der eben fertig gewordenen Farbenaufnahme ist man immer enttäuscht, weil das Gedächtnis an das Urbild noch frisch ist. Später hingegen wagt man der Platte ihre Pracht kaum zu glauben; so wird uns die Farbenplatte zu einem neuen merkwürdigen Maßstab für die Kräfte und Schwächen unseres Erinnerungsvermögens. Durch einen merkwürdigen geistigen Prozeß gehen von diesen Bildern Steigerungen und Erfrischungen auch auf das übrige Gedächtnisleben aus."*[39]

Das äußerte Karl Foerster schon 1920, und 1935 registrierte er: *"Bilder haben das Doppelschicksal, uns viel zu geringe Begriffe vom Glanz der Naturgebilde zu übermitteln, gleichzeitig aber auch die Mißwirkung, Erwartungen und Urteile in falsche Richtungen zu drängen. Dagegen ist nun mal kein Kraut gewachsen. Man muß eben auch Bilder lesen lernen"*, die nie nachlassen, "*unser Auge in überraschender Weise zu erziehen*".[40] Und sozusagen als Visualpädagoge seiner "Schule des Sehens" verkündet er: *"Das Wachstum unserer feinsten geistigen Beherrschung der Welt und des Lebens hängt aufs engste mit dem Wachstum des Bilderkultus jeder Art zusammen. Was wir nicht irgendwie nachbilden und dem Strom des Wechsels und der Vergänglichkeit entrücken, besitzen wir noch nicht so tief, wie es besessen werden kann. Nur der Nachbildende lernt voll erleben."*[41]

Ja selbst eine aus der photographischen Dunkelkammer sich erhellende Erinnerungskultivierung registriert Karl Foerster aus eigenem Erleben im Jahre 1911:

36 ebd., S. 42
37 ebd.
38 K. Foerster: Vom großen Welt- und Gartenspiel. - ebd., S. 173
39 K. Foerster: Vom Blütengarten der Zukunft. - ebd., S. 10
40 K. Foerster: Staudenbilderbuch. - Rostock, 1935. - S. 6
41 K. Foerster: Kleines Bilder-Lexikon der Gartenpflanze. - ebd., S. 2

"Beim Entwickeln liegengebliebener schwarz-weißer oder farbiger Aufnahmen von Blumen, die inzwischen längst verblüht sind, steigen halb versunkene Stimmungsschätze und Erinnerungen mit herauf. Im Wiederheraufbeschwören der erst jüngst erlebten Blütenzeiten blicken wir in ihre Stimmungsgeflechte zurück, Abgründe von Reichtum und Zeitenfülle, über die sich schon Schleier des Halbvergessens zogen; Gewitterabende mit dem bunten Aufleuchten der zarten, donnerumdröhnten Blütenkelche; Abendgesellschaften, bei denen alle jene Blumen im Lampenlicht glühen, Morgenüberraschungen vor taufrischen, neugeöffneten Blüten, Glücksbeziehungen zwischen Blume und ungreifbarem Zauber der Jahreszeit gerade in jenen Wochen des Jahres."[42]

Karl Foersters sich hier schon ankündigende Fähigkeit, die *"Botschaften des Lichtes"* auch verbal zu feiern, hat allmählich seine eigene photographische Aktivität verdrängt, obwohl eine briefliche Äußerung vom Jahre 1949 dem zu widersprechen scheint: *"So, jetzt habe ich mir ne Dunkelkammer eingerichtet und will hier selber Photos machen, statt des Ärgers über langsame Helfer."*[43]

Selbst die Arbeiten der späteren Helfer zeitigen seinen lichtbildnerischen Stil, den er mit visualpädagogischer Raffinesse, dem jeweiligen Photographen als inneren Zensor einverleibte, was ich aus eigenem Erleben mit Karl Foerster bezeugen kann. Auch wußte er seine photographischen Helfer in die Pflicht zu nehmen. So telegraphierte er 1959 mit allzudeutlicher Hinterabsicht dem für ihn photographierenden und filmenden Graphiker Harry Porikys ganz aufgeregt: *"WANN OH WANN ERSCHEINEST DU ASTILBEN UND DELPHINIUM JAMMERN TAUSEND GRUESSE = IHR KARL FOERSTER."*[44]

Aus eigenem Erfahren wohl wissend um die besonderen Schwierigkeiten der Pflanzenphotographie, war er seinen Helfern sehr dankbar. In seinem Bilder-Lexikon der Gartenpflanze feierte er das *"Pflanzenbild als Verwirklichungspionier des Gartenfortschritts"* und vergißt nicht zu bemerken: *"An dieser Stelle denke ich mit warmem Danke aller fotografischen Helfer und möchte meine Leser auch dazu bewegen. Denn es kommt darauf an, Qualitätsleistungen auf einem so schwierigen Gebiet wie Pflanzenfotografie nicht einfach sang- und klanglos hinzunehmen, sondern sich der leiden-*

42 K. Foerster: Winterharte Blütenstauden und Sträucher der Neuzeit. - ebd., S. 31

43 K. Foerster: Brief an Elisabeth Koch (Bornim, 12.11.1949). - Staatsbibliothek zu Berlin, Preußischer Kulturbesitz, ebd.

44 K. Foerster: Telegramm an Harry Porikys (Bornim, 10.8.1959). - Staatsbibliothek zu Berlin, Preußischer Kulturbesitz, ebd.

Der Bornimer Senkgarten, Foto Karl Foerster, ca. 1920 (Sammlung Foerster)

schaftlichen Mühe und ausdauernden Besessenheit bewußt zu werden, ohne die gerade solch Pflanzenbilderstoff nicht zustande kommt. Es gehen ja diese Arbeiten auch meist über das hinaus, was durch sachliche Gegenwerte ausgeglichen werden kann."[45]

Als Photograph und Schriftsteller hat sich Karl Foerster sprach- und bildmagisch dem Geheimnis "Licht" angenähert, ohne den recht hilflosen Scheinerklärungen der Physik zu erliegen, warnte er doch als ein wahrer "Freund der Weisheit" (Philosoph): *"Vorsicht vor der Wissenschaft, - hin zur* **Dichtung** *jeder ... zugänglichen Form".*[46]

Als echter Goetheanist orientiert sich Karl Foerster an der TAT-Sache eines Phänomens, ohne abstrahierende Hinzuerfindungen: Dem Phänomen wird gestattet, sich rein auszusprechen. Goethe selbst forderte: *"Die Phänomene müssen ein- für allemal aus der düstern empirisch-mechanisch-dogmatischen Marterkammer vor die Jury des gemeinen Menschenverstandes gebracht werden."*[47]

Seit dem

- **Johannes**-Prolog folgten weitere Aufhellungen zum Ur-Phänomen "Licht":
- **Goethes**, sich entschieden von Newton absetzendes, anschauendes Denken über die *"sinnlich-sittliche Wirkung"*[48] der an den *"Taten und Leiden des Lichtes"*[49] entstehenden Farben,
- **Rudolf Steiners**, im goetheanistischen Lichtkurs, geoffenbarte Geheimnisse über das *"Einsaugen des Lichtes durch die Seele" und das "Aussaugen des Bewußtseins durch die Dunkelheit",*[50]
- **Karl Foersters** mystische Lichtpredigten und
- **Massimo Scaligeros** Meditationen über *"die Entdeckung der schöpferischen Imagination"*, der *"Samenkraft des Lichtes, das der Mensch im Denken wiedererlangt".*[51]

Nur der ins 20. Jahrhundert fortgebildete Goetheanismus wird das umdunkelte Lichtgeheimnis aufhellen, und man kann jetzt schon mit dem Maler und Philosophen Karl

45 K. Foerster: Kleines Bilder-Lexikon der Gartenpflanze. - ebd., S. 3
46 K. Foerster: Brief an Friedrich Wilhelm Foerster (Bornim, 1.1.1947). - Staatsbibliothek zu Berlin, Preußischer Kulturbesitz, ebd.
47 J. W. Goethe: Farbenlehre. - Stuttgart, 1984. - 3. Bd., S. 266
48 ebd., 1. Bd., S. 275
49 ebd., S. 45
50 R. Steiner: Geisteswissenschaftliche Impulse zur Entwicklung der Physik. Vorträge in Stuttgart (23.12.1919 - 3.1.1920). - Dornach, 1987. - S. 108f.
51 M. Scaligero: Das Licht. - Ostfildern, 1994. - S. 164

Ballmer freudig feststellen: *"Es gibt indessen auch ernsthafte Physiker und Philosophen, die sich vom einseitigen Mathematismus der 'modernen' Physik in herbster Kritik distanzieren, indem sie z.B. unter 'Licht' nicht einen materialistischen Atomenspuk verstehen wollen, sondern eine lebendige Entität und Realität, die mit dem 'Geist' des forschenden Physikers eine und die gleiche Wurzel hat. Noch für den gesunden Monismus der mittelalterlichen Philosophie war es eine Selbstverständlichkeit, eine physikalische Lichtlehre in menschlichen oder göttlichen Denk-Licht zu verankern."*[52]

Die Photo-Graphie (Licht-Schreibung) hat und wird ihren Beitrag zu urphänomenalen Lichtfrage leisten, zumal die Dunkelkammerprozesse in ihrer Nähe zur Alchemie den vorschnellen Erklärungen der Chemie enthoben sind. Raoul Hausmann nannte sich wohlbedacht nicht Photograph, sondern MELANOgraph (SCHWARZschreiber), angesichts der Tatsache, daß die Silberanteile der Photoemulsion vom Licht geschwärzt werden; das Licht-Bild in seiner Urform als Negativ eigentlich ein Dunkel-Bild ist. Der MELANOgraph Raoul Hausmann formulierte diesen Tatbestand mit dadaistischer Radikalität: *"Licht macht unsichtbar. Mit Licht schreiben? Licht verbrennt die lichtempfindliche Schicht. Es ist SCHWARZ".*[53] Noch merkwürdiger wird dieser Gedankengang angesichts der Feststellung von Massimo Scaligero: *"Die Finsternis ist weder das Nichts noch das Leere noch die Abwesenheit des Lichts, sondern die Kraft, die dem Licht entgegengesetzt ist. Wird der Materie das Licht der Sonne entzogen, dann strahlt sie ihr umgekehrtes Licht aus, das schwarze Licht: die Finsternis, die, ohne gesehen zu werden, auch während des Tages anwesend ist."*[54]

Dergestalt in das Rembrandtsche Hell-Dunkel verirrt, kann man sich mit Karl Foerster weitertasten: *"Finsternis nicht finster ist vor dir. Das innere Licht schließt Bündnisse mit düsterer Herrlichkeit, - lebt in gedämpften Spiel mit diesen Geisterschwärzen".*[55] Was sich hier andeutet, hat Karl Foerster auf eine Kurzformel gebracht: *"Wer Licht sagt, muß auch Schattenzauber sagen".*[56]

Würde man alle Äußerungen Karl Foersters zum Thema "Licht" sammeln, ergebe es eine visualpädagogische Licht-Predigt. Hier nur einige Licht(kost)proben: *"Aus den Lichterlebnissen des Südens, die mit ihrer anderen Wesensart, ihrer Allgewalt und Überschußkraft die Ahnungen des Nordländers erfüllen, gewinnen wir erhöhte Emp-*

52 K. Ballmer: Die Judenfrage. - Besazio, 1975. - S. 2

53 R. Hausmann: Der deutsche Spiesser ärgert sich. - Berlin, 1994. - S. 97f.

54 M. Scaligero: Das Licht. - ebd., S. 20

55 K. Foerster: Es wird durchgeblüht. - Berlin, 1969. - S. 16f.

56 ebd., S. 116

fänglichkeit auch für die Sprache unseres heimatlichen Lichtes, für dessen abgedämpfte, langausgesponnene Entfaltungen und seine so verschieden denkbaren Geschäfte, - je nach den Dingen, auf die es trifft. Diamant antwortet anders auf Licht als Glas.[57] *[...] Je höher die Schönheit, desto wundersamer wechselt sie im Licht; die der Blumen und der Menschen nicht nur im Gartenlicht, sondern auch im Wohnungslicht. Die nun gesteigerte Schönheit der Gärten und Wohnungen birgt neue Empfangsstätten für Botschaften des Lichtes, die früher jenseits unserer Empfindungsmöglichkeiten lagen. Man weiß nicht, findet es neue Gelegenheiten, Schönheitsgrade zu unterscheiden, oder hat die Schönheit neue Kraft, das Licht zu feiern.*[58] *[...] Licht des Vorfrühlings ist durchkämpft und vergeistigt; Spätherbstsonne fährt wie ein feierlich kühles Auferstehungslicht fragend in die Farben, die ihrem Ende entgegenblühen. Immer neue Farben und Blumen lauschen dieser halb jenseitigen Lichtpredigt und fangen Worte, die sonst verhallen.*[59] *[...] Das Licht schien in dieser Blüte von seinen langen Tagesmühen mit einem feierlichen 'es ist vollbracht' zu blühen und zu ruhen".*[60]

Schreibt der späte Karl Foerster *"in mancher Lichtstunde wird gleichsam der Astralleib einer Blume und Farbe fühlbar"*[61], so befinden sich in seinem Bildnachlaß frühe Aufnahmen, die diesen sogenannten Astralleib in einer Weise materialisieren, daß ein von Walter Benjamin an der technischen Reproduktion eingeklagter *"Verlust der Aura"*, zum Gerücht wird. Karl Foerster: *"Kunst ist magische Besitzergreifung von der Welt durch einmalige Kräfte begnadeter Individuen, deren Kräfte nun in Millionen Anderer hinüberfließen. Mit Bildern aller Art, auch denen von Pflanzen, gehen wir oft auf ganz seltsame Weise um, nehmen sie fast für die Dinge selber und ruhen doch von den Dingen aus dabei, schlagen verwegenere Brücken zum Unnennbaren, brauchen sie als Sprungbretter unsagbaren Erlebens."*[62]

57 ebd., S. 115
58 ebd.
59 ebd., S. 117
60 ebd., S. 120
61 ebd., S. 141
62 K. Foerster: Kleines Bilder-Lexikon der Gartenpflanze. - ebd., S. 2

Karl Foerster im 96. Lebensjahr (Foto: Gunnar Porikys)

Karl Foersters Staudenzüchtungen
Anfang oder Ende einer Entwicklung?

Konrad Näser

Zuerst möchte ich Sie einladen, mit mir den Versuch zu unternehmen, die Stellung Karl Foersters in der Reihe der bedeutenden Staudenzüchter unseres Jahrhunderts zu bestimmen. Schon vor Karl Foerster hat es interessante Abschnitte in der Züchtungsgeschichte der Stauden gegeben und auch nach ihm, bis in unsere Zeit, waren oder sind Züchter am Werke, die zur Weiterentwicklung des Sortimentes beigetragen haben und noch beitragen. Mit Karl Foerster wurde aber zweifellos der Höhepunkt in dieser Entwicklung erreicht. Damit entstand ein Maßstab, an dem alle übrigen die mit ihm zusammen oder nach ihm an dieser großen Aufgabe arbeiteten, gemessen werden können.

In der zweiten Hälfte des vorigen Jahrhunderts nahm die Verbreitung der Stauden, ihre Anpflanzung in Parks und Gärten einen bis dahin ungeahnten Aufschwung. Parallel dazu entfalteten sich die gärtnerischen Kulturen und die Sortimente. In Deutschland, Holland, England und Frankreich entwickelten sich einige der damaligen "Kunst- und Handelsgärtnereien" zu großen Betrieben mit vielartigen Kulturen, darunter zunehmend auch Stauden. Nach und nach entstanden regelrechte Staudengärtnereien, die so bedeutend waren, daß ihre Firmennamen oder die Namen ihrer Gründer noch heute bei Fachleuten einen guten Klang haben.

In diesen Betrieben gab es bereits umfangreiche Sortimente und es wurde mit erstaunlicher Intensität an der Verbesserung einzelner Staudengattungen gearbeitet. Einen großen Einfluß auf die spätere Sortimentsgestaltung hatte Pfitzer mit rund 100 Delphinium- und 513 (!) Phlox-Sorten schon vor 1900.

Ob Karl Foerster selbst einmal bei Pfitzer in Stuttgart war, wissen wir nicht. Während seiner Gehilfenzeit arbeitete er aber in einer anderen, damals führenden Staudengärtnerei. Es war im Sommer 1903 bei Nonne und Hoepker im Holsteinischen. Auch zu den Arbeiten von Georg Arends in Ronsdorf hatte er engen Kontakt.

Bedeutende Staudengärtnereien in Deutschland vor 1900

Firma	Ort	gegr.	wichtige Sortimente
W. Pfitzer	Stuttgart	1844	Chrysanth., Delphinium, Kniphofia, Penstemon, Phlox
Goos & Koenemann	Niederwalluff	1886	Aster, Campanula, Delphinium, Heuchera, Iris, Phlox
Georg Arends	Ronsdorf	1888	Anemone, Aster, Astilbe, Phlox, Primula, Saxifraga
Otto Mann	Eutritzsch	vor 1890	Delphinium, Paeonia, Phlox, Primula, Pyrethrum, Viola
Nonne & Hoepker	Ahrendsburg	1891	Aster, Chrysanthemum, Delphinium, Helenium. Heuchera
Heinrich Junge	Hameln	1896	Aster, Helenium, Trollius, Nymphaea
Lorenz Lindner	Eisenach	1900	Aster, Anemone, Gypsophila, Scabiosa, Yucca

In anderen europäischen Ländern traten ebenfalls Gärtnereien hervor, die sich besonders mit Staudenanzucht befaßten. Bekannt wurden die Firma Ruys in Dedemsvaart (Holland), der Iris-Züchter Vilmorin in Paris, die Paeonien-Gärtnerei von Lemoine in Nancy und schließlich auch die Rittersporn-Betriebe Blackmore & Langdon sowie Kelway in England.

Es muß um die Jahrhundertwende eine aufregende Zeit für Staudengärtner gewesen sein. Ständig wurden neue, mitunter fast sensationell anmutende Arten entdeckt. In die entlegensten Gebiete der Erde drangen Pflanzensammler vor. 1903 fand Ernest Wilson in Szechuan zum ersten Mal Lilium regale, 1908 folgte durch den französischen Missionar David das Lilium davidii. England und Holland waren die Eingangstore nach Europa für diese und viele weitere Pflanzenschätze. Die staudenbegeisterten Gärtner nahmen die Neuankömmlinge sogleich in ihre Kulturen auf und begannen damit zu züchten, allen voran Georg Arends in Ronsdorf.

Bei der Gestaltung der Gärten dominierten damals noch die großen Rabatten und Teppichbeete. Die Verbreitung der "Wildnisgartenkunst" durch Karl Foerster stand erst

Staudensortiment um 1900 (Otto Mann)

- 823 Arten und Sorten von Stauden
- es überwiegen die Arten, Sorten treten nur in geringem Umfang auf, bevorzugt als
  - gefüllte Formen
  - panaschierte Formen
- einige heute verbreitete Gattungen oder Arten fehlen noch völlig, z.B.

Corydalis lutea	*Incarvillea*
Cimicifuga	*Lithospermum*
Euphorbia	*Nepeta*
Geranium macrorrh.	*Pachysandra*
Heracleum	*Waldsteinia*

- größere Sortimente werden genannt bei

Primula sieboldii	20 Sorten
Pyrethrum roseum	26 Sorten
Viola odorata	20 Sorten (!)

- ohne Sortennamen pauschal genannt bei

Delphinium	10 Sorten
Paeonien	25 Sorten
Phlox	50 Sorten

- die Sortimente sind klein oder fehlen völlig bei

Aster	Hosta
Astilbe	Hemerocallis
Aubrieta	Iris
Bergenia	Lupinus
Chrysanthemum	Monarda
Erigeron	Solidago
Helenium	Veronica

- heute als Raritäten bekannte Stauden waren damals im allgemeinen Angebot
  - Aegopodium podagraria 'Variegata'
  - Anemone nemorosa 'Robinsoniana'
  - Convallaria majalis 'Striata'
  - Hepatica triloba 'Rubra Plena'
  - Paeonia tenuifolia
  - Primula vulgaris 'Rubra Plena' (100 Stück 25,- Mark [!])
  - Smilacina racemosa
  - Trillium 7 Arten (!)

noch bevor. Unter dem Einfluß des Zustroms neuer Gebirgspflanzen entwickelte sich aber schon damals der Bau und die Anlage von Steingärten. In Lindau am Bodensee hatte 1886 Franz Sündermann seinen Alpenpflanzengarten eröffnet. In Oliva bei Danzig wirkte Ernst Wocke und veröffentlichte 1899 sein Buch über die "Alpenpflanzen in der Gartenkultur der Tiefländer" und in Pruhonice bei Prag schuf Graf Silva-Tarouca ab 1895 ein ausgedehntes Alpinum.

Den besten Überblick über den Stand des Staudensortimentes um 1900 bietet ein Katalog der Firma Otto Mann in Leipzig-Eutritzsch von 1899. Er enthält bei Stauden immerhin 823 Positionen.

Im Angebot dominieren Staudenarten, meist noch ohne Sorten. 30 bis 40 Spezies, die heute im Sortiment als unentbehrlich gelten, fehlen völlig. Sie waren damals als Gartenpflanzen noch unbekannt, z.B. Corydalis lutea, Dicentra eximia, Polygonum affine und Waldsteinia. Auch fehlten die meisten der heute verbreiteten Gartengräser. Gartenfarne dagegen waren erstaunlicher Weise schon mit 73 Arten bzw. Raritäten reichlich vertreten. Die Staudengärtner damaliger Zeit vermehrten jedoch viele Pflanzen, die heute Seltenheitswert besitzen und unter Liebhabern hohe Preise erzielen. Die für die heutige Verwendung der Stauden aber so bedeutsame Auffächerung vieler Arten in Sortimente gab es damals zumindest in den Angeboten noch nicht, z.B. bei Aster, Astilben, Erigeron, Lupinus, Hemerocallis und Iris. Eine Ausnahme fällt auf: vom hohen Phlox werden immerhin als geschlossenes Sortiment schon 50 Sorten angeboten, bei Delphinium 10.

In diese gärtnerisch so bewegte Zeit fällt 1907 Foersters Betriebsgründung in Berlin-Westend. Man kann davon ausgehen, daß sich Karl Foerster seit seiner Lehrzeit 1889 in Schwerin, auch während der Gehilfenjahre und an den Gärtnerlehranstalten in Wildpark und Geisenheim ein profundes Wissen über das vorhandene Staudensortiment und dessen damalige Entwicklungsrichtungen angeeignet hat, denn schon 1911 erschien sein erstes Gartenbuch "Die winterharten Blütenstauden und Sträucher der Neuzeit". Von Anfang an zielte sein Programm auf die Verbesserung des Sortimentes. Er war mit vielen Eigenschaften der Stauden seiner Zeit unzufrieden. Sein Ziel war es, in den Pflanzen Kräfte zu wecken, die eine Steigerung ihrer Gartenwirksamkeit ermöglichen. Doch er erzwang nichts, versuchte nichts, das dem Wesen einer Staude zuwider gelaufen wäre. Von Anfang an stellte er auch seine Fähigkeit, mit Wort und Bild meisterhaft umgehen zu können, in den Dienst dieser Sache. Darin liegt einer der Unterschiede zu anderen Gärtner-Züchtern, die mit ihm und nach ihm am Staudensortiment tätig waren.

Bis heute sind die meisten Fortschritte bei Stauden von Gärtnern geschaffen worden. Eine von den Anzuchtbetrieben losgelöste Züchtung, wie sie bei Obstgehölzen oder bei Getreidesorten verbreitet ist, gibt es zum Glück bei Stauden nicht. Allerdings ist eine zunehmend größer werdende Schar von Hobbyzüchtern am Werk, die sich überwiegend mit Modesortimenten wie Iris, Hemerocallis, Lilien, neuerdings auch Helleborus und Hepatica befassen. Karl Foerster sah seine Aufgabe anders. Seine Sorten sollten in großen Stückzahlen vermehrt werden und dann für jedermann zugängig sein. Die Verbindung seiner schöpferischen Tätigkeit mit einem leistungsfähigen Vermehrungs- und Anzuchtsbetrieb war dafür die Garantie.

Seine Sorten entstanden nach langem, genauen Beobachten und Beurteilen. Die Fähigkeit, das Wesen einer Pflanze zu ergründen und ihr dann mit Achtung zu begegnen schützte ihn vor züchterischen Überforderungen. Er strebte nicht nach Merkmalssteigerungen, die letzten Endes keine Rücksicht mehr auf die den Pflanzen innewohnenden Kräfte nehmen und nur von den Gesetzen des Marktes und den Wünschen der Verbraucher diktiert werden. Zu seiner Vision gehörte, den Reichtum der Stauden in dem von der Natur gesetzten Rahmen zu entwickeln. Eigenschaften, wie Standfestigkeit, Mehltaufreiheit, lange Blütezeit, leuchtende Farben und Langlebigkeit standen bei seinen Zielen ganz obenan. Dabei sollten die Rittersporne z.B. noch immer etwas von der Wildstaude in ihrer Bergheimat spüren lassen. Die großen, gefüllten Schnitt-Rittersporne aus Kalifornien und auch die Bemühungen um den ziegelroten Garten-Rittersporn lehnte er daher ab. Für ihn war und blieb der Rittersporn eben der wichtigste Träger der blauen Farbe.

In Westend begannen die eigenen Kulturen zu wachsen. Schon bald danach wurde von ihm das Züchtungswerk in Gang gesetzt. Die ersten nachweisbaren Züchtungen waren seltsamer Weise Aster novi-belgii-Sorten, 1909 'Herbstwunder', 1910 'Blütenwolke'. Doch es ist ebenso möglich, ja wahrscheinlich, daß sie die Entstehungsgeschichte des 1908 erstmals genannten Chrysanthemum indicum 'Nebelrose' teilen, namenloser Findling aus einem anderen Garten gewesen zu sein.

Auch von den ganz frühen Ritterspornsorten um 1911, 'Johannes Brahms', 'Mozart', 'Beethoven' und 'Richard Wagner' ist die Entstehung nicht genau bekannt. Sie tauchen auch nur für kurze Zeit im Angebot auf. Mit dem enzianblauen Delphinium 'Arnold Böcklin' war 1912 die wirklich erste eigene Sorte geboren. Dann folgte, verzögert durch Kriegsjahre und Nachkriegszeit, der Beginn der ersten großen Ritterspornserie. Sie wurde 1922 mit 'Berghimmel' eröffnet und nach 44 weiteren Sorten 1939 mit 'Finsteraarhorn' abgeschlossen. Sortennamen, wie 'Blickfang', 'Meergott', 'Malvine', 'Perlmutterbaum' und 'Traumulus' haben wir Staudengärtner noch gut in den Ohren

Karl Foersters Staudenzüchtungen im statistischen Überblick

362 Neuzüchtungen kamen von 1909 bis 1970 in Kataloge und damit ins Angebot

Sie verteilen sich auf

46 Gattungen mit
57 Arten

davon

29 Arten, bei denen er nur 1 Sorte züchtete
27 Arten, bei denen er 2 bis 5 Sorten züchtete
11 Arten, bei denen er 6 und mehr Sorten züchtete

Zwei Schaffensperioden, getrennt durch die Kriegs- und Nachkriegsjahre 1940 bis 1948 sind erkennbar, Erhaltung der Sortimente und Züchtungen während der Unterbrechung unter aktiver Mithilfe von Herrn Paul Bolz.

Es kamen in die Angebote

von 1909 bis 1940 85 neue Sorten
von 1949 bis 1970 277 neue Sorten

Stauden, mit denen er besonders gern und viel arbeitete:

Phlox-Paniculata-Hybriden	83 neue Sorten
Delphinium-Hybriden	72
Helenium-Hybriden	38
Aster novi-belgii	20
Chrysanth.-Indicum-Hybriden	20
Lupinus-Polyphyllus-Hybriden	17
Aster amellus	15
Aster dumosus	7
Heliopsis helianthoides	7
Papaver orientale	7
Yucca filamentosa	6

und manche altbundesdeutsche Gärtnerei hat sie auch noch im Katalog. Erst 1956 beginnt die 2. Serie, die symbolhaft 1967 mit dem letzten Foerster-Rittersporn 'Abgesang' ausklingt. 72 eigene Züchtungen umfaßt sein Delphinium-Gesamtsortiment.

Die zweite große Liebe galt dem Phlox. Doch erst 1933 begann der Verkauf der neuen Phlox-Züchtungen. Die Jahre davor waren mit intensiver Vorbereitung, mit sammeln, sichten, prüfen, mit züchterischer "Basisarbeit" ausgefüllt. Denn jede neu offerierte Sorte ist nur die Spitze einer breiten Pyramide von Vorstufen und Ausgangsmaterial, wie bei jeder langfristig angelegten Züchtungsarbeit. Mit der Sorte 'Eva Foerster' begann es, bis zur 'Koralle' 1939 kamen weitere 23 Sorten dazu. Aus dieser Serie sind 'Dorffreude', 'Juliglut', 'Kirmesländler', 'Spätrot', 'Wenn schon - denn schon' seit 50 Jahren noch immer beliebte Sorten. Ab 1949 bis 1969 folgte die 2. Serie, die mit 60 Sorten von 'Feuerspiegel' bis 'Aurora' die ganze Breite Foersterscher Phlox-Pracht erschließt. Im Gesamtschaffen des Meisters nehmen Phloxe mit 83 Sorten sogar den ersten Platz noch vor Delphinium ein.

362 Züchtungen, die auf die Autorenschaft Karl Foersters zurückgehen, konnte ich bisher nachweisen. Andere Fachleute kommen auf andere Zahlen, Zeitungsleute sogar auf 800 Sorten. Unterschiedliche Angaben beruhen darauf, daß bisher nicht festgelegt wurde, welche Merkmale bei Karl Foerster der Status "Sorte" trägt. Gilt die Nennung eines Namens in Skripten, Büchern, Zeitschriftenartikeln schon als Sortennachweis oder besser doch die Veröffentlichung in einem betrieblichen Katalog? Diese unterschiedliche Betrachtungsweise sollte den Umfang des Beitrages, den er zu unserem heutigen Staudenbild geleistet hat, nicht herabwürdigen, sondern allenfalls darauf hinweisen, daß zur Aufarbeitung dieses gartenkulturellen Erbes noch viel getan werden muß. Dazu gehört auch die durch die widrigen Umstände des 2. Weltkrieges erzwungene Zweiteilung des Schaffens in die Zeit vom Anbeginn bis ca. 1940 mit etwa 85 neuen Sorten und in die Spanne von 1949 bis 1970, die mit 277 Neuzüchtungen die fruchtbarste Zeit war. Im Jahre 1949 stand Karl Foerster bereits im 75. Lebensjahr! Die jahrzehntelange Erfahrung, aber auch die breit gewordene pflanzliche Grundlage, aus der geschöpft werden konnte, trugen dazu bei.

Ein Überblick läßt die Schwerpunkte seines Züchtungswerkes hervortreten. Es sind 7 Staudenarten. Bei diesen wurden über viele Jahre hinweg Tausende Sämlinge herangezogen, Einzelpflanzen selektiert, begutachtet, geprüft, die Vermehrung in Gang gebracht, bis schließlich mit der Namenstaufe eine neue Sorte entstand. Kein anderer erfolgreicher Züchter hat übrigens die deutsche Sprache so bildhaft und "vorbildlich" zur Benennung von Pflanzen herangezogen wie er.

Neben diesen Hauptarten stehen weitere, die sich der schöpferischen Hand Karl Foersters nicht so rasch oder willig erschlossen, aber dennoch hartnäckig umworben wurden, Campanula etwa oder Erigeron, auch Yucca und Veronica.

Schließlich fallen im Gesamtwerk viele Staudenarten auf, von denen Karl Foerster nur eine Sorte geschaffen hat. Gleichwohl waren dies oft auch richtige "Treffer", in manchen Fällen auch Zufallstreffer, die dem scharfen Beobachter und kritischen Prüfer im Bestand irgendwie aufgefallen waren.

Heute wissen wir: Was wäre das Schaffen Karl Foersters ohne diese Einzelsorten, die erst die enorme Tiefe und Breite seines Arbeitsfeldes demonstrieren? Erstaunlich bleibt, daß er bei vielen Staudenarten nur diese eine Steigerung fand und nicht den Anreiz verspürte, noch weiter in die Tiefe oder Breite zu gehen. So gehörten die Monarden zu seiner "frühesten Liebe". Als Sorte entstand aber lediglich die weiße 'Schneewittchen'. Dennoch wurden aber gerade mit diesem "Antippen" Tore aufgestoßen, durch die dann seine Nachfolger in das dahinter liegende Neuland vordringen konnten.

Beispiele von Einzelsorten Karl Foersters außerhalb der großen Sortimente

Aruncus dioicus 'Zweiweltenkind'	1959
Bergenia-Hybride 'Schneekönigin'	1959
Carlina acaulis 'Bronze'	1951
Chrysanthemum zawadskii (rubellum) 'Septemberrose'	1952
Festuca cinerea 'Frühlingsblau'	1963
Helianthemum-Hybride 'Citronella'	1951
Monarda didyma 'Schneewittchen'	1956
Omphalodes verna 'Grandiflora'	1966
Potentilla aurea 'Goldklumpen'	1964
Salvia x superba 'Mainacht'	1961
Saponaria ocymoides 'Karminkönigin'	1950
Sedum album 'Rubrifolium'	1967

Nicht unerwähnt darf bleiben, daß es der Ganzheitsphilosophie Karl Foersters entsprach, nicht nur eigene Werke in den Vordergrund zu stellen, sondern auch die Sorten anderer Züchter mit zu prüfen und sofern sie gut waren, in die Sortimente aufzunehmen. Die Einführung bisher unbekannter Staudenarten oder deren Varietäten nahm ebenfalls breiten Raum ein. So verdanken wir Karl Foerster, bzw. seinem damaligen Obergärtner Heinz Hagemann, daß die Rudbeckia 'Goldsturm' und das Gypsophila 'Rosenschleier' nach Deutschland kamen.

Wenn es mir bis hierher gelungen ist, Ihnen zumindest eine Vorstellung von der Fülle Foersterscher Staudenzüchtungen zu geben, so öffnet sich jetzt die Möglichkeit, die Gedanken darauf zu richten, wie dieses Werk fortgesetzt wurde, was davon heute noch vorhanden ist, von welchen Seiten Gefahren drohen und was zur Erhaltung getan werden kann.

Einführung von wichtigen Sorten und Arten durch Karl Foerster

Blütenstauden:	
Aster ericoides 'Herbstmyrte'	1911
Cerastium tomentosum var. columnae	1926
Chrysanth.-Indicum-Hybr. 'Herbstrubin'	1913
Chrysanth.-Indicum-Hybr. 'Nebelrose'	1908
Chrysanth.-Ind.-Hybr. 'Novembersonne'	1912
Cimicifuga simplex 'Armleuchter'	1932
Gypsophila-Hybr.'Rosenschleier'	1933
Rudbeckia fulg. var. sull. 'Goldsturm'	1937
Sedum hybridum	1924
Gartengräser:	
Calamagrostis x acutiflora (epigeios)	1950 (Ehrenname 'Karl Foerster')
Carex grayi	1937
Helictotrichon sempervirens (Avena)	1930
Miscanthus sinensis 'Giganteus'	1934
Molinia arundinacea (altissima)	1950 (Ehrenname 'Karl Foerster')
Stipa barbata	1950
Gartenfarne:	
Karl Foerster war maßgebend an der Einführung von Gartenfarnen beteiligt. Einzelheiten müssen noch ermittelt werden.	

In den 6 Jahrzehnten der Staudengärtnerei Foerster in Bornim arbeiteten viele Hundert Menschen unter seiner Leitung, atmeten die Bornimer Luft, lebten mit seinen geistigen Anregungen. Die meisten sind Staudengärtner geblieben. Einige gründeten eigene Betriebe und konnten vom Züchten nicht mehr lassen. Karl Foersters Art des Umgangs mit der Staude, die Kunst, ihr ihre Geheimnisse zu entlocken wurde auch für sie Lebensmaxime. Das waren Gärtner, die noch unmittelbar mit ihm gearbeitet hatten, Wilhelm Schacht, Richard Hansen, Heinz Hagemann und Ernst Pagels. Insbesondere die beiden letzteren haben als Betriebsleiter in der Praxis viel zur Weiterentwicklung der Sortimente beigetragen. Ernst Pagels in Leer war und ist es, der ganze Sortimente auseinanderzufalten verstand. Seine Salvien, Miscanthus und Achilleen kennt heute jeder Staudengärtner, wenn er auch nicht immer weiß, daß es Pagels-Sorten sind. Aber auch Fachleute, die nicht unmittelbar in Bornim gearbeitet haben, bemühten sich um das Fortführen der Züchtungsarbeit oder gingen völlig eigene Wege, so Gräfin Zeppelin mit Papaver und Iris, Heinz Klose mit Hosta und vielen anderen neuen Sorten ebenso Karlheinz Marx, Peter zur Linden und Dr. Hans Simon, um nur einige in dieser Reihe zu nennen. Auch in der jungen Generation melden sich schon weitere Züchter zu Wort und natürlich auch im Ausland, im klassischen Staudenland England, in Holland und in den USA.

Anzufügen ist, daß nach 1970 in dem dann volkseigenen Bornimer Betrieb die Züchtungsarbeit unter meiner Leitung fortgesetzt wurde. Von 1972 bis 1990 entstanden 115 neue Sorten, die nun das Schicksal mancher Foerster-Sorte teilen: In Westdeutschland nicht bekannt gewesen, in Ostdeutschland beim Untergang der volkseigenen und genossenschaftlichen Betriebe verschollen. Doch auch hier, bei diesen sogenannten "Bornimer Sorten" wäre dringend Sammeln, Aufarbeiten, und Überprüfen notwendig, bevor es noch später wird.

Zurück zu Karl Foerster:

Im rauhen Wind der heutigen Marktwirtschaft behaupten sich 25 Jahre nach seinem Tode noch erfreulich viele Züchtungen in den Betrieben. Darüber gibt eine Erhebung von 1994 Auskunft. Sie geht inhaltlich auf Herrn Klaus Bachmann in Erfurt zurück und wurde von mir leicht verändert.

Ermittlungen von Durchschnittswerten aus den Katalogen von 10 Staudenbetrieben in den alten Bundesländern. Autor: Herr Klaus Bachmann, Erfurt 1994

Art	Foerster-Sorten			in 10 Betrieben durchschnittlich		
	ges.	im Angebot	in %	Sort. ges.	dv. KF	in %
Delphinium-Hybr.	72	27	37 %	16	10	62 %
Phlox-Pan.-Hybr.	83	25	30 %	20	8	40 %
Chrys.-Ind.-Hybr.	29	17	59 %	20	3	15 %
Helenium-Hybr.	38	18	47 %	8	4	50 %
Heliopsis hel.	7	7	100 %	7	4	57 %
Aster amellus	15	5	33 %	7	2	28 %

Herr Bachmann hat an Hand der Kataloge von 10 führenden Staudenbetrieben der alten Bundesländer ermittelt, welchen Anteil Foerster-Sorten an den artspezifischen Sortimenten dieser Betriebe haben. Es sind immerhin noch 42 %. Allerdings fallen sie nur dem Insider als solche auf, weil die meisten Kataloge die Züchter nicht nennen. Dann muß man aber annehmen, daß nicht etwa der "Zugname" Foerster der Grund für den Verbleib im Sortiment darstellt, sondern die Qualität der Sorte.

Weiter muß bedacht werden, daß im Wettbewerb "Foerster-Sorten gegen andere" ein Ungleichgewicht auch deshalb eintritt, weil durch die restriktive DDR-Sortenpolitik bei weitem nicht alle Foerster-Sorten in den alten Bundesländern geprüft, ins Sortenregister aufgenommen und damit bekannt geworden sind. Wie hoch diese "Dunkelziffer" ist und was davon überhaupt in Betracht kommt, konnte bisher noch nicht festgestellt werden.

Es wird aber erneut deutlich, wo Ansatzpunkte bei der Erschließung des Kulturerbes "Foerster-Sorten" sein könnten.

Auch über die Tatsache, daß 58 % der Sorten von anderen Züchtern stammen, lohnt es sich, weiter nachzudenken. Es ist verständlich, daß im Laufe von Jahrzehnten in anderen Zuchtstätten Verbesserungen gegenüber alten Sorten aus Bornim entstanden sind. Karl Foerster würde das, wenn er noch lebte, sofort akzeptieren.

Doch ebenso können ganz andere Ursachen zur Ablehnung beigetragen haben. Zum Beispiel ist bekannt, daß auch vegetativ vermehrte Pflanzensorten Abbauerscheinungen unterliegen. So können Farbabweichungen auftreten oder sich Sämlinge einschleichen, die den Sortentyp verfälschen.

Das Vordringen durch Aussaat vermehrbarer neuer Sorten gegen die alten vegetativ vermehrbaren ist arbeitswirtschaftlich erklärbar. Sie sind kostengünstiger in großen Stückzahlen heranzuziehen. In vielen Sortimenten stellen sie zunehmend eine ernste Konkurrenz dar, z.B. bei Aster amellus, Campanula carpatica, Bergenia, Delphinium, Papaver und Scabiosa. Saatstauden hat es aber schon vor 100 Jahren gegeben, so daß die Konkurrenzsituation nicht neu ist und es vor allem darum geht, die Vorzüge der vegetativ vermehrten Sorte stärker in den Vordergrund zu bringen, um einen durch aufwendige Anzucht höheren Preis auch erklären zu können.

Leider gibt es gegenwärtig nirgendwo eine Einrichtung, die sich dem Sammeln, Überprüfen und Reinhalten von Foerster-Sorten widmet. Das könnte natürlich am besten in Bornim geschehen, doch auch ebenso gut an einer anderen Stelle, möglichst in Potsdam, wo eine entsprechende Fläche zur Verfügung steht, z.B. in den Karl-Foerster-Anlagen auf der Freundschaftsinsel oder im Andreaskreuz der Russischen Kolonie. Doch das kostet Geld, das nicht allein von dem heranwachsenden neuen Foersterbetrieb getragen werden kann.

Dazu wäre ein klares Bekenntnis von kompetenter öffentlicher Stelle erforderlich. Es geht dabei um ein Kulturgut in Form lebender Pflanzen, das dringend erhaltungsbedürftig ist! Ein solches Bekenntnis könnte und müßte sich neben den leichtgängigen verbalen Äußerungen auch in einer finanziellen Förderung zeigen.

Eine lebende Sammlung von Foerster-Sorten hätte nicht nur musealen Wert. Sie stünde allen Staudengärtnern, Gartenliebhabern, Züchtern, Züchtungsforschern, Botanikern, Genetikern, Studenten, Auszubildenden und Schülern offen und könnte eine weite Ausstrahlung und Anziehungskraft haben. Damit würde aber auch der Sortenerhalt, die Bewahrung des einst geschaffenen genetischen Potentials nicht mehr nur den regulierenden Kräften des heutigen Marktes überlassen, sondern ein wirksamer Schutz gegen die weitere Sorten-Erosion geschaffen.

Die Aufforderung, an einer derartigen Sammlung von Foerster-Sorten mitzuwirken, richtet sich an alle, die direkt oder indirekt mit dem Lebenswerk Karl Foersters verbunden sind. Das ist die Stadt Potsdam, deren Ehrenbürger er ist. Aufgerufen ist dazu auch die Regierung des Landes Brandenburg, beteiligt werden könnte der Zentralverband Gartenbau mit seinen Mitgliedorganisationen, darunter dem Bund deutscher Staudengärtner, die Internationale Staudenunion, Kleingärtner-Verbände und schließlich auch Einzelpersonen, denen der Erhalt dieses in unserem Jahrhundert einmaligen Lebenswerkes am Herzen liegt.

Karl Foerster rief uns als Warnung und Aufforderung einst zu: "Wer Träume verwirklichen will, muß tiefer träumen und wacher sein, als andere". - Beherzigen wir's!

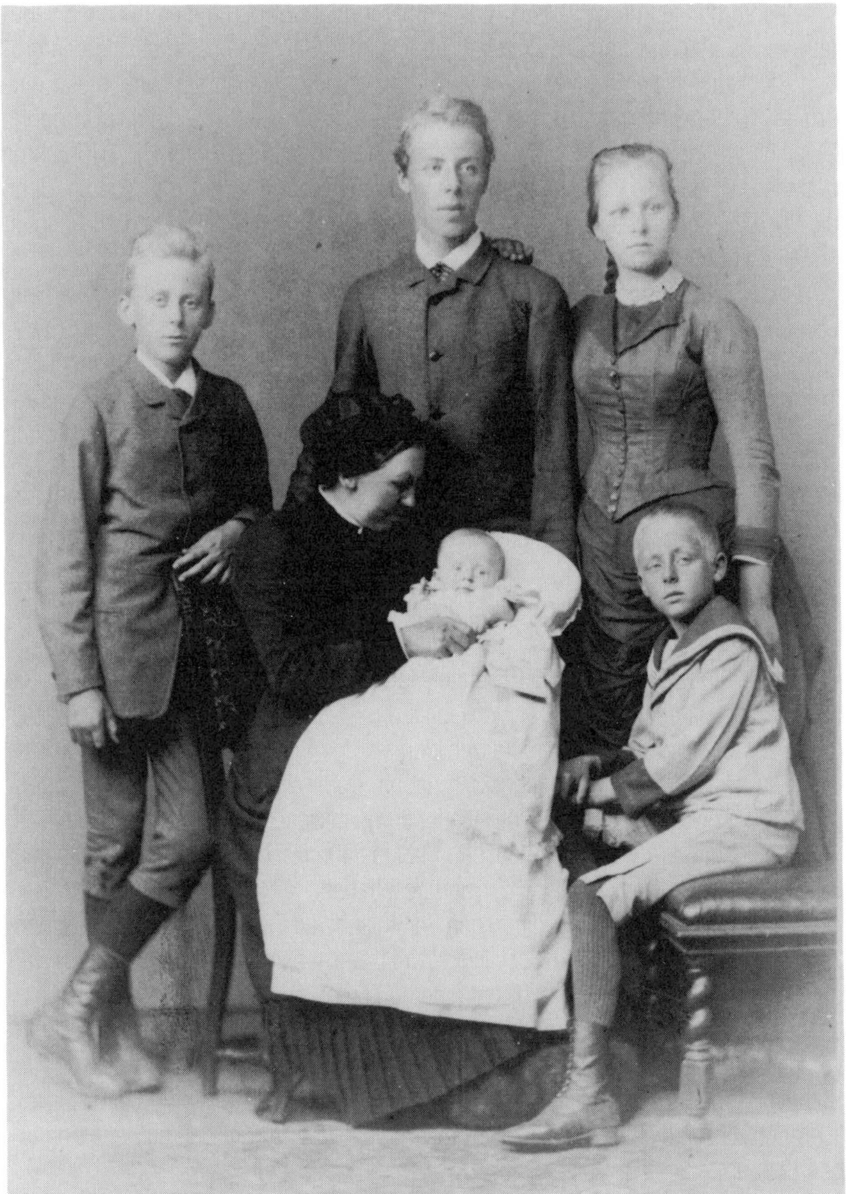

Karl, Friedrich Wilhelm, Martha, Hulda und Ernst Foerster (v.l.), ca. 1887 (Sammlung Foerster)

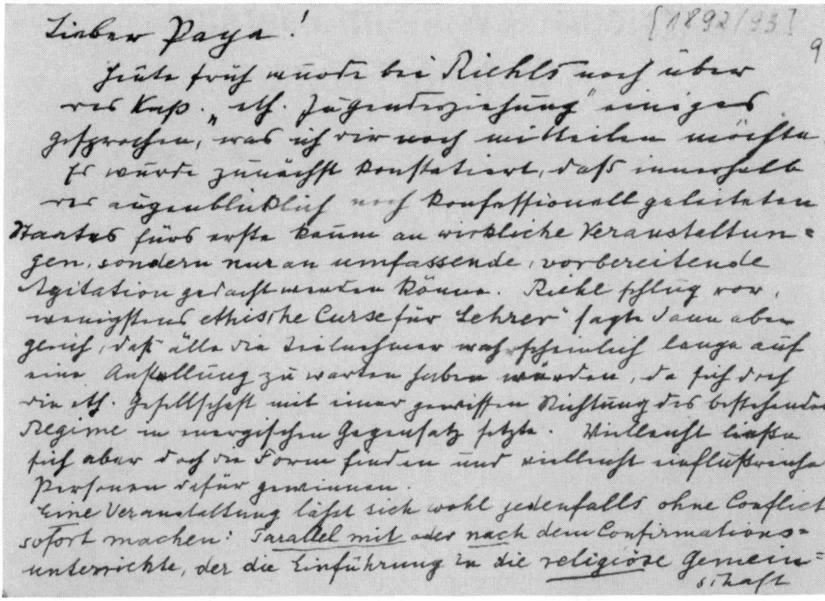

Lieber Papa! [1892/93] 9

Heute früh wurde bei Riehls noch über das Kap. „eth. Jugenderziehung" einiges gesprochen, was ich dir noch mitteilen möchte. Es wurde zunächst konstatiert, dass innerhalb des augenblicklich noch konfessionell geleiteten Staates fürs erste kaum an wirkliche Veranstaltungen, sondern nur an umfassende, vorbereitende Agitation gedacht werden könne. Riehl schlug vor, wenigstens ethische Curse für Lehrer, sagte dann aber gleich, daß alle die Teilnehmer wahrscheinlich lange auf eine Anstellung zu warten haben würden, da sich doch die eth. Gesellschaft mit einer gewissen Richtung des bestehenden Regime in energischen Gegensatz setzte. Vielleicht ließe sich aber doch die Form finden und vielleicht einflussreiche Personen dafür gewinnen.

Eine Veranstaltung läßt sich wohl jedenfalls ohne Conflict sofort machen: Parallel mit oder nach dem Confirmationsunterrichte, der die Einführung in die religiöse Gemeinschaft

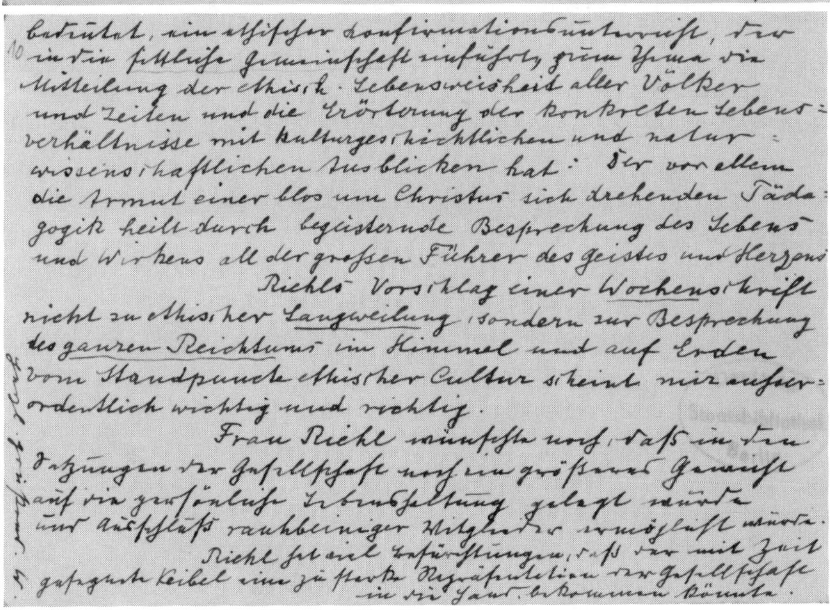

10 bedeutet, ein ethischer Confirmationsunterricht, der in die sittliche Gemeinschaft einführt, zum Thema die Mitteilung der ethisch. Lebensweisheit aller Völker und Zeiten und die Erörterung der konkreten Lebensverhältnisse mit kulturgeschichtlichen und naturwissenschaftlichen Ausblicken hat: der vor allem die Armut einer blos um Christus sich drehenden Pädagogik heilt durch begeisternde Besprechung des Lebens und Wirkens all der grossen Führer des Geistes und Herzens.

Riehls Vorschlag einer Wochenschrift nicht zu ethischer Langweilung, sondern zur Besprechung des ganzen Reichtums im Himmel und auf Erden vom Standpuncte ethischer Cultur scheint mir ausserordentlich wichtig und richtig.

Frau Riehl wünschte noch, dass in den Satzungen der Gesellschaft noch ein grösseres Gewicht auf die persönliche Lebenshaltung gelegt würde und Ausschluss raubbeiniger Mitglieder ermöglicht würde.

Riehl hat auch Befürchtungen, dass der mit Zeit gesprochene Leibel eine zu starke Repräsentation der Gesellschaft in die Hand bekommen könnte.

[illegible] Riehl

Friedrich Wilhelm Foerster an Wilhelm Foerster

[1892/1893]

Lieber Papa!

Heute früh wurde bei Riehls' noch über das Kap. "eth. Jugenderziehung" einiges gesprochen, was ich Dir noch mitteilen möchte. Es wurde zunächst konstatiert, daß innerhalb des augenblicklich noch konfessionell geleiteten Staates fürs erste kaum an wirkliche Veranstaltungen, sondern nur an umfassende, vorbereitende Agitation gedacht werden könne. Riehl schlug vor, wenigstens ethische Curse für Lehrer sagte dann aber gleich, daß alle die Teilnehmer wahrscheinlich lange auf eine Anstellung zu warten haben würden, da sich doch die eth. Gesellschaft mit einer gewissen Richtung des bestehenden Regime in energischen Gegensatz setzte. Vielleicht ließe sich aber doch die Form finden und vielleicht einflußreiche Personen dafür gewinnen.
Eine Veranstaltung läßt sich wohl jedenfalls ohne Conflict sofort machen: Parallel mit oder nach dem Confirmationsunterrichte, der die Einführung in die religiöse Gemeinschaft bedeutet, ein ethischer Konfirmationsunterricht, der in die sittliche Gemeinschaft einführt, zum Thema die Mitteilung der ethisch. Lebensweisheit aller Völker und Zeiten und die Erörterung der konkreten Lebensverhältnisse mit kulturgeschichtlichen und naturwissenschaftlichen Ausblicken hat. Der vor allem die Armut einer blos um Christus sich drehenden Pädagogik heilt durch begeisternde Besprechung des Lebens und Wirkens all der großen Führer des Geistes und Herzens.

Riehls Vorschlag einer Wochenschrift nicht zu ethischer Langweilung, sondern zur Besprechung des ganzen Reichtums im Himmel und auf Erden vom Standpuncte ethischer Cultur scheint mir außerordentlich wichtig und richtig.

Frau Riehl wünschte noch, daß in den Satzungen der Gesellschaft noch ein größeres Gewicht auf die persönliche Lebenshaltung gelegt würde und Ausschluß raubeiniger Mitglieder ermöglicht würde.

Riehl hat viel Befürchtungen, daß der mit Zeit gesegnete Keibel eine zu starke Repräsentation der Gesellschaft in die Hand bekommen könnte.
Herzl. grüßend W.

(Der Brief befindet sich im Besitz der Staatsbibliothek zu Berlin, Preußischer Kulturbesitz, Handschriftenabteilung.)

[illegible]

Z. 12.12.1911

Mein lieber guter Karl!

Schon lang wollt ich dir wieder schreiben
und für deine lieben Zeilen danken
aber ich hab mir diesen Winter einfach
zu viel aufgeladen – mein Verbrecherkolleg allein würde ausreichen um
von morgens bis Abends zu schaffen. Daneben
nun auch mein Jugendbuch an dem ich immer
noch flicke, mein Jugendunterricht in
zwei Dörfern und abends ein noch ein
Kolleg über Ethik und noch ein Seminar
über Demokratie. [illegible]. Aber
das Gute hat dies Nebeneinander der
verschiedensten Gebiete, dass jedes vom
Andern befruchtet wird und man sich
überzeugt in einer Vereinigung befindet
in der man die Gedanken förmlich
dienstfertig von sich giebt. Das Verbrecherkolleg ist sehr schwer wegen der Seminar-
arbeiten in das ganze Gebiet – aber
du siehst aus beifolgendem Zettel, den
ich dich zu Mutti weiter zu senden bitte
dass es mir gut gelingt. Gestern hab
ich darüber gesprochen, dass die Begriffe
Zurechnung und Schuld unersetzlich bleiben

Friedrich Wilhelm Foerster an Karl Foerster

(Zürich) 12.11.1901

Mein lieber guter Karl!

Schon lang wollt ich Dir wieder schreiben und für Deine lieben Zeilen danken aber ich hab mir diesen Winter einfach zu viel aufgeladen - mein Verbrecherkolleg allein würde ausreichen um von morgens bis Abends zu ochsen. Daneben nun auch mein Jugendbuch an dem ich immer noch flicke, mein Jugendunterricht in zwei Kursen und abendweise noch ein Kolleg über Ethik und noch ein Seminar über Demokratie - kurz, toll. Aber das Gute hat dies Nebeneinander der verschiedensten Gebiete, daß jeder vom Andern befruchtet wird und man sich überhaupt in einer Erregung befindet in der man die Gedanken förmlich diarröhartig von sich giebt. Das Verbrecherkolleg ist sehr schwer wegen des Hineinarbeitens in das ganze Gebiet - aber Du siehst aus beifolgendem Zettel, den ich Dich an Wutl weiterzusenden bitte daß es mir gut gelingt. Gestern habe ich darüber gesprochen, daß die Begriffe Zurechnung und Schuld unerschüttert bleiben, auch wenn wir auf dem Boden der Naturwissenschaft stehen und behaupten daß der Wille unfrei d.h. das Produkt von Ursachen ist, über die der Mensch zum geringsten Teil Gewalt hat. Denn die Zurechnung bezieht sich nur darauf, ob eine That der volle Ausdruck unserer Seele ist, oder ob sie mit Umgehung unserer Psyche geschehen ist. In letzterem Falle wird sie uns nicht "zu"gerechnet, weil sie uns nicht charakterisiert. Und "Schuld" bezieht sich nicht auf die Ursache, sondern auf die Wirkungen unseres Thuns, die auf uns "lasten" - ganz gleich aus welchen kosmischen Quellen unser eigenes Sein, das solche Wirkungen produziert, stammen mag. Ich zitierte die Worte von Lady Macbetten: Man muß die That nicht so ins Auge fassen, das macht rasend - und zeigt wie eben gerade die kausale Auffassung menschlichen Thuns die That viel mehr ins Auge faßt, ihre entferntesten Wirkungen mehr begreift und darum auch das Schuldgefühl vergrößert statt es abzuschwächen.

In meinem Kolleg über Ethik habe ich jetzt folgende Formulierung gegen die Realfatzkes gefunden. Meine Damen und Herren, wenn ein Mensch einen Andern hinschmeißt oder niederschlägt der ihm im Wege steht so ist das ein höchst realer Erfolg. Das Hindernis ist weggeräumt. Dabei bleibt das realistische Denken stehen. In

Wahrheit beginnt die Wirklichkeit, das Wirken der That aber erst nun erst eigentlich. Wie die That wirkt auf den Thäter, wie diese Veränderung seines Innern auf seine ganze Stellung im Leben wirkt, welche Gegenwirkungen dies Niederschlagen entfesselt - das alles abzuschätzen, gehört zur eigentlichsten Kenntnis der Wirklichkeit. Das was wir Sittengesetz nennen, beruht eben auf einer viel gründlicheren Auffassung des realen Gesammteffektes einer Handlung als die sogenannte Realpolitik die sich über die Vorlagen der Ethiken lustig macht.

Aber ich will Dir hier nicht meine Kollegs vorpauken, nur noch mit höhnender Miene sagen daß ich doppelt so viel Zuhörer habe wie der ordentliche Professor.

In meinem älteren Kurs (15, 16 [Jahr]) benutze ich jetzt Deine Sachen, besonders unter dem allgemeinem Thema: "Selig sind die das Leid tragen". Was bist Du für ein Halt für viele Menschen, durch die Art Deiner inneren Haltung. Durch mich wirkst Du auf die Jugend selbst da wo ich in meinen Worten zu ihr werde.

Sage mal Dicker, bleibst Du Weihnachten in Oberhöchstadt? Wenn Dir irgend möglich, gehe nach Berlin. Ich komme zwischen 3, 4 und 6 nach Frankfurt u. Wiesbaden Darmstadt und würde 2 Tage bei Dir bleiben vorher oder nachher. Gehst Du nach Berlin, so verschiebe ichs vielleicht Alles auf Anfang März. Affe.

Letzten Freitag, Sonnabend Sonntag war Satyr zum Abschiedsdebüt da Tanz, Fraß, Gesang, Heiratsvermittlungsgelächter - er ist doch oft von bauchplatzendem Humor und muß bei uns himmelschreiende Dinge erleben mit seinem wohlgebauten Königsberger Gemüte. Marili ist jetzt auch so lieb und heiter - sodaß Du rechte Freude an ihr haben wirst wenn Du im Februar kommst Lama.

Den Teil II meines Buches mit Verwertung Deines Quatsches verfasse ich erst im Sommer.

Eben geht der Brückenmeister Max Schafhäutle an meinem Fenster vorbei, darum muß jetzt schließlich Dein Dich innig liebender und auch von Marili herzlich grüßender W.

Die Großmutter hat Wassersucht und wird höchstens noch einig[e] Wochen leben.

[Notiz am Rande] Zu Weihnachten sende ich Dir "Goethes Lebenskunst" von Bode wenn Du es magst und Wagner.

(Der Brief befindet sich im Besitz der Staatsbibliothek zu Berlin, Preußischer Kulturbesitz, Handschriftenabteilung.)

"3 x Foerster"
- Eine ethische Collage -

Mathias Iven

In der nachfolgenden Annäherung an ein noch nicht in seiner ganzen Breite und Tiefgründigkeit erforschtes und erschlossenes 'familiäres' Leben und Werk werden die drei Hauptpersonen: Wilhelm Foerster und seine beiden Söhne Friedrich Wilhelm und Karl zum großen Teil selbst zu Wort kommen, um gerade so der Spezifik der von mir so bezeichneten und von ihnen 'gelebten Ethik' gerecht zu werden und die größtmögliche Authentizität zu erreichen.

Wilhelm Foerster *"lebte, redete und handelte, als ob die Weihe einer höheren Berufung über ihm läge und ihn verpflichtete, alltäglich der ewigen Gerechtigkeit zu dienen, nicht durch Reden und Traktate, sondern durch den inneren Geist, durch das heilige Maß und die verstehende Liebe seines täglichen Urteils über alles, was im Hause, im Berufe und in der großen Öffentlichkeit geschah."*[1]

"Er holte sich Gedanken von den Sternen auf die Erde herab und zog Folgerungen aus den Erfolgen der großen astronomischen Genauigkeitskultur; von ihrem dereinst fraglos zu erhoffenden Übergreifen auf die umdunkelten Sachverhalte des Menschenlebens erwartete er viel Zukunftsheil. ... Er war frei von jeder Brüchigkeit des Lebens- und Zeitaltergefühls ... Sein Menschentum ... gipfelte in einer Weltmannshaltung voller Herzensgüte bei der Schlichtung von Streitsachen, um die er oft von einzelnen Menschen oder Gruppen gebeten worden ist. Ein Mensch machte hier also Ernst damit, nach den Grundsätzen ersehnter Zukunft schon in der Gegenwart zu leben. ... 'Versöhnlichkeit ist der beste Geist des Lebens', waren seine Worte. 'Etwas von anderen ertragen lernen, sonst wird's nicht besser auf Erden.'"[2]

1 F. W. Foerster: Meine Eltern. [aus: Erlebte Weltgeschichte 1869 - 1953]. - In: E. Foerster / G. Rostin (Hrsg.): Ein Garten der Erinnerung. Sieben Kapitel von und über Karl Foerster. - Berlin, 1992. - S. 46

2 K. Foerster: Ferien vom Ach. - Berlin, 1990. - S. 18 u. S. 22/23

"Dieser erstaunliche Triumph des liebenden Menschen über den sich selbst suchenden und von sich selbst erfüllten Menschen war bei ihm nicht das Ergebnis einer Bekehrung oder eines immer erneuten Kampfes mit dem natürlichen Willen (was der Güte nur zu oft etwas Krampfhaftes und Künstliches gibt), nein, es war reinste und einfachste Natur, und das große Gehirn, das über dem zarten Munde und den gütigen Augen thronte, diente nicht etwa dazu, der Selbstsucht tausend dunkle Pfade zur Erfüllung ihrer Wünsche zu erleuchten, sondern das Gesetz der Liebe in allen Konsequenzen auszudenken und eine wahre Wissenschaft der Liebe zur Macht zu bringen, von deren Deutung und Ratschlägen jeder Unendliches lernen konnte. Es war eine Nachfolge Christi ohne die Gegenwart der heiligen Dreifaltigkeit, aber deren Mysterium stand dahinter ... ".[3]

Die nach meinem Verständnis von Friedrich Wilhelm Foerster hier skizzierte und von seinem Vater vertretene 'Ethik der Liebe' geht im heutigen philosophischen Sinne davon aus, daß nur ein grundlegendes ethisches Gebot, nämlich das 'zu lieben', existiert und alle anderen Gebote davon ableitbar sind. Im Evangelium des Matthäus, das in dieser Hinsicht, wie noch zu sehen sein wird, Foersters Auffassungen sehr nahe kommt, liest sich das so: "Jesus antwortete: 'Liebe den Herrn, deinen Gott, von ganzem Herzen, mit ganzem Willen und mit deinem ganzen Verstand!' Dies ist das größte und wichtigste Gebot. Das zweite ist gleich wichtig: 'Liebe deinen Mitmenschen wie dich selbst!' In diesen beiden Geboten ist alles zusammengefaßt, was das Gesetz und die Propheten fordern."[4] - In philosophischen Einführungen in die Ethik wird der Agapismus, wie die 'Ethik der Liebe' auch genannt wird, für gewöhnlich - warum auch immer - übergangen. Es ist aber naheliegend, das Liebesgebot, welches ja auch ein Wohlwollen gegenüber Anderen zum Ausdruck bringt, mit der Pflicht Gutes zu tun, was die Prinzipien von Gerechtigkeit und Gleichheit einschließt, gleichzusetzen. Erst dann wird es, wie bei Wilhelm Foerster, zu einem grundlegenden ethischen Prinzip.[5]

Wilhelm Foerster *"lebte nicht nur in der Welt des Ideals, nein, er hatte überaus scharfe Augen für das Treiben der unteren Welt und deren zudringliche Besuche und Ausbeutungen in der oberen Welt. ... er hatte mit der eisernen Folgerichtigkeit des un-*

3 F. W. Foerster: Meine Eltern. - ebd., S. 40/41
4 Matthäus 22, 37 - 40. - In: Das neue Testament in heutigem Deutsch. - Berlin; Altenburg, 1986
5 vgl. W. K. Frankena: Analytische Ethik. - München, 1994. - S. 71 - 75
6 F. W. Foerster: ebd., S. 41/42

beugsamen Willensmenschen in seinem eigenen Denken, Reden und Tun die neue Art von Menschenverkehr zur Darstellung gebracht, von der er allein die Rettung der Kulturwelt vor einem Rückfall in die Barbarei erwartete. Er war eine leidenschaftliche Natur, die durch den Anblick menschlicher Ungerechtigkeit aufs tiefste in Wallung gebracht wurde - bei ihm aber konnte man lernen, daß echte Liebe eine große und männliche Disziplin ist, eine Zucht des Wortes, ja des Gedankens, bei der man sich grundsätzlich versagt, die groben Affekte spielen zu lassen, in der 'Gewalt des Wortes' zu schwelgen oder daran zu glauben, daß es im sterblichen Menschen wirklich einen 'heiligen' Zorn geben könnte ... "[6]. Nach Foersters Meinung gehörte die *"Gefahr einer Verwischung der Grenzen zwischen der Idealwelt und der Sinneswelt eben mit zu den Grenzen der Menschheit, und die Sehnsucht nach der Ewigkeit der Seele hat von jeher hierbei eine wichtige Bedeutung gehabt".*[7]

"Er schien gerade dieser Zeit ... gegeben zu sein, um ein Beispiel zu verkörpern von der Art, wie der Mensch zum Menschen reden sollte, damit der immer erschreckenderen Verrohung des Menschenverkehrs Einhalt geboten und Umkehr gepredigt werde."[8] Für Foerster *"bedeutete die unscheinbarste Feinheit des Mitempfindens und der Ermutigung sowie die alltäglichste Disziplin des Gerechtigkeitssinnes und der Affektbeherrschung im gewöhnlichsten Menschenverkehr die eigentliche Begründung der menschlichen Gesellschaft, die sich sonst infolge der immer größeren Verdichtung des menschlichen Zusammenwirkens unvermeidlich in furchtbaren Explosionen angesammelter Feindschaftsaffekte selbst zerstören müsse".*[9]

Friedrich Wilhelm Foerster fragte in diesem Zusammenhang: *"Wird nicht heute gegenüber dem wachsenden gelben Fieber der kollektiven Verfeindungen das Evangelium, das die Gegenwirkung gegen die Macht der Feindschaft geradezu in den Mittelpunkt seiner Heilbehandlung stellt, unerwartet zum aktuellsten aller Bücher? Ist die Bergpredigt nicht die wahre Psychotherapie für unsere Zeit?"* Und er antwortete: *"Was wir aber brauchen, um diese Psychotherapie für die Gegenwart fruchtbar zu machen, das ist eben jene Konsequenz der Anwendung im täglichen Menschenverkehr und Völkerverkehr, also jene Zucht des Urteils und der Sprache, jene weitblickende Großmut in der Einwirkung auf fremde Fieberzustände und unbeherrschte Wallungen aufgehetz-*

7 W. Foerster: Grenzen der Menschheit. - In: Ders.: Sammlung von Vorträgen und Abhandlungen. Dritte Folge. - Berlin, 1890. - S. 18
8 F. W. Foerster: ebd., S. 46
9 ebd., S. 44

ter Personen und Kollektivitäten, wie sie die 'Weltweisheit' meines Vaters ein halbes Jahrhundert lang vorgelebt hat."[10] - Friedrich Wilhelm Foerster betonte, daß er *"keinen einzigen Menschen kennengelernt* [habe], *in dem die Liebe Christi, wie sie das Evangelium durchleuchtet und in dem berühmten Paulusbrief an die Korinther gepriesen wird, so wunderbar und mit solcher Konsequenz verkörpert war".*[11]

Wilhelm Foerster stellte mit Blick auf die Schlußbetrachtung von Goethes Faust, die für ihn *"das Zusammenwirken der Menschen überhaupt* [betrifft], *welches gerade in Betracht der Grenzen des Einzelnen und der Grenzen der Gesamtheit von so entscheidender Bedeutung auch im Sinne der Ausgleichung menschlicher Irrungen ist"*, die auch heute so aktuelle Frage: *"Kann denn bei voller Überlegung jedes Einzelnen überhaupt noch von einem andern Kampf ums Dasein als von einem Wettkampf der Arbeit die Rede sein innerhalb einer Gemeinschaft, in welcher die Leistungsfähigkeit und das Wohl eines jeden eigentlich solidarisch mit der Leistungsfähigkeit und dem Wohl aller andern verbunden ist?"*[12]

Für Foerster war es bei seinen ethischen Überlegungen ein Problem, daß man *"in leitenden Kreisen noch immer glaubt, die Gesetze der Sittlichkeit und des Zusammenlebens nicht auf die so vollkommen sichere Grundlage des zweifellos Gemeinsamen und Naturgesetzlichen im Menschenwesen begründen zu dürfen ... Nun ist es aber eine Folge der Schranken der Menschennatur, daß nicht bloß die Einzelnen, sondern gerade ganze Fachgemeinschaften, Stammesgemeinschaften und nun gar Glaubensgemeinschaften zur Überschätzung der eigenen und zur Unterschätzung der Bedeutung der anderen hinneigen. ... In solchem Sinne wird in Zukunft das Zusammenwirken der verschiedenen Nationen, der verschiedenen Kulturen, der verschiedenen Sprach- und Litteratur-Gebiete unter der segensvollen Aegide grosser Menschen von höchster Bedeutung sein für die Hervorbildung möglichst zutreffender und irrtumsfreier Gesamtanschauungen der Menschheit über das wirklich Gemeinsame und Notwendige. ... im Interesse der höchsten Aufgaben menschlichen Zusammenwirkens* [wird es] *liegen, daß gerade diese Vielartigkeit vor den sonst so berechtigten Unifikations-Bestrebungen thunlichst bewahrt werde. ... Umfassendere Blicke in die Vergangenheit und Zukunft des Menschengeschlechts können jedenfalls zur Heilung von Span-*

10 ebd., S. 45/46
11 ebd., S. 40
12 W. Foerster: ebd., S. 18/19

nungen jener Art ein Scherflein beitragen ... Vor allem aber möge die Milde, welche aus solchen Betrachtungen in unsere Herzen fließt, uns gründlich von allen denjenigen abwenden, welche dem Unmaße gegenseitiger Verhetzung ganzer Nationen oder ganzer Gemeinschaften innerhalb der Nation fröhnen".[13]

Betrachten wir Foersters 'ethischen Entwicklungsgang'[14]: Schon in seinem Vortrag zum Thema "Wahrheit und Wahrscheinlichkeit", gehalten am 23. Januar 1875, fühlte sich Foerster *"in besonderem Grade auch zu den großen sozial-ethischen Fragen wieder hingezogen."* Die sich anschließenden vielen *"intensive(n) und dauernde(n) Anlässe zum Nachdenken über die Fragen der Weltharmonik und des Menschenglückes"* ließen ihn dann 1878 - zunächst anonym - eine Schrift mit ethischem Charakter unter dem Titel "Geistesfreiheit und Gesittung" verfassen.

Am 14.1.1879 schrieb Foerster in einem Brief an Wichmann, daß er sich vorgenommen habe, *"in den nächsten 2 - 3 Jahren das Maul zu halten und alle Kraft nur zum Schreiben zu verwenden. Ich bin jetzt recht zum Mann geworden. Bisher hatte ich das Jünglingswesen der Deutschen, mit welchem sie sich formal auch auf politischem Gebiete vorgaukeln u. idealisieren, noch nicht ganz abgelegt. Das ist nun vorbei. Ich bin ein ganz anderer Mensch, und Nichts soll mein Moralisches Urteil mehr beeinträchtigen".*[15]

Entscheidend war für ihn, daß *"die aus der höheren inneren Freiheit emporwachsende Güte und Selbstbescheidung die großen sozialen Probleme lösen könne, indem sie zugleich das Verständnis und die Pietät für alles aus der Vergangenheit her noch Wirkende und Geltende kultiviert und damit jedem wahren Fortschritt die Bahn aufs liebevollste bereitet".*[16]

Die Gründung der Urania im Jahre 1888 stand deshalb durchaus mit Foersters ethischem Anliegen im Zusammenhang, obwohl er schrieb: *"Überhaupt bin ich recht zeit-*

13 ebd., S. 19 - 21

14 Zur Tätigkeit W. Foersters in der ethischen Bewegung s. u.a. W. Foerster: Lebenserinnerungen und Lebenshoffnungen (1832 - 1910). - Berlin, 1911. - S. 165/166, 225 - 236, 244 - 258, 269 - 282, 286 - 296 und 313 - 342

15 W. Foerster: Briefwechsel mit Wichmann, Brief v. 14.1.1879 [S. 128] (unveröffentlicht). - Staatsbibliothek zu Berlin, Preußischer Kulturbesitz, Handschriftenabteilung

16 W. Foerster: Lebenserinnerungen und Lebenshoffnungen. - ebd., S. 165/166

arm geworden und daran ist hauptsächlich die Gesellschaft Urania Schuld, die mir alle kleinen Überschüsse an Muße, welche mir Universität und Sternwarte lassen, noch wegnimmt. Meine lieben Freunde und Mitarbeiter in manchen guten Dingen müssen daher noch eine Zeitlang, bevor ich die neue Institution in den Hauptzügen in Gang gebracht haben werde Geduld und Nachsicht haben und sich ein wenig mit dem Gedanken trösten, daß ich Etwas zu Stande bringe, was uns Allen und der Kultur förderlich sein wird."[17]

Im Herbst/Winter 1891/92 begann, *"geweckt durch den nordamerikanischen Ethiker Dr. Felix Adler"*, Foersters 'ethisch-organisatorisches' Engagement. *"Felix Adler hatte schon länger als ein Jahrzehnt vorher in New York eine Bewegung entfacht, welche danach strebte, das wirklich gemeinsame, von den V e r s c h i e d e n h e i t e n der religiösen Meinungen und Ideale unabhängige in dem Gemeinschaftsleben der Menschen als Grundlage aller Wahrhaftigkeit, Gerechtigkeit und Güte zur Anerkennung und zur entscheidenden Geltung zu bringen."*[18]

Am 18.10.1892 hatte Wilhelm Foerster seine *"große Rede zur Begründung einer deutschen Gesellschaft für ethische Kultur zu reden"*.[19] Unter seinem Vorsitz fanden *"in Berlin die öffentlichen Verhandlungen statt, aus denen die Organisation der ethischen Bewegung in Deutschland hervorging, nämlich die Begründung einer Gesellschaft für ethische Kultur"*, die schon *"in wenigen Tagen die Unterschrift von mehr als 2000 Mitgliedern"* hatte.[20]

17 W. Foerster: Briefwechsel mit Wichmann, Brief v. 12.7.1888 [S. 429] (unveröffentlicht). - ebd.
Nach der Konstituierung der Berliner Urania kam es auch in anderen europäischen Großstädten zu Gründungen von Urania-Gesellschaften. Wie sehr auch dort das humanistisch-ethische Ideal einer 'Volksbildung' im Vordergrund stand, sollen zwei Äußerungen belegen (vgl. auch den Beitrag von O. Lührs und die Bemerkungen zur Urania in meiner Einleitung zu den Briefen W. Foersters an E. Schönfeld):
Im Oktober 1920 schreibt der Wiener Lehrer Ludwig Hänsel in einem Brief an seinen Freund Ludwig Wittgenstein: „Und dazu habe ich das Bewußtsein, das die Uraniabesucher eigentlich was anderes möchten – weniger Material und mehr Schwung, keine Analyse sondern ein Bild, und ein leicht faßliches obendrein." (L. Hänsel an L. Wittgenstein, 18.10.1920. - In: Ludwig Hänsel - Ludwig Wittgenstein - Eine Freundschaft. - Innsbruck, 1994, - S. 36)
Und Thomas Mann spricht in seiner Rede vor der Prager Urania davon, daß sie „die große und schöne Möglichkeit (bietet), weiten Kreisen der Bevölkerung geistiges Gut, Bildungsgut, auf freie und genußreiche Weise zugänglich zu machen. ... Die Kunst ihrer Leistung aber muß darin bestehen, solche Gefälligkeiten zu gewähren, ohne Zugeständnisse zu machen an unwürdige Wünsche und Forderungen, und den Erziehungsgedanken lebendig zu halten, ohne langweilig zu sein." (T. Mann: [Rede vor der Gesellschaft 'Urania', Prag (1936)]. - In: Ders.: Gesammelte Werke in dreizehn Bänden, Bd. XIII. - Frankfurt a.M. 1990. - S. 334-336).
18 W. Foerster: Lebenserinnerungen und Lebenshoffnungen. - ebd., S. 225
19 W. Foerster: Briefwechsel mit Wichmann, Brief v. 17.10.1892 [S. 637] (unveröffentlicht). - ebd.
20 W. Foerster: Lebenserinnerungen und Lebenshoffnungen. - ebd., S. 227/228

In seiner Rede zur Gründung der Gesellschaft faßte Foerster seine Ansichten wie folgt zusammen: *"Die Pflege der ethischen Kultur soll sich zunächst der Kultivierung maßvoller und liebreicher Formen in allen unseren Betätigungen widmen, als der ersten Stufe des Gemeinsamen und Verbindenden mitten in allen Verschiedenheiten der Lebensverhältnisse, sowie der religiösen und politischen Anschauungen. ... die Menschenseele* [ist] *das ruhevolle Endziel dieser Entwicklung auf Erden ... insofern aus der Verfeinerung ihres Empfindens und der Veredelung ihres Denkens das Gefühl und die Erkenntnis einer umfassenderen Gemeinschaft von Glück und Unglück, von Lust und Schmerz, das s o l i d a r i s c h e Gesamtbewußtsein der M e n s c h l i c h k e i t hervorgehen soll. ...* [Die] *E r z i e h u n g zu einer solchen Auffassung der Menschenwelt* [wird] *eine entscheidende Milderung der ruhelosen Not des Menschenlebens mit sich bringen ..."*[21]

Wilhelm Foerster erkannte, daß *"auf dem Gebiete der Weltanschauungen am schwersten zu Übereinstimmungen zu gelangen sei, weil diese Gedankensysteme, bei dem Mangel a l l g e m e i n g ü l t i g e r objektiver Grundlagen derselben, schon von jeher gerade in möglichst umfassender Gemeinsamkeit des nahe verwandten ihre eindruckvollsten Sanktionen gesucht und gefunden hätten, wodurch aber zugleich die Weltanschauungsgemeinschaften die Stätten der leidenschaftlichsten und beharrlichsten kollektiven Bindungen der Gewissen und der schärfsten Trennungen solcher Gruppenbildungen voneinander geworden seien"*.[22]

Der *"Weisheit erster Schluß"* sei es, so Foerster, daß man *"zunächst unabhängig von den Verschiedenheiten der Weltanschauungen das Gemeinsame auf dem Gebiete der schlichtesten, allgemeinsten und zweifellosesten Lebenserfahrungen verfeinernd und vertiefend kultiviere und erst hieraus, bei größtmöglicher Pietät für jene Verschiedenheiten, allmählich auch auf den Gebieten der umfassendsten Welt- und Lebensanschauungen gegenseitiges Verständnis emporwachsen und immer reichere Harmonie erklingen lasse. Harmonie sei ja nicht absoluter Einklang und Gleichklang, sondern nach tieferen Gesetzen beseligender Zusammenklang"*.[23]

Die *"eifrige ethische Vortragstätigkeit"*, die sich in den Versammlungen nach der Gründung der Gesellschaft für ethische Kultur entfaltete, wurde damals *"überwiegend von*

21 ebd., S. 229
22 ebd., S. 229/230
23 ebd., S. 230

den Arbeiterschaften"[24] genutzt. *"Die große Propaganda d i e s e r L ä u t e r u n g u n d S t ä r k u n g der Menschenseelen durch wachsende Gemeinschaften der Guten, das ist die Aufgabe der ethischen Bewegung und der ihr verwandten Bewegungen."*[25] - Soweit Wilhelm Foerster.

"Noch eine große Herrlichkeit bringt aber die Ausbreitung jener i n n e r e n Läuterung des Menschenwesens. Je umfassender und reicher sie sich entfaltet, desto geringer werden alle Schwierigkeiten der wirtschaftlichen Entwicklungen, desto gleichgültiger und nebensächlicher die Formen dieser Gestaltung, desto entbehrlicher alle schematischen und gar alle groben Zwangsorganisationen; denn es geschieht dann allerorten in der Menschenwelt immer sicherer das Rechte aus freier Gerechtigkeit und reiner Herzensgüte, wie es bisher nur vereinzelt und ohne die gehörige Sicherheit geschehen ist."[26]

So, wie Foerster die Harmonie als 'beseligenden Zusammenklang' sah, war auch Frieden für ihn *"etwas Beseligendes n a c h dem Kampfe, aber in der Verherrlichung des Friedens als letzten Zieles der ganzen Kultur oder gar in dem Ausdruck 'Ewiger Frieden' ist das Element des bloßen Ruhebedürfnisses, fast im Sinne der 'Verneinung des Willens zum Leben' oder wenigstens des Willens zum tätigen Leben, doch allzustark ausgedrückt, und dies widerstrebt dem Drange des gesunden Menschenwesens nach eifriger, kraftvoller Betätigung, sogar nach h e r o i s c h e r Hingebung. In dem Wort 'Frieden' ist allerdings neben dem Gedanken 'Ruhe' auch der Gedanke 'Harmonie' enthalten, aber das Wesen und die Vollendung der Harmonie ist doch gerade die große und reiche B e w e g u n g mit kleinster Hemmung und Reibung. Also sollte man eigentlich nicht von höherem und dauerndem F r i e d e n reden, sondern von größter ungehemmter B e t ä t i g u n g der Menschheit im vollsten E i n k l a n g e, mit geringsten Nöten und Schmerzen"*.[27]

Die ethische Bewegung sah zu Foersters Zeiten in der *"fortgehende(n) Ausgleichung ... zwischen dem unablässig emporstrebenden wissenschaftlichen Erkennen und Gestalten einerseits und andererseits den für die Dauerenergie des Seelenlebens so*

24 ebd., S. 231
25 ebd., S. 254
26 ebd., S. 254/255
27 ebd., S. 318/319

entscheidend wichtigen Idealgedanken der tiefsten persönlichen Innenwelt, sowie den herrlichsten Idealgestaltungen des Schönen in der Umwelt" daß, was *"man immer allgemeiner unter dem Namen 'ethische Kultur und ethische Bewegung' zusammenfassen"* werde.[28]

In seinen Lebenserinnerungen faßte Wilhelm Foerster 1911 seine 'gelebte Ethik' wie folgt zusammen: *"Eine tiefere Würdigung der platonischen Idealwelt und eine tiefere Pietät für die so innig mit dieser Idealwelt und kaum minder innig mit den köstlichsten Erfahrungen unserer naturwissenschaftlichen Selbsterkenntnis Verwandten Seeligkeitslehren in Jesu Bergpredigt und in den Heilserfahrungen der religiösen Gedankenwelt - dies alles wird uns allmählich auch zu einem reiferen Verständnis der größten Züge der Kulturentwicklung und zu einer höheren Harmonie des Gemeinschaftslebens - statt der Gewaltwirtschaft der Nerven und Zellen emporführen. Denn dieses Verständnis lehrt uns auch die Verschiedenheiten der Weltanschauungen als unumgängliche Entwicklungserscheinungen würdigen und mit Güte und Feinheit gegenseitig behandeln. Aus dem reiferen naturwissenschaftlichen Verständnis des Seelenlebens und aus einer umfassenden Würdigung der Größe des Aufsteigens der Kulturentwicklung in der Vergangenheit, deren Anblick durch so erhabene Menschengestalten geweiht ist, erblüht allmählich die Vorstellung von einer das ganze Erdendasein und seine Jahrtausende umspannenden 'Seelenwelt', in der die einzelnen Seelen nur wie die einzelnen Töne in einer herrlichen Harmonie erklingen, und in welcher auch die Dissonanzen ihre tiefe Bedeutung haben. Und aus diesem Gesamtbilde einer menschlichen Seelenwelt erhebt sich dann der uralte Aufblick zu einer 'Weltseele', von welcher die ganze Seelenwelt auf der Erde nur wie ein Zweiglein erscheint. Aber wenn auch die Gedanken der Weltseele nach dem biblischen Wort so viel höher als unsere Gedanken sind, wie 'der Himmel höher ist als die Erde', so ist es doch, wie Faust im letzten Augenblick seines Lebens sagt, das Höchste u n s e r s Lebens, auf eine immer beseligendere Zukunft der Entwicklung der menschlichen Seelenwelt zu hoffen."*[29]

* * *

28 ebd., S. 337
29 ebd., S. 342
Gerade diese letzten Gedanken bieten, wie auch noch bei den Betrachtungen zu F.W.F. und K.F. zu sehen sein wird, sehr aktuelle Ausgangs- und Diskussionspunkte für das in Brandenburg in den nächsten Jahren neu einzuführende, von der Konzeption her aber umstrittene Unterrichtsfach "Lebensgestaltung - Ethik - Religion" (LER). Wichtige Anregungen für die aktuelle Diskussion gibt schon Ina Foerster um die Jahrhundertwende (!) mit ihren Artikeln in der "Ethischen Kultur". (vgl. auch den Brief von F.W.F. an W.F. im vorliegenden Band)

"Das erste und wichtigste ist, daß wir eine ethische Wissenschaft begründen - nicht in dem Sinne, wie es im Mittelalter eine christliche Wissenschaft gab, wohl aber so, daß aus der ethischen Einkehr und Vertiefung engerer Kreise ein unbestechlicheres Rechtsgefühl in die neue Generation dringt und damit auch das wissenschaftliche Denken vor der Gehirnerweichung bewahrt, die immer Hand in Hand mit dem Willen zur Macht geht."[30]

Friedrich Wilhelm Foerster, von dem diese Worte stammen, war der Überzeugung, daß man die Mündigkeit der Bürger im Kantschen Sinne stärken könne, wenn sie mit den Grundsatzfragen heutiger Politik vertraut gemacht werden, "und zwar nicht nur durch kritische Analyse des jeweiligen Zustandes der Herrschaft, sondern auch durch Aktivierung einer nach Mitverantwortung tendierenden Ethik der Politik."[31]

Foerster hatte von 1893 - 1903 neben seinem Vater eine führende Stellung in der "Deutschen Gesellschaft für ethische Kultur" inne - vor allem durch attraktive Vorträge sowie durch Aufsätze in der "Ethischen Kultur" war er einem breiten, über die Grenzen Deutschlands reichenden Kreis bekannt. Seit Ende 1896 bekleidete er außerdem die Funktion des Generalsekretärs des "Internationalen Ethischen Bundes", dessen Rolle sich vor allem in der Pädagogik und in den sozialen Entwicklungen der USA, Englands und der Schweiz widerspiegelte. Etwa seit 1899 begann sich Foerster immer mehr vom religionslos aufgewachsenen "Freidenker" hin zum gläubigen, aber konfessionslosen! Christen zu entwickeln, was bedingte, daß er 1903 die Mitarbeit in der "Deutschen Gesellschaft für ethische Kultur" und im "Internationalen Ethischen Bund" aufgab, "da ihm viele 'Freidenker' darin zu sehr antireligiös festgelegt und zu intolerant waren".[32]

Von 1897 - 1903 erteilte Foerster in Zürich 11 bis 18jährigen Kindern und Jugendlichen, neben der Arbeit in der politischen Erwachsenenbildung und der Lehrtätigkeit als Dozent, Ethikunterricht und sammelte so praktische Erfahrungen in der Erzieherpraxis. (Dieser Schritt, seine Theorie in der Praxis 'auszuprobieren', ist für die damalige Zeit nicht ungewöhnlich und erinnert sehr stark z.B. an Lew Tolstoi und seine

30 F. W. Foerster: China und die westliche Civilisation. - In: Ethische Kultur. Wochenschrift für sozial-ethische Reformen, Jg. 8, Nr. 25 [Berlin, 23.6.1900]. - S. 195

31 F. Pöggeler: Geleitwort. - In: F. W. Foerster: Manifest für den Frieden. [Eine Auswahl aus seinen Schriften (1893 - 1933)] - Paderborn, 1988. - S. 11

32 B. Hipler: Einleitung. - ebd., S. 21

Schulversuche in Jasnaja Poljana bzw. an Ludwig Wittgenstein und seine Volksschullehrerzeit in Niederösterreich in den Jahren 1920/26.) Seine Erlebnisse und die lebensnahen Beispiele seiner 'ethischen Lehrerfahrungen' bildeten den Kern seiner 1904 veröffentlichten "Jugendlehre"[33]. - Ein Buch, durch das Foerster sehr schnell international bekannt wurde.

Daß das Zusammenleben von Menschen und Völkern in Frieden und Freiheit zuerst und vor allem ein ethisches Problem ist und echte Ethik auch immer zugleich Friedensethik ist, das erkannte Friedrich Wilhelm Foerster schon um die Jahrhundertwende. "Für die Friedensethik der politischen Erwachsenenbildung engagierte er sich sein Leben lang unermüdlich. Der Kern der politischen Erwachsenenbildung für den Frieden, das sah Foerster schon sehr früh und klar, ist Gewissensbildung für den Frieden. Er war sein Leben lang ein Gegner einer rein abstrakten, isolierten Friedenspädagogik; denn in seinen Augen ist echte Pädagogik immer auch Friedenspädagogik, echte Andragogik immer auch Friedensandragogik - so wie das Ziel aller Politik letztlich nicht die Machtentfaltung irgendeines Staates, sondern der Frieden in der Welt sein soll."[34]

"Ein sehr fruchtbares Mittel zu politischer Bildung und Erziehung wäre auch eine Besprechung über 'd i e E t h i k d e r D i s k u s s i o n'. Wieviel fast unglaubliche politische und soziale Unkultur tritt bei uns gerade auf dem Gebiete der Diskussion hervor, selbst in hochangesehenen wissenschaftlichen Vereinen!"[35]

Worin sah nun Friedrich Wilhelm Foerster die Aufgabe einer ethischen Erziehung?: *"'Die Entdeckung des Menschen' hat Jacob Burckhardt ein Kapitel seiner 'Kultur der Renaissance' genannt - und es gibt keine Bezeichnung, welche besser auch auf die unentbehrliche Aufgabe angewendet werden kann, welche eine ethische Lebenslehre neben der Religion zu erfüllen hat: 'Entdeckung des Menschen' - denn die reinste Liebeslehre ist keine Lebenshilfe, wenn man den Menschen nicht kennt, den man lieben soll - und die Liebe selber ist etwas, was stufenweise geübt werden kann und muß, indem wir uns innerlich beschäftigen lernen mit unserem Mitmenschen, uns in ihn hineinversetzen und seine Geschichte zu entziffern versuchen. Das alles ist Men-*

33 F. W. Foerster: Jugendlehre. Ein Buch für Eltern, Lehrer und Geistliche. - Berlin, 1904
34 B. Hipler: ebd., S. 33
35 F. W. Foerster: Politische Erziehung. - Freiburg, 1959. - S. 102

schenkunde - Entdeckung des Menschen und nur zu lange vernachlässigt in unserem technischen Zeitalter. Für solches richtige Sehen und Forschen in der Welt menschlicher Beziehungen kann man die Kinder am besten vorbereiten, wenn man schon in frühen Jahren jene 'moralische Weitsichtigkeit' zu verhindern sucht, indem man sie zum richtigen und sorgfältigen Beobachten gerade des Nächstliegenden anleitet."[36]

Der Bezug, die Beeinflussung, die kreative und spannungsreiche Harmonie zum ethischen Verständnis seines Vaters, zu seiner gelebten 'Ethik der Harmonie und Liebe', ist nicht zu übersehen: Die Entdeckung des Menschen, eine moralische Liebeslehre verbunden - im Gegensatz zum heutigen "Prinzip Verantwortung" eines Hans Jonas[37] - mit einer machbaren pädagogischen Umsetzung und unabhängig von jeglichen Glaubensauffassungen, das war Friedrich Wilhelm Foersters Anliegen.

Ganz in diesem Sinne formulierte er seine Kriterien für die Begründung einer menschlichen Gesellschaft: *"Menschliche Gesellschaft wird begründet, wenn ich mein gegebenes Wort halte. Wenn ich niemand warten lasse, sondern pünktlich die Verabredung einhalte. Wenn ich dem Andern die Ehre erweise, daß ich ihn nicht anlüge, sondern die Wahrheit sage, auch wenn sie mir äußeren Schaden zufügt. Denn Vergesellschaftung heißt eben, daß die Verhütung meines Schadens nicht mein oberstes Gut und Gesetz ist und daß eine ewige Regel über mir ist in der meine unbedingte Schuldigkeit gegenüber dem Mitmenschen verzeichnet steht. Menschliche Gesellschaft wird begründet in dem Maße, in dem ich Schulden, die ich aufgenommen habe, nicht nur auf dem Papier, sondern im innersten Gewissen anerkenne, so daß ich keine Ruhe habe, bis ihnen irgendwann, irgendwie, irgendwo Genüge getan ist. Der Andere wird das fühlen und das begründet menschliche Gesellschaft. Schon Vergesellschaftung wird auch überall dort begründet, wo ein ernster Wille besteht, sich ehrlich einen Schaden einzugestehen, den man andern verursacht hat und ihn, unabhängig von jedem Gesetz, zu vergüten, oder wo eine Schuld bereut und gesühnt, eine Nachlässigkeit ehrenhaft wiedergutgemacht, ein verletztes Recht sorgfältig wiederhergestellt wird. Eherne Fundamente für den Staat werden dort gelegt, wo ein ungesprochenes Versprechen erfüllt, eine unsichtbare Schädigung repariert, eine unentdeckte, unnach-*

36 F. W. Foerster: Jugendlehre. Ein Buch für Kinder, Lehrer und Geistliche. - Berlin, 1904. - S. 341 - 344

37 H. Jonas: Das Prinzip Verantwortung. Versuch einer Ethik für die technologische Zivilisation. - Frankfurt a.M., 1984

weisbare, tiefinnere Verschuldung gesühnt oder wo ein Dank empfunden und abgetragen wird, für den keine Rechnung jemals präsentiert werden konnte. Oder wo schweigend ein Glück geopfert wurde, um einem andern, der als würdiger empfunden wurde, unmerklich den Vortritt zu lassen. Oder wo bei einem Anlaß geschwiegen wurde, wo jeder gewöhnliche Mensch laut das seine gesucht, sein Recht verteidigt, seine Unschuld ins Licht gesetzt, seinen Vorteil sichergestellt hätte. Das Kreuz allein begründet den Staat, das unbekannteste, zarteste, sich selbst kaum eingestandene Opfer, die holdeste Buße für das unklagbarste Vergehen, das unausrottbare, aber in keinem Gesetzbuch gedruckte und von keiner Moral zu erschöpfende Gefühl der Verpflichtung gegenüber einem fremden Leben - und das ewige Gedenken gegenüber den Dahingeschiedenen, die uns geliebt und gesegnet haben. Antigone, nicht Kreon begründet den Staat. Nie gab es einen größeren Wahn als den, der den Ausspruch wagte: Der Staat ist Macht. Nein, Staat wird nur durch Gewissen, innerste Bindung, Erlösung von der Selbstsucht und nur dadurch kommt Einheit, Stärke und Macht. Diese aber wird wieder Ohnmacht von heute auf morgen, wenn die unsichtbare Welt verhöhnt und preisgegeben wird, die dahinter stand und alles trug. Darum bedeutet auch jedes Opfer, jede Verpflichtung, jede Selbstüberwindung, die Interessen dargebracht wird, die jenseits der Landesgrenzen sind, unzweifelhaft auch die höchste Stärkung, Weihe und Heiligung aller staatlichen Bindegewalten; staatliche Reparationen nach außen hin entmutigen das Verbrechen im eigenen Lande, bezahlte Schulden an Gläubiger, die nicht unsere Mitbürger sind, mahnen alle Schuldner im Lande an ihre Pflichten - und umgekehrt, ja, und umgekehrt! Unseliger Fluch in einem Volke, das die ewigen Grundlagen des Staates im Geistigen, Gütigen, Unsichtbaren nicht mehr zu erkennen vermag und am hellsten Tage im Finstern tappt!"[38]

* * *

Um zu zeigen, daß die ethischen Auffassungen des Foerster-Trios durchaus kein 'Einzelfall' sind, ziehen wir an dieser Stelle eine 'ethische Parallele' zum Leben des österreichischen Philosophen Ludwig Wittgenstein. Auch seine Lebensauffassung entsprach der einer 'gelebten Ethik'.[39]

38 F. W. Foerster: Wie wird die menschliche Gesellschaft begründet? - In: Weltkrise und Seelenkrise. - S. 63/64
39 vgl. M. Iven: Leben als gelebte Ethik. - In: LIMES, Nr. 5, Jg. 2 (1994). - S. 23 - 52

Wurde Wittgensteins Frühwerk vor allem von der Maxime: "Lebe glücklich!"[40] beherrscht, so faßte er in späteren Jahren seine Lebenseinstellung in dem Imperativ: "Laß uns menschlich sein"[41] zusammen. Hier wurde, im Unterschied zu seiner ursprünglichen Maxime - ebenso wie bei den Foersters, zu einem direkten ethischen Handeln aufgefordert. Im Gegensatz zum Frühwerk wurde also hier der Handlung und somit auch dem Willen als Träger der Handlung mehr Augenmerk geschenkt. Die Auffassung des Ethischen war bei Wittgenstein in dieser Zeit sowohl vom Wollen des Subjekts geprägt, als auch durch "eine Einstellung, die das Elend der Welt überwinden und hinnehmen kann und imstande ist, ihre schönen Seiten als vom Schicksal gewährte Wohltaten anzusehen, auf die jederzeit verzichtet werden kann".[42] - Wollte Wittgenstein Nietzsches amor fati? Sollte es dem Menschen nur durch die bewußte Einstellung zu sich selbst gelingen, ein Verhältnis zum Ganzen zu gewinnen?

"Mein *Leben* besteht darin, daß ich mich mit manchem zufriedengebe."[43] - Am Ende alles Begründbaren lag für Wittgenstein das nicht zu begründende *Schicksal des Lebens*, welches ich anerkennen muß und nicht in Frage stellen kann. Der Zweifel, der seit Descartes die Philosophie beherrscht, wurde an dieser Stelle mit dem Begriff der *Lebensform* von Wittgenstein durchbrochen.

Wittgenstein ging es mit seinem Werk nie um moralische Predigten, deshalb verbot es sich für ihn auch, an irgendeiner Stelle ethische Forderungen oder gar Imperative im Kantschen Sinne aufzustellen. Er sah sein Werk nie als Ideologie. Er erklärte unmißverständlich seine Ablehnung von Theorien, erst recht und besonders in der Ethik, denn das Ethische kann nicht gelehrt werden und ist nicht durch eine Theorie zu erfassen: Es hätte sonst keinen Wert mehr. "Ein Ethiker kann seine Lehre verkünden, er kann für sie werben, ... durch Überredung oder durch sein Leben. Aber er kann eines nicht: er kann seine Ethik nicht begründen. ... Zu einer Ethik kann man sich nur bekennen."[44] - Auch hier erkennt man die deutliche Parallele zu den Ansichten des Foerster-Trios.

40 L. Wittgenstein: Tagebücher 1914 - 1916. - Frankfurt a.M., 1990 - Eintrag v. 8.7.1916
41 L. Wittgenstein: Vermischte Bemerkungen. [VB] - Frankfurt a.M., 1990. - S. 70 [7.10.1937]
42 B. McGuinness: Wittgensteins frühe Jahre. - Frankfurt a.M., 1992. - S. 392
43 L. Wittgenstein: Über Gewißheit. [ÜG] - Frankfurt a.M., 1990. - § 344
44 F. Waismann: Wille und Motiv. - Stuttgart, 1983. - S. 182/183

Welche Ethik kann nun nach Wittgensteins Meinung die richtige sein? " ... suppose I say Christian ethics is the right one. Then I am making a judgement of value. It amounts to *adopting* Christan ethics. It is not like saying that one of these physical theories must be the right one. The way in which some reality corresponds - or conflicts - with a physical theory has no counterpart here."[45] Ethische und naturwissenschaftliche Theorien sind unterschiedlicher Art. Welche Ethik richtig oder falsch, besser oder schlechter ist, kann ich durch eine wissenschaftliche Untersuchung nicht feststellen, ich kann mich nur zu einer Ethik *bekennen*. Ich kann dem anderen meine Ethik nicht aufzwingen, sondern ihn nur von ihrer Richtigkeit überzeugen. "'If you say there are various systems of ethics you are not saying they are all equally right. That means nothing. Just as it would have no meaning to say that each was right from his own standpoint. That could only mean that each judges as he does.'"[46]

Jedes ethische System, jede Lebensform kann weder bejaht noch abgelehnt werden, man muß alle als "different ways of doing it" sehen.[47] "When we study ethical systems other than our own, there is a special temptation to interpret them. We are inclined to think that expressions as they are used in those ethical discussions have some significance which they suggest to us - instead of looking at what is done with them there."[48] Alle unterschiedlichen ethischen Systeme werden durch die Verschiedenartigkeit der Lebensumstände selbst gerechtfertigt. "'So sagst du also, daß die Übereinstimmung der Menschen entscheide, was richtig und was falsch ist?' - Richtig und falsch ist, was Menschen *sagen*; und in der *Sprache* stimmen die Menschen überein. Dies ist keine Übereinstimmung der Meinungen, sondern der Lebensform."[49]

"Mein *Leben* besteht darin, daß ich mich mit manchem zufriedengebe."[50] - Wittgensteins Äußerung aus dem Jahre 1951 hob noch einmal zwei wichtige Aspekte und für das Verständnis seiner Auffassungen notwendige Dinge hervor: Waren in der Weltanschauung des jungen Wittgenstein drei Motive dominierend: Erstens ist der Mensch

45 R. Rhees: Some Developments in Wittgenstein's view of Ethics. - In: Ders.: Discussions of Wittgenstein. - London, 1972. - S. 101
46 ebd.
47 ebd., S. 102
48 ebd., S. 102/103
49 L. Wittgenstein: Philosophische Untersuchungen. - Frankfurt a.M., 1990. - § 241
50 L. Wittgenstein: ÜG, § 344

grundlegend *machtlos*; zweitens ist er machtlos *gegen ein Etwas* - die Welt ist, so wie sie ist, sie ist von vornherein gegeben, und drittens trägt der Mensch eine Verantwortung, es ist seine Pflicht *das richtige Leben* zu verwirklichen,[51] so ging es ihm mit der o.g. späten Bemerkung im Gegensatz dazu m.E. nicht mehr um eine Schicksalsergebenheit im negativen Sinn, sondern er meinte sich an seinem Lebensende - und so sehe ich es auch bei den Foersters! - im Einklang mit der Welt zu befinden. (Dafür spricht auch sein letzter überlieferter Satz: "Sagen Sie ihnen, daß ich ein wundervolles Leben gehabt habe!") Als zweiten wichtigen Punkt hob Wittgenstein noch einmal die, für uns auch heute zu berücksichtigende, zeitliche Dimension der Entwicklung und Veränderung unserer (ethischen) Begrifflichkeit hervor.[52]

Wittgensteins ethischer Standpunkt könnte - im Vergleich zum Foersterschen - am besten so beschrieben werden: Er akzeptierte, so wie die drei Foersters, daß es unterschiedliche Systeme der Ethik gibt, deren Unterschiedlichkeit es nicht zuläßt, daß ich an einem einzigen System *Ethik in Reinkultur* studieren kann. Jede Lebensform wird durch ethische Urteile bestimmt. Im Gegensatz zu seiner frühen Philosophie, in der "die Verbindlichkeit der Sprache durch Abstraktion von jeder Individualität erreicht wurde, spielt in der späteren Phase konkrete - d.h. konkret handelnde - Individualität eine entscheidende Rolle".[53]

* * *

Werfen wir zum Abschluß der "familiären Betrachtung" nun noch einen Blick auf die ethisch-moralischen Auffassungen von Karl Foerster. In seinem Werk tauchen immer wieder aphorismenhafte Gedanken zu Moral, Ethik und dem Leben im allgemeinen auf. Ihre sprachliche Form und die philosophische Tiefgründigkeit gestatten es, sie durchaus neben die Fragmente und Aphorismen eines Novalis oder Schlegel, eines Schopenhauer oder Nietzsche zu stellen.

51 J. C. Nyiri: Das unglückliche Leben des Ludwig Wittgenstein. - In: Zeitschrift für philosophische Forschung, 26 (1972) 4. - S. 592

52 L. Wittgenstein: ÜG, § 473 - "Wie man beim Schreiben eine bestimmte Grundform lernt und diese dann später variiert, so lernt man zuerst die Beständigkeit der Dinge als Norm, die dann Änderungen unterliegt."

53 F. Wallner: Die Grenzen der Sprache und die Erkenntnis. Analysen an und im Anschluß an Wittgensteins Philosophie. - Wien, 1983. - S. 169

Manchmal ist es nur ein Satz, mitten in einem seiner Texte, der mit seiner Weisheit zeitlos herausragt und wie nebenbei seine Botschaft verkündet: *"Zur tiefsten Freude an dem, was ist, gehört die Freude an dem, was wird."* - *"Im innersten Herzgetriebe der Freude pulst das Bedürfnis nach Mitfreude anderer und nach wachsender Zugänglichkeit der Freude."* - *"Fehler des Tuns sind meist heilbringender als die des Lassens."* - *"Wir alle eilen hinter Zielen her und wissen nicht, wie sehr auch der Weg zum Ziel gehört."* - *"Es gibt fast überall überraschende Auswege in der Welt, wenn man von irgendwie feindlichen Lösungen ganz absieht."*[54]

Die L i e b e, für Karl Foerster die Krönung aller Herrlichkeit der Welt[55], steht in seinem Werk neben dem M i t g e f ü h l als einem *"Grundprinzip des Lebens"*. Dieses ist für ihn *"höher noch als M i t l e i d, denn es umfaßt auch die M i t f r e u d e, zu der es bei vielen mitleidigen Seelen nicht reicht."*[56] Und letztendlich birgt neben der Liebe und dem Mitgefühl auch das G l ü c k für Foerster *"unergründliche und namenlose Kräfte, die auch in schweren Zeiten ihren Spielraum finden und erweitern."*[57] (Hervorhebungen M.I.)

Glück und Liebe auf der einen Seite - Schicksal und Leid auf der anderen Seite, gerade hier entdeckt man die deutlichen 'familiären Parallelen' zu den Auffassungen von Wilhelm und Friedrich Wilhelm Foerster bzw. zum Leben und Werk eines Tolstoi oder Dostojewski. "Übergebe ich mich dem Schicksal, lasse ich mich treiben?" - auch er stellte schon früh diese Frage, beantwortete sie für sich aber so: *"Nicht viel direkt mit den großen Leiden und Lasten und Sorgen kämpfen, aber viel indirekt! Man muß täglich beherzt in die Fülle der äußeren Welt greifen, um den Schatten nicht so isoliert gegenüberzustehen, sondern umringt von Geistern neuen Lebens irgendwelcher Art. Es gibt da geheime Abfederungen durch immer neuen andern Weltinhalt."*[58] Die Fragen der Schicksalsergebenheit und des Leidertragens stellte er sich aber nicht nur in bezug auf sein eigenes Leben, sondern ebenso mit dem Blick auf das Leben und Leiden seiner Mitmenschen: *"So sehr ich eigene Schicksale und Leiden zu ertragen viel Übung und Eignung erworben habe, so unmöglich ist es mir gegenüber großen*

54 K. Foerster: Ferien vom Ach. - ebd., S. 129
55 vgl. ebd., S. 183
56 ebd., S. 191
57 ebd., S. 108
58 E. Foerster / G. Rostin (Hrsg.): Ein Garten der Erinnerung. - ebd., S. 347 (Brief von K. Foerster v. 29.9.1943)

Schicksalen und Lebenswendungen der Menschen, die ich in meinem Herzen trage, zu irgend einem Weg zu gelangen, der zur Demut und Frommheit führt. Ich bin voll wilden Haders und voll zerreißender Bitterkeit und kann mich nur in die festeste Hoffnung und Zuversicht glücklichen Ausganges retten."[59] Doch letztendlich folgen wir seiner Meinung nach *"unserer inneren Weisung zur Ergebung in Düsterkeiten der Weltordnung und des irdischen Geschehens. Wenn unsere Kraft nicht ausreicht, dann hilft Ergebung in die Grenzen unserer Ergebungskraft -, und schließlich der Gedanke, daß dem Menschen im Laufe der Zeiten noch andere ungeahnte Seelenkräfte zuwachsen werden. 'Ergebung' aber darf in großen und kleinen Leiden nicht das letzte Wort sein, sondern die Gedanken der Leidensabhilfe und -verhütung müssen ihr die Waage halten, wofür ja die Geschichte der Menschheit in steigendem Maße Beispiele ohne Ende bietet."*[60]

Er setzte sich und seinen Mitmenschen die Maxime: *"Erkenne die Gesetze der Lebensbühne und folge ihnen. Lebe, rede und handle von morgen ab noch 'bühnenwirksamer' und unmißdeutbarer bis ins vermeintlich Unwesentliche hinein, denn du stehst ununterbrochen im Rampenlicht."*[61]

Die *"wahre Wohnlichkeit des Erdenraumes"*, die *"die Atmosphäre weitreichender Lösungen und Entdeckertaten vorbereiten"* hilft und die Foerster in ihrem Zusammenhang von Natur und Mensch immer wieder beschwor, wird davon ausgehend seiner Meinung nach zukünftig durch die *"Hilfsbereitschaft, die gleich rechter Dankbarkeit nicht gerne in Gefühlen steckenbleibt, sondern Kraft und Neigung und Einfallsreichtum zum persönlichen Eingreifen hat"* konstituiert.[62] Foerster unterschätzte dabei nicht die 'Zivilisationskrankheit', die besonders heute immer mehr um sich greift, denn groß war und *"ist in der allgemeinen Hast unseres Lebens, die aber meist nur auf Einbildung, Nervosität und schlechter seelischer Verdauung beruht, die Versuchung zu dürrer Sachlichkeit. Diese ist aber nie am Platze. Die leise persönlich-menschliche Note im Umgang mit anderen fördert Sachlichkeit, Kürze und Klarheit am stärksten."*[63]

Gerade diese persönlich-menschliche Handlungsweise zeichnete Karl Foerster in seiner Haltung gegenüber anderen Menschen und der Welt aus. Er hatte zwar *"in allen Din-*

59 ebd., S. 344/345 (Brief von K. Foerster aus dem Jahre 1942)
60 ebd., S. 509/510 (K. Foerster: Urgeleise [Mai 1969/70])
61 K. Foerster: Ferien vom Ach. - ebd., S. 159
62 vgl. ebd., S. 53
63 ebd., S. 32

gen einen Hang zum Wesentlichen und einen Drang, diesem Wesentlichen seine Ziele neu zu stecken und zu erleichtern", denn er lebte *"aus einem absoluten Glauben an die Größe und Wunderbarkeit der Weltenpläne und* [fühlte] *alles im letzten und höchsten Sinne geborgen in einem unausdenkbaren Geheimnis, das uns in unser Wesen das Bedürfnis nach diesem Geborgensein einpflanzte."* Aber er war, und diese Verbindung der Natur- mit der Menschheitsentwicklung ist - wie schon angedeutet - typisch für sein Werk, ständig *"auf der Spur vieler neuer Zusammenhänge zwischen der Gartenblume mit ihrem Fortschrittsgange und der Läuterung und Elektrisierung dieses großen Geisterreiches, genannt 'Menschheitsatmosphäre'."*[64]

Auch Foersters religiös-ethische Ansichten, die sich offen in einem 'gelebten Christentum' äußerten, zeigen sich neben seinen moralischen Auffassungen im schriftstellerischen und publizistischen Werk immer wieder.

"Doch die warnenden Stimmen der oberen Welt wurden allzulange überhört; denn das absolut Böse hatte sich enthüllt wie noch nie auf Erden und das Nichtböse wie nie zuvor in seinen Dienst gepreßt. Aber erst unser Unglaube an die Möglichkeit des Allerbösesten hat dessen Verwirklichung möglich gemacht. Wir haben es tief erfahren, daß zur Gotteszuversicht auch die Wahrnehmung der uns aufgetragenen Verantwortung für alles Leben treten muß. Die heutige Welt, ebenso von tödlichen Gefahren umlauert wie von göttlichen Verheißungen umleuchtet, ist erfüllt von dem Feueratem des Ringens um den höchsten aller Siege - das Erstehen des großen Kunstwerks Menschheitsfrieden.[65] *... Es wird immer klarer: Wir lebten bisher in einer allzu bequemen Gotteszuversicht und bauten den Weg aller Wege nicht aus, der überströmende Empfindungen dahin führt, wo gerade Ebbe ist. Zur Ergebung in Leiden und Entbehrungen fremder Menschen waren wir allzu schnell bereit, zumal wenn räumliche Entfernung unser Mitgefühl einschläferte."*[66]

Gotteszuversicht und Verantwortung - Foerster vertrat die Auffassung, daß kein *"Mensch ... lange leben* [kann] *ohne feste Zuversicht auf geheimnisvolle Gnadenwege Gottes mit ihm. Der Begriff der 'Gnade' ist das Schönste des ganzen Christentums.*

64 E. Foerster / G. Rostin (Hrsg.): Ein Garten der Erinnerung. - ebd., S. 418/419 (K. Foerster: Selbstbespiegelungen [1949])
65 K. Foerster: Ferien vom Ach. - ebd., S. 97
66 ebd., S. 96

Das Leben ist bis zum Rande voll von Gnaden, die unfaßlich sind, - voll von Tragik über alle Worte aber auch gleichzeitig."[67] Der Begriff der Gnade hatte dabei für ihn offensichtlich neben dem göttlichen immer auch den menschlichen Anteil: Mitleid, Nachsicht, Erbarmen, Menschlichkeit - diese punktuell und immer wieder beim Menschen hervortretenden Eigenschaften hatte Foerster dabei vorrangig im Auge.

"Christus ist der größte Ermutiger unseres Gottesglaubens, - und dieser hängt mit unserem Lebensglück aufs engste zusammen. Unser Glück ist eine Zwiesprache der Seele mit ihrem Urquell. Das Christentum, von innen her erlebt, ist eines der stärksten Mittel, des herrlich-schrecklichen Geheimnis' 'Leben' inne zu werden."[68] - *"Jesus und seine Urlehre, die unerschöpflichste aller Wärmequellen, ist das Nobelste, was die Welt bisher hervorbrachte. Er war kein Schwärmer, sondern tiefster Durchschauer aller Zukunft und stellte ausdrücklich das gute Einvernehmen mit Menschen nach gewesenem Streit noch vor den Kultus der Gottseligkeit."*[69] Diese Erkenntnisse lassen für Foerster nur eine Schlußfolgerung zu: *"Also müssen in allen Lebenskämpfen fort und fort die Weisungen jenes Wesens verarbeitet werden, von dem die Zeitrechnung unserer Weltgeschichte ausgeht. Seine Worte dringen wie von den Sternen herab in unser Erdendasein und wissen doch auch um die irdische Schwere ihrer Verwirklichung."*[70] Dabei ist in diesen Lebenskämpfen neben dem Glauben auch das Gebet für Foerster ein Versuch, immer wieder in den Sinn dieser göttlichen Weisungen einzudringen, sie für das eigene Leben fruchtbar zu machen, sie zu beeinflussen, sich ihnen zu ergeben. Wobei von ihm das "Dein Wille geschehe" des Vaterunser sicher nicht als eine pure Schicksalsergebenheit mißverstanden wurde.

Neben die ***ethisch-moralische*** und die ***religiös-politische*** Betrachtungsweise der Weltprobleme stellte Karl Foerster immer auch die ***ethisch-politische*** Dimension des Lebens. Er erkannte früh, daß sich mit jedem Jahr deutlicher herausstellen wird, *"daß die großen innen- und außenpolitischen, sozialen und wirtschaftlichen Probleme bis in ihre Kernbereiche auch ethisch-religiöse Probleme sind."* Dabei vertrat er, ebenso wie Friedrich Wilhelm Foerster, den Standpunkt, die politische Weisheit *"ist natürlich nicht auf ethische Weisheit beschränkt, darf sich aber auch nie im Gegensatz zu ihr bewegen."*[71]

67 E. Foerster / G. Rostin (Hrsg.): Ein Garten der Erinnerung. - ebd., S. 347 (K. Foerster in einem Brief v. 27.8.1943)
68 ebd., S. 273/274 (K. Foerster: Brief v. Ostern 1947)
69 ebd., S. 329 (K. Foerster: Versöhnungs-Hemmungen [1937])
70 ebd., S. 100
71 K. Foerster: Ferien vom Ach. - ebd., S. 98

"Alles Ringen um den Weltfortschritt verdient das Urteil: 'Pfennigklug und talerdumm', wenn nicht eine ganz andere Rangordnung der Dringlichkeit maßgebend wird, welche an die Spitze alles Strebens die Überwindung untragbarer sozialwirtschaftlicher Gegensätze stellt, ohne hierbei die Gewinnung echter Harmonie zwischen Privatleben und Gemeinschaftsleben aus den Augen zu lassen. Diese ungeheuren Aufgaben werden immer die Grenzen menschlicher Urteils- und Verstandeskraft übersteigen, wenn sich nicht Herz und Verstand auf ganz neue Weise zusammentun, geleitet von der realistischen Erkenntnis, daß die Weltachse, um die sich alles langsam dreht, die Polarität von Gut und Böse ist. Es dürfen also die **Grundbegriffe des Guten, nämlich Gerechtigkeit, Redlichkeit, Wahrhaftigkeit, Menschlichkeit, Treue und Zuverlässigkeit,** *die der gesunden Menschennatur eingeboren sind, keinen anderen Rücksichten untergeordnet werden, auch wenn diese Unterordnung noch so gut gemeint scheint und im Namen von etwas Gutem geschieht; und auch hierfür existiert keine Grenze zwischen Privatleben und Gemeinschaftsleben."*[72] (Hervorhebungen M.I.) Gerechtigkeit, Redlichkeit, Wahrhaftigkeit, Menschlichkeit, Treue, Zuverlässigkeit - das sind die Grundbegriffe einer von allen drei Foersters 'gelebten Ethik'. Karl Foerster hatte bei seiner Aufzählung sicherlich nicht die klassische Definition der Gerechtigkeit: jedem zuzumessen, was ihm zukommt, im Auge. Diese Definition ist - nicht nur für ihn - formal, denn sie sagt ja nichts darüber aus, was und vor allem wie es zu messen sei. Für ihn war Gerechtigkeit ein Persönlichkeitsmerkmal, so wie Stolz oder Willensstärke, und bedeutete nicht bloß, das Gerechte zu tun, sondern es aus einer bestimmten Gesinnung heraus zu tun, nämlich deshalb, weil es gerecht ist, und nicht etwa, weil man sonst bestraft oder sozial geächtet werden könnte. Gerechtigkeit als Tugend und nicht als ein Muß, das war sein Standpunkt.

Das ethisch-religiös-politische Credo Karl Foersters, das optimistische und utopisch-abenteuerliche Bild einer den Zweifel verbannenden, gottgewollten und gottergebenen Zukunft, die Zusammenfassung seiner Ansichten über das Leben ist zugleich eine Synthese der Auffassungen seines Vaters und des Bruders: *"Immer in Gottes Hand, sind wir samt den Unseren ständig von vielen Gefahren für Leib und Seele umringt, von großen wie von kleinen, die sich schnell oder langsam zu großen auswachsen können - besonders wenn wir den Tarnungen zum Opfer fallen, mit denen größere sich hinter kleinen verstecken. ... Durch welche Abgründe müssen wir hindurch - und*

72 ebd., S. 99

an wie vielen anderen werden wir wohlbehalten ahnungslos und ahnungsvoll vorbeigeführt! Auch die Menschheit ist immer in Gottes Hand. Ihr Gefahrenzustand ändert sich ständig im Kleinen und Großen. Alte Gefahren verschwinden, neue steigen auf. Wo Menschen früher nur Schicksalsamboß waren, wuchsen ihnen nun viel gefährlichere, viel herrlichere Hämmer in die Hände. Im großen Aufwärtsgang des Menschengeschlechts sind furchtbare Rückschläge eingetreten, die im schnellen Aufkommen und Mißbrauch der Technik inmitten krisenhafter Kulturzustände eine Hauptursache haben. Im Laufe solcher Rückschläge ist das Furchtbare geschehen, daß größere Heerscharen friedliebender Menschen als jemals gegen ihren Willen sich selber und Millionenscharen friedliebender anderer Menschen nie dagewesenen Leiden und unvorstellbarer Vernichtung aussetzten. Ein Zeitalter wird aus den Weltbränden aufsteigen, das mit höheren Zielsetzungen und Methoden gegen die alten Gefahren angehen und sie beseitigen wird. Die künftige Menschheit ist zu unermeßlichem Reichtum bestimmt. ... Überall gibt es noch Bezweifler jenes echten Aufwärtsschreitens der Menschheit, das auch die Kriege beenden wird, wie es die Blutrache überwand und die Grundlage für das Blühen der Familie schuf. ... Aber wir teilen die Meinung jener Zweifler, daß der Fortschritt in der Bändigung der Naturgewalten tragische Gefahren für dieses Aufwärtsschreiten birgt, wenn nicht ein Fortschritt der ethischen Vervollkommnung des Menschen die Hand über ihn hält. ... Wir glauben an eine unausdenkbare, heilvolle Zukunft der Menschheit, und zwar für Äonen - rechnen aber natürlich damit, daß noch geraume, etwas stürmische Perioden zu durchleben sein werden, die einen langsamen Wandel in der Grundeinstellung der Menschen zu ihren Aufgaben heraufführen müssen; doch werden dem Reifen der Geistes- und Seelenwelt auch unermeßliche neue Kräfte aus der Bemeisterung der Natur zu Hilfe kommen. Trotz aller schrittweisen Erreichung immer gefestigterer Erdenverhältnisse werden wir auf diesem Stern nie ans Ende der Wagnisse und Gefahren gelangen. Der ewige Abenteurer im Menschen aber will frei werden für ganz andere Abenteuer, wie sie sich ihm in der Eroberung des Weltraums, der Fruchtbarmachung von Wüsten, der Umgestaltung des Klimas auftun, - auch für die Bändigung der Gefahren von Hunger und Krankheit, - frei werden also für Unternehmungen, die aus unberechenbaren Verhängnissen herausführen und dem Ganzen der Menschheit zugute kommen, ohne erzwungene Opferung menschlichen Lebens. ... Was auch der göttliche Heilsplan jetzt oder dereinst mit den Erdendingen vorhaben mag, - es dient unserer Bestimmung, uns in ihm geborgen zu wissen."[73]

73 ebd., S. 200 - 205

Karl Foerster also doch ein nur-religiöser Mensch? Wohl kaum! - "Man spricht von dem 'religiösen' Menschen als einem, der in keiner Beziehung zur Welt und zu den Wesen zu stehen brauche, weil die Stufe des Sozialen, daß von außen bestimmt werde, hier durch eine von innen allein wirkende Kraft überstiegen sei. ... Man kann sein Leben nicht zwischen eine wirkliche Beziehung zu Gott und ein unwirkliches Ich-Es-Verhältnis zur Welt aufteilen, - zu Gott wahrhaft beten und die Welt benützen. Wer die Welt als das zu benützende kennt, kennt auch Gott nicht anders. Sein Gebet ist eine Entlastungsprozedur; es fällt ins Ohr der Leere. Er - nicht der 'Atheist', der aus der Nacht und Sehnsucht seines Kammerfensters das Namenlose anspricht - ist der Gottlose. Des weitern sagt man, der 'religiöse' Mensch trete als Einzelner, als Einziger, als Abgelöster vor Gott, weil er auch die Stufe des 'sittlichen' Menschen überschritten habe, der noch in Pflicht und Schuld der Welt stehe."[74] - soweit Martin Buber, der mit seinem Denken hier in unmittelbarer Beziehung zu Walter Benjamins "Begriff der Geschichte" und Adornos "Minima Moralia" steht. Hier wie da heißt der alles krönende Begriff: E r l ö s u n g. - "Philosophie, wie sie im Angesicht der Verzweiflung einzig noch zu verantworten ist, wäre der Versuch, alle Dinge so zu betrachten, wie sie vom Standpunkt der Erlösung aus sich darstellten. Erkenntnis hat kein Licht, als das von der Erlösung her auf die Welt scheint: alles andere erschöpft sich in der Nachkonstruktion und bleibt ein Stück Technik."[75]

* * *

Was kann uns die, von den Foersters gelebte, Ethik heute noch an Anregungen vermitteln, welche bleibenden Werte sind in ihr enthalten? Wie sind ihre ethisch-moralischen Welt- und Wertvorstellungen heute zu leben?

Ihre ethischen Ansichten in ein einziges vorhandenes Schema einzuordnen ist nicht ohne weiteres möglich, da sie sich einer eindeutigen philosophisch-ethischen Zuordnung im wissenschaftlichen Sinne entziehen. Trotzdem glaube ich, daß jeder der drei mit seinem ganzen Leben, seinem Drang nach Vervollkommnung, Besserung und Erziehung der heutigen Verantwortungsethik, der es m.E. leider immer noch am umsetzenden pädagogisch-praktischen Prinzip mangelt, Impulse geben kann, gerade weil

74 M. Buber: Ich und Du. - Stuttgart, 1995. - S. 102/103
75 T. W. Adorno: Minima Moralia. - Frankfurt a.M., 1993. - S. 333

es in ihren Auffassungen nichts zu theoretisieren gibt, sondern unmittelbar gehandelt werden muß. Bei der Verantwortungsethik geht es meiner Meinung nach nicht darum, jemand mit Lohn oder Strafe (hier im Sinne des bürgerlichen Gesetzesbuches gemeint!) seine Verantwortung bewußt zu machen. Kategorische Imperative bewirkten und bewirken überwiegend das Gegenteil.

Die politisch-moralische Verantwortung droht sich im Angesicht der komplizierten Probleme der industriellen Kultur und Zivilisation zu verflüchtigen. Verantwortung, die durch Rationalität und Problembewußtsein geprägt war, wird zunehmend zum Gegenstand der öffentlichen Diskussion. Im Rahmen widersprüchlicher Argumentationen in parteipolitischen, verbandspolitischen und gruppenpolitischen Interessenkonflikten kommt es zu Verweigerungshaltungen, durch die Verantwortung und Verantwortlichkeit als politisch-moralische Grundwerte gesellschaftlichen Zusammenlebens zunehmend abgebaut werden. Das postmoderne Zusammenwirken von allem mit allem ist dabei, eine politisch, sozial und kulturell verantwortliche Lebenshaltung zu verdrängen. Verantwortung wahrzunehmen heißt deshalb heute auch immer, einen Schritt ins Ungewisse, Unabgesicherte, ins Risiko zu wagen. Einen Schritt, der in Auseinandersetzung verschiedenartiger Wahrnehmungen, Argumente und Vernunfthaltungen eine Position zu bestimmen sucht. Dabei geht es nicht einfach um eine theoretische Position, sondern um eine Position zum Leben, an der die Gegenbilder eines bedrohten Lebens sichtbar werden sollen.

Verantwortung ist nicht auf bestimmte Bereiche zu reduzieren wenn sie so verstanden wird, daß sie Entscheidungen mit ihren Konsequenzen zu überblicken hat, mögliche, diesen Zielstellungen zuwiderlaufende Handlungen verhindern bzw. deren Auswirkungen vermindern muß und aus den Resultaten der Handlungen Schlußfolgerungen zu ziehen hat.

Verantwortung unterliegt immer der Bewertung, sei es durch das eigene Gewissen, andere Personen oder durch von der Gesellschaft geschaffene Institutionen politisch-rechtlichen Charakters. Diese Bewertung bedingt, daß sich keiner der Verantwortung entziehen kann und sich individuell oder kollektiv den Folgen seines Handelns zu stellen hat. - "Die Verantwortung *leugnen*, heißt, den Menschen nicht zur Verantwortung *ziehen*."[76]

76 L. Wittgenstein: VB. - ebd., S. 124 [28.7.1947]

Gerade, weil sich Grenzen zwischen individueller und kollektiver Verantwortung nicht exakt angeben lassen, muß gesichert werden, daß jeder Mensch Verantwortung zuerst als seine ureigenste Verantwortung erkennt und akzeptiert. Akzeptanz fordert aber unweigerlich die Schaffung von Möglichkeiten für die Wahrnehmung von Verantwortung. Durch die Gesellschaft ist heute durch auf Demokratie beruhenden Mechanismen zu sichern, daß Verantwortung überhaupt von jedem wahrgenommen werden kann. Hierzu ist das Prinzip der Gewaltenteilung neu zu durchdenken und besonders der zukünftig stärker zu berücksichtigenden vierten Gewalt, in Gestalt der Öffentlichkeit und ihrer Medien, Verantwortungsbewußtsein zuzubilligen.

Fragen wir uns mit Wittgenstein: "Wie *könnte* die Umgebung den Menschen, das Ethische in ihm, *zwingen*?"[77] Entscheidender Antrieb verantwortlichen Handelns muß der Wille zur konkreten Selbstverantwortung sein, denn Verantwortung als politisch-moralisches Prinzip muß individuell erfahren werden, um sich dann kollektiv entwickeln zu können. Aus diesem Grund muß ein soziales Gefühl für Verantwortung und Verantwortlichkeit entwickelt werden, das Verantwortung als speziellen Fall der Verpflichtung auffaßt. Als soziales Gefühl muß Verantwortung Eingang in die Politik finden und zum bestimmenden moralischen Prinzip erhoben werden.

Verantwortungsbereiche klar abzugrenzen bedeutet immer, einem bestimmten Maß an Verantwortungslosigkeit Raum zu geben, deshalb muß die Hierarchie bürokratischer Begrenzungsverantwortung durch staatsbürgerliche Verantwortungsbereitschaft abgelöst werden.

Will ich diese aufgezeigten Aufgaben einer zukünftigen Verantwortungsethik vor dem Hintergrund Foersterschen Denkens stellen, bleibt nur zu sagen, daß die Art und Weise ihrer *gelebten Ethik* Eingang in unsere Erziehungsprozesse finden muß.[78] Die in uns angelegten moralischen Handlungsweisen müssen dabei von der Pädagogik geweckt, gefördert und in sinnstiftend-lebenserhaltende Zusammenhänge gebracht werden. Hierbei spielen sowohl die Methode der Vermittlung, als auch die Art und Verständlichkeit der Sprache eine wichtige Rolle.

77 ebd., S. 158 [30.3.1950]
78 Ich verweise hier noch einmal bspw. auf das Fach LER. (vgl. Anm. 29)

Lassen wir zum Schluß Otto Weininger zu Wort kommen, dessen nachfolgende Forderung den ethischen Ansprüchen des Foerster-Trios vergleichbar ist: "Handle *vollbewußt*, d.h. handle so, daß in jedem Momente Du als *Ganzer* seiest, Deine *ganze* Individualität liege. Diese Individualität erlebt der Mensch im Laufe seines Lebens nur im Nacheinander; darum ist die Zeit unsittlich und kein lebender Mensch je heilig, vollkommen. Handelt der Mensch ein einziges Mal mit dem stärksten Willen, so, daß alle Universalität seines Selbst (und der Welt; denn es ist ja der Mikrokosmos) in den Augenblick gelegt wird, so hat er die Zeit überwunden und ist göttlich geworden."[79]

79 O. Weininger: Über die letzten Dinge. - München, 1980. - S. 57

Zu den Autoren

Dr. - Ing. Dr. sc.techn. Ernst Buschmann
geb. 1930; Dipl.-Vermessungs-Ingenieur; ca. 200 Veröffentlichungen

Dr. rer. nat. Wolfgang R. Dick
geb. 1959; Dipl.-Physiker, Wissenschaftlicher Angestellter; Wissenschaftliche Aufsätze zur Photographischen Astrometrie und zur Geschichte von Astronomie und Geodäsie

Renate Feyl
geb. 1944; Schriftstellerin; Veröffentlichungen: "Bilder ohne Rahmen" (1977), "Idylle mit Professor" (1988), "Der lautlose Aufbruch. Frauen in der Wissenschaft" (1994) u.a.

Dipl. phil. Mathias Iven
geb. 1960; Philosoph, Mitarbeiter der Potsdamer URANIA; Veröffentlichungen zu Ludwig Wittgenstein, Neil Postman u.a., Rezensionen

Dipl. rer. pol. Hans Jochen Kummer
geb. 1929; Kaufmann, Uhrenhistoriker; Veröffentlichungen: "Ludwig Strasser - ein Uhrenfachmann aus Glashütte" (1994), verschiedene Artikel zur Geschichte der Chronometrie

Dr. rer. nat. Erich Lamla
geb. 1926; Astronom; zahlreiche Veröffentlichungen über die spektrale Energieverteilung von Sternen und Galaxien, über Stellare Farbphotometrie, über Argelander u.a.

Otto Lührs
geb. 1939; Dipl.-Physiker, Oberkustos am Museum für Verkehr und Technik Berlin, Leiter der interaktiven Abteilung "Spectrum"; zahlreiche Veröffentlichungen u.a. zur Geschichte der Urania

Dr. agr. Konrad Näser
geb. 1934; Diplomgärtner; Staudengärtner und Züchter, seit 1991 wissenschaftliche Tätigkeit; Bearbeiter von Büchern von Karl Foerster ("Blauer Schatz der Gärten", "Neuer Glanz des Gartenjahres"), zahlreiche Beiträge in Fachzeitschriften

Gunnar Porikys
geb. 1944; Photograph, Schriftsteller, Journalist; Veröffentlichungen u.a.: "Er schmeckt nach Mensch - Der Philosoph Constantin Brunner" (1993), "Die 'Offenbaren Geheimnisse' im Werk Hermann Kasacks" (1994), diverse Artikel

Prof. Dr. phil. Dr. h.c. Franz Pöggeler
geb. 1926; emeritierter ordentlicher Universitätsprofessor; 1957 - 1992 Direktor des Instituts für Pädagogik und Philosophie der Technischen Universität Aachen; Veröffentlichungen: bisher 42 Bücher (u.a. "Die Pädagogik Friedrich Wilhelm Foersters" [1957]), zahlreiche Abhandlungen und Artikel, Übersetzungen der Arbeiten in versch. Sprachen

Dr. oec. Klaus-Harro Tiemann
geb. 1950; Diplomwirtschaftler, Studienreiseleiter; zahlreiche Veröffentlichungen zu Wilhelm Foerster, Alexander v. Humboldt und zu geschichtlichen Fragen des Breitendienstes sowie der Gradmessung

Prof. Dr. phil. Dr. theol. h. c. Günter Wirth
geb. 1929; Journalist, Publizist, 1985 - 1993 Honorarprofessor; zahlreiche Veröffentlichungen u.a. zu H. Böll und A. Goes, Edition von Werken von Autoren der inneren Emigration (Klepper, Wiechert, Löscher) sowie Essays zu diesen Autoren, Edition von Werken aus dem sächsischen kulturellen Leben, zahlreiche biographische Skizzen

Arnold Zenkert
geb. 1923; Stud.-Rat i.R.; bis zur Pensionierung Leiter des Potsdamer Planetariums, heute Leiter der Bürgel-Gedenkstätte Potsdam; Veröffentlichungen: bisher 4 Bücher (u.a. "Faszination Sonnenuhr" [1984, 1995], "Bruno H. Bürgel. Leben und Werk" [1982]), Beiträge in pädagogischen und astronomischen Zeitschriften